少儿笔下的柯桥古镇

陈建新　编

民主与建设出版社
·北京·

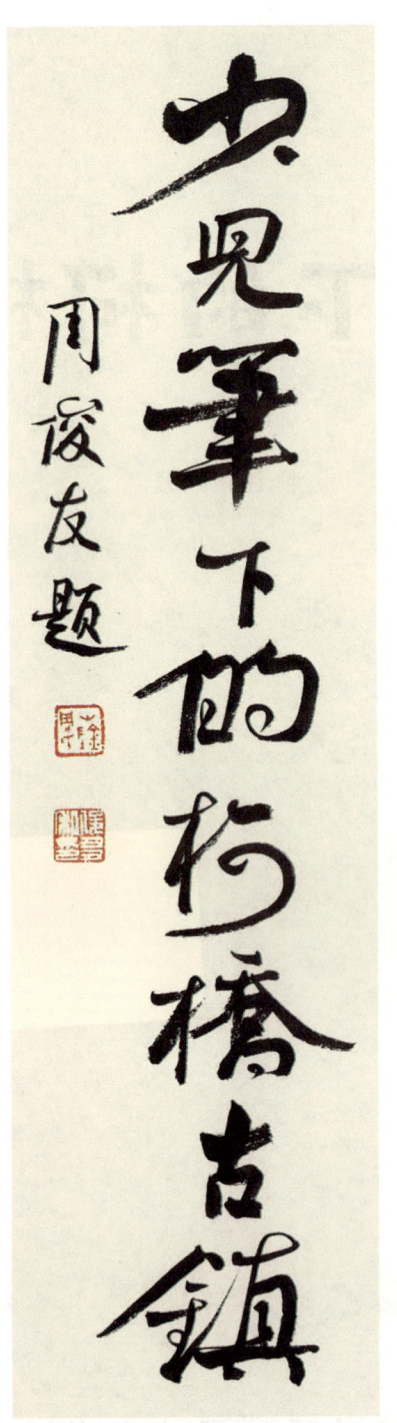

周俊友　中国书法家协会会员、兰亭书会副会长、柯桥区书法家协会副主席

章生建　原绍兴县委常委、副县长，柯桥区书法家协会主席

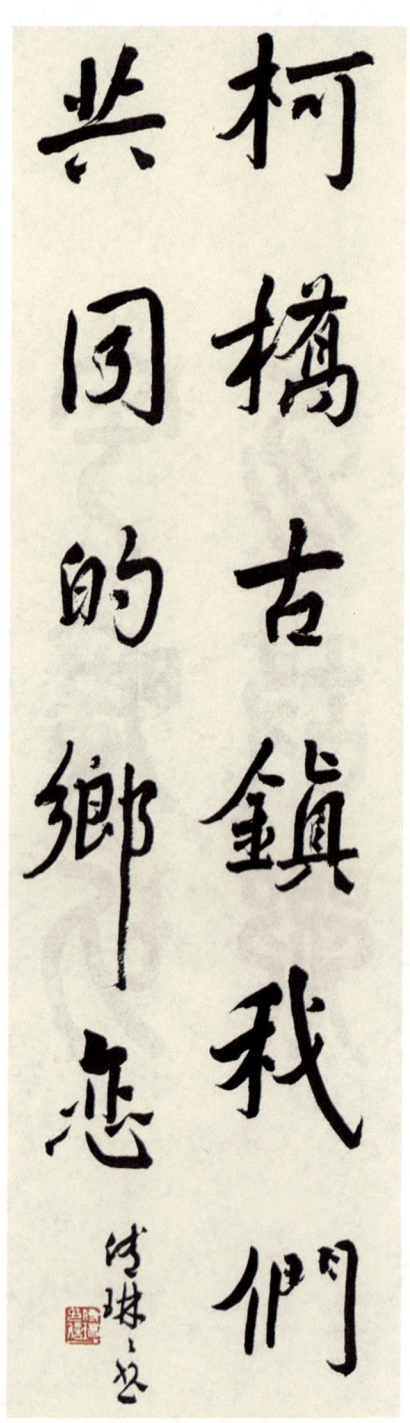

傅琳琳　中国书法家协会会员、浙江省书法家协会理事、绍兴市书法家协会副主席

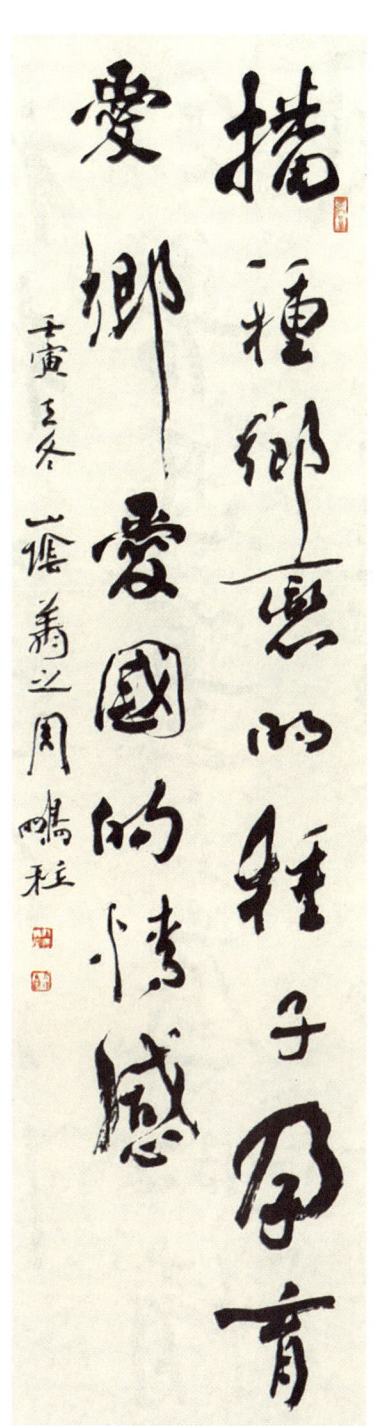

周鹏程　中国书法家协会会员、柯桥区书法家协会副主席

柯桥永远使人怀念鲁迅笔底的情调

录吴冠中句 壬寅十月十有五日王华君书

王华君　中国书法家协会会员、柯桥区书法家协会主席团成员

改造后的柯桥古镇

古镇入口雕塑：航

三桥四水景观

柯桥

融光桥

永丰桥

融光寺

笛扬楼

柯东桥

古纤道

柯亭公园

千年古镇，我们共同的乡恋

柯桥，地处浙东繁华富庶的腹地，由原来的绍兴县撤县设区而成，是绍兴市融杭的桥头堡。

历经数年改造的"柯桥古镇"于2021年元旦向游人开放了！它就像一位多年未见的老朋友，与我们盛世重逢，它又像一位离家多年的亲人，回家了。老柯桥人奔走相告，呼朋引伴，竞相前往，故地重游，"旧貌变新颜"，其喜悦之情，溢于言表。柯桥古镇，无疑是一代又一代绍兴人的乡恋。

"柯桥古镇"位于绍兴市柯桥区城市核心区域，东到笛扬路，南至104国道，西达育才路，北临万商路。它"历来为浙东运河沿岸要镇，四乡咸集为市"（《长笛赋序》），独具优越的地理环境、人文积淀和雄厚的文化经济基础，素以经济发达、物产丰富、贸易兴隆、市场繁荣而享有"金柯桥"的美誉，成为浙江省首批18个省级历史文化街区之一。

"一宿柯亭月满天，笛亡人没事空传。"（胡曾《咏史诗》）这里，曾是旷世逸才"蔡中郎"蔡邕制作"柯亭笛"的地方。

"小市初晴已过春，朱樱青杏一番新。"（陆游《柯桥客亭》）这里，曾是爱国诗人陆游常来常住的地方。

"柯桥，永远使人怀念鲁迅笔底的情调。"（吴冠中《水乡四镇》）这里，也曾令著名画家吴冠中陶醉其间，流连忘返。

……

白墙黑瓦、翻轩长廊、窄街水巷、毡帽乌篷、石桥参差……这座有着2000多年历史的古镇，有着典型的江南水乡古镇风貌，从古至今，吸引着无数人们来此一游。曾经至高无上的乾隆皇帝来了，显赫的达官贵人来了，才华横溢的文人墨客来了，奋发劳作的渔民农夫不仅也来了，而且"装点此关山，今朝更好看"！

我常想：古镇的魅力究竟是什么？是那古老的建筑，是那迷人的风景，是那美味的小吃，还是那飘荡在寻常巷陌的动人故事？是，好像又不全是。在编这本《少儿笔下的柯桥古镇》的过程中，我忽然明白：古镇的魅力，在于它的优秀传统文化，是它传承了一代又一代人的乡情、乡愁和乡恋。

"悠悠天宇旷，切切故乡情。"古镇，让上一辈人或回望，或流连，或遗憾；而年青一代在亲近古镇的过程中，又在不自觉中孕育着新的乡愁、新的豪情！

"望得见山、看得见水、记得住乡愁。"滋生于古镇的乡愁啊，就是一根纽带，一头系着父辈祖辈，一头系着儿辈孙辈；一头系着过去，一头系着未来。上一辈人的乡愁与下一辈人的乡愁有共同之处，能共理、共情、共鸣、共亲，这是文化传承最有效的方式，也是最温情的方式。文化的传承，就凭借着这样的乡愁，在历史的炊烟里袅袅升腾。乡愁，就是优秀传统文化得以代代相传的最强大的介质。它告诉我们从哪里来，又到哪里去。

自然风光，田园牧歌，美丽乡愁，这种与生俱来的审美，在中国人身上永远不会过时。"我前后三次到柯桥，熟悉的风情仿佛是故乡。"（吴冠中《水乡四镇》）只要是来过柯桥古镇，无论他是不是柯桥人，都会觉得——

柯桥古镇是一首诗。

柯桥古镇是一幅画。

柯桥古镇是一首歌。

柯桥古镇，是亲近过它的人共同的乡恋地。

2021年3月24日，习近平总书记在福州考察时说："保护好传统街区，保护好古建筑，保护好文物，就是保存了城市的历史和文脉。对待古建筑、老宅子、老街区要有珍爱之心、尊崇之心。""做优秀传统文化传承者""中华民族在几千年历史中创造和延续的中华优秀传统文化，是中华民族的根和魂。"柯桥区委、区政府高度重视柯桥古镇的保护和开发，历时多年，围绕"保护古镇空间、传承古镇文化、激活古镇功能"的宗旨，遵循"修旧如旧，拆改结合"的工作目标，将美丽的柯桥古镇再次激活。

柯桥小学作为古镇的一部分，与柯桥古镇天然融合，有着"近水楼台先得月"的地理优势，培养学生"做优秀传统文化传承者"，正好依托古镇这一得天独厚的有效载体。于是，从2021年年初开始，学生们在老师的带领下，一次又一次走进柯桥古镇开展研学活动，进行主题式探究、浸润式体验、专题性访问、项目化学习。通过写作、研究，不仅体现了"新课标"跨学科学习的新特点，更展现出对优秀传统文化的有效传承。

一方水土养一方人。古镇作为中华优秀传统文化的重要载体，也是个体成长、发育的摇篮，对于生于柯桥、长于柯桥的孩子来说，它既真实生动，又直接质朴，具有一种独特的魅力。本书中的小作者基本上都生活在柯桥，从小耳濡目染，感受十分丰富。把古镇作为写作的题材，不仅让学生挚爱家乡的情感获得了宣泄，而且还了解了家乡地域文化历史，培养了爱国爱乡的思想感情，也宣传了柯桥古镇所拥有的历史文化价值和在新百年奋进中的卓然美姿。

本书按儿童篇和少年篇两个板块6个年级汇编，以学生"研学作文"（记叙文）为主体，全方位、立体式地展现了少年儿童眼中的柯桥古镇的历史文化、传统手艺、美食美景等各方面的内容，呈现了这座千年古镇的新风貌。

流经古镇的浙东运河滔滔不绝，似乎什么也没变，却又每天都是新的。古镇的人们，来来往往，川流不息，感觉什么也没变，一如千年前的人们，但其实又都是不一样的面孔。历史，就是这样经久不息；文化，就是这样历久弥新。让少儿笔下的柯桥古镇走进你我的心里，拥有共同的乡愁。

是为序。

陈建新

2022年8月

目　录

第一篇　儿童笔下的柯桥古镇

三年级

焕然一新的柯桥古镇	宋祎文	2
古镇新韵味	夏雨毅	3
古镇夜色美	王悦晨	4
新晋网红打卡地——柯桥古镇	卢庆哲	4
古镇就在我旁边	贺子懿	5
我的第二故乡	冯　帅	6
古镇的美	王一宁	7
夜游古镇	黎耀隆	7
我爱柯桥古镇	李学而	8
夜幕中的明珠	马浩梵	9
一个古镇两个"面"	祁亦凡	10
美丽的柯桥古镇	童佳怡	10
二访古镇	王简之	11
迷人的柯桥古镇	翁梓轩	12
悠悠柯桥古镇	张宇宸	13
夜访古镇	朱一娇	14

四年级

爷爷眼中的柯桥古镇	沈城宇	15
醉美古镇，最美柯桥	王雨泽	17
航拍"三桥四水"	沈城宇	18

古镇踏春……………………………………………陈一诺 19
古镇神韵……………………………………………王馨煜 20
魅力柯桥——我深爱的家乡………………………王馨煜 21
旷世逸才蔡邕………………………………………山炜姗 22
柯桥小皮匠…………………………………………丁璐源 23
融光桥………………………………………………李屹轩 25
融光寺………………………………………………任谢喆 28
美丽的柯亭…………………………………………吴嘉诚 29
柯小古亭……………………………………………盛可盛 31
我的柯桥古镇………………………………………沈　桐 35
在古镇体验陶艺……………………………………钟睿恬 37

五年级

一眼越千年…………………………………………丁璐源 39
古镇老铜匠…………………………………………翁敏雯 41
柯桥孙源兴豆腐干传承人…………………………王蓁蓁 44
魅力古镇，最忆柯桥………………………………贺　滢 47
三代人眼里的柯桥古镇……………………………诸圣懿 48
柯城寺………………………………………………丁璐源 49
古纤道………………………………………………盛可盛 51
笛扬楼………………………………………………宋诚蕾 54
季家台门……………………………………………陈珂逸 56
老街的桥……………………………………………胡涵依 59
小探古镇非遗馆……………………………………王恬姿 60
老街新"梦"…………………………………………周浙裕 62
柯桥乌干菜…………………………………………周昕逸 63
古镇糖画……………………………………………骆一诺 65
秋日寻幽柯桥古镇…………………………………孙卓航 67
一街承古今…………………………………………金苏熠 68

人间仙境——柯桥古镇	郑德萌	69
散步柯桥古镇	周梓濠	71
游柯桥古镇	傅　宇	72
永不忘却的梦里水乡	高诗琪	73
盘古化石馆游记	吴柏涵	75
古镇闲游	周奕霖	76
金柯桥，新古镇	闻佳亿	77
如诗如画的柯桥古镇	王煜冉	79
柯桥古韵	王　一	80
漫步柯桥古镇	李欣然	82
心中的日月	蒋一川	83
人间烟火最抚人心	丁熠豪	84
雪落古镇	丁璐源	86
雪后的古镇	沈　桐	88
魅力柯桥古镇	胡熊珈	89
梦在古镇	严孙悦	91
悠悠古镇韵，切切家乡情	郑周睿	92

六年级

绝倭英雄姚长子	王钰琪	93
古镇钟表匠	沈颐诺	96
妈妈眼中的柯桥古镇	朱古力	99
悠悠古镇，温情依旧	缪溢泽	101
探寻季家台门	邵昕儿	102
湖南爷爷爱上了绍兴乌毡帽	谷相宜	104
水乡精灵乌篷船	赵思诚	106
乌篷船划出幸福生活	唐子涵	107
永丰桥	陈轶楠	108
永丰桥的记忆	夏乐怡	110

寺　桥	卢柯名 112
柯东桥	黄　莹 115
游柯亭公园	陈柯颖 117
古镇的青石板	莫芷妍 118
历代名匾馆	桑哲铭 119
小马路的"前世今生"	章子言 121
柯桥小学	张诗娴 123
"三桥四水"漫时光	季欣瑜 125
醉美悠悠柯桥	钱政轩 126
绍兴臭豆腐	章思绮 128
"臭"名远扬的美食	林小多 129
十碗头：舌尖上的柯桥	唐振依 130
霉苋菜梗	沈鸣夏 133
古镇腐乳	孟惠希 134
古镇畅游	叶霖凯 135
青青石板路，悠悠古镇情	马乐天 136
一盏清茶	曹安怡 138
指尖上的艺术——剪纸	方蕾杰 140
梦江南，江南梦	叶　晴 141
赏古镇新颜，谱时代新篇	何涵钰 142
古镇，我心悦兮	桑哲铭 144
我为柯桥古镇点赞	潘安琪 145
梅市波光远，柯桥柳色新	李晗希 147
数魅力古镇，还看柯桥	何思柏 148
美哉，柯桥古镇	漏静怡 150
古镇新貌	马绍平 151
古镇韵味	高嘉雯 152
长相忆	许司权 153
柯桥古镇，我曾经的家	王雨琦 154

灯梦幻，光闪耀	童卓涛 155
柯水悠悠，桥影重重	吴昕宜 157
古镇访友	吴羿霖 158
悠悠古镇行	徐卢璐 159
古镇夜风光	张晟睿　杨　阳 161
古镇新貌，魅力柯桥	袁满泽 162
解锁梦中的江南——柯桥古镇	赵睿宸 164
古镇掠影	周亿翰 165
柯桥古镇的美	钟雨浔 166

第二篇　少年笔下的柯桥古镇

七年级

柯桥人的乡恋地	沈亦馨 170
老台门的记忆	童心岑 172
小桥流水不夜城	李雨琪 175
独　爱	孙艺翡 177
最爱这古镇的桥	潘天然 179
一座桥的自述	周麟林 180
悠悠古镇，醉美柯桥	叶龄遥 181
记忆中的那碗霉干菜	王　晶 183
臭豆腐：萦绕鼻尖的那一味	周毅可 185
古镇之美	张楚涵　王一凡 187
古韵柯桥，璀璨纺都	高嘉雯 188
一首最温婉的诗	俞一诺 190
古镇映像	徐艺洋 191
绵延江南	沈雨卿 193
淡茶，灯笼，河流	彭诗桐 194
古镇，不老	陈泽源　李相年 196

迟来的相约	金天宇 谢欣沄	197
你好，古镇	赖禹诺 杨雯玺	199
有一种美叫柯桥	施　佳	200
烟火人间，一眼百年	叶文妍	202
醉美古镇	张洵睿	204
一屋永古今，一桥缀未来	周已湛 张琪涵	205

八年级

扇落花去今犹在	李鉴雪	207
柯桥景，柯桥事，柯桥人	蒋子辰	209
悠悠古镇，悠悠我心	金纯伊	210
乡　情	马雨曦	212
相见欢	叶禹彤	215
古镇印记，几多乡愁	钟依楠	217
有一种永恒叫桥	马璐媛	219
流连于那一片烟火人间	姚昕颐	220
水墨江南，五彩魅力	王心榆	222
烟雨入江南，山水随墨染	孙雨叶	223
漫游古镇	蒋璐澄	225
岁月在这里沉淀	傅梓甜	227
悠悠古镇，魅力柯桥	金丰恩	228
江南风骨，柯水成诗	沈雨橙	230
桥水　光夜	陶星羽	231
镇里新旧	裘馨怡	233
错落人间	阮艺珍	235
好一个水墨古镇	张梓诺	236

编　后	陈建新	239

第一篇

儿童笔下的柯桥古镇

焕然一新的柯桥古镇

艳阳高照的一天,柯桥古镇里的行人络绎不绝。我们全家也来到这里,欣赏古镇美景的同时,寻找那份熟悉的味道。

爷爷奶奶以前就住在这古镇里。听爷爷说,他们原来住的那栋房子有三层楼高,每一层楼都住着五六户人家。房屋比较破旧,墙上的石灰粉经常会掉下来。虽然生活条件不怎么样,但邻里之间串门成了大家乐此不疲的事。现在这栋楼不见了,被改造成了一排排白墙黑瓦的仿古建筑。这些建筑伴着清澈的小河,一直延伸到我看不见的地方。

桥头的人民医院也不见了踪影,变成了一个广场,广场四周,商铺、民宿等建筑拔地而起。美丽的庭院,幽静的弄堂,历史悠久的石拱桥,纵横交错的河流,还有小巧轻盈的乌篷船,形成了那样可爱迷人的柯桥古镇。

远道而来的游客纷纷拿出相机,和焕然一新的柯桥古镇拍照留念。瞧,那边还有几个绘画爱好者正在写生呢!我觉得自己仿佛也在这美丽的画卷中了!(2021年5月)

绍兴市柯桥区柯桥小学三(5)班 宋祎文

指导老师:吴利青

古镇新韵味

"两岸楼台流彩溢,一江灯火照天明。千年府卫沧桑在,神韵迷人是古风。"欢迎来到柯桥古镇,这里白墙黑瓦,历史悠久,廊桥曲径通幽,让我带你们去走一走吧!

柯桥古镇有着神秘的气息。你瞧,古镇特别庄严,每个台门都很有讲究。以前都是大户人家居住的,每户人家背后都有着悠远的历史……听老一辈人介绍,这里的每个台门基本都有二三十户人家,家家户户都有一块姓名牌,一到晚上,每个回家的人都会自觉取下牌子,最后一个晚归的人会主动关好门,大家和谐共处,其乐融融!以前的古镇船只往来频繁,这里是小商家和大商户们的交易中心,经济十分繁荣。

如今,经过改造,我们看到了焕然一新的古镇。你看,按照历史保留下来的融光桥等桥梁,依然串起了各路慕名而来的游客的脚步。桥边的老樟树,历经岁月的洗礼,越发显得枝繁叶茂。

我和姐姐每天傍晚都会去溜达一小会儿,好多商铺已经开始营业了,脆嫩鲜香的臭豆腐,形状各异的棉花糖,以及全国各地的小吃美食,都吸引我们在摊位前流连忘返。特别是古镇里的小白马,让我们优哉游哉地享受了骑马的乐趣,真是有趣极了!

如果你没时间白天游览,可以选择夜幕下的古镇一游,五彩缤纷的灯光会把古镇装扮成另一副模样:水雾袅袅,让人如临仙境;古镇广场里的四维立体投影,讲述着古镇古往今来的风雨历程。

亭台水榭,小桥流水,桥影成趣,大人们带着历史走古镇,小孩子们走着古镇读历史。欢迎大家带着快乐的心情,踏踏石板路,走走老石桥,欣赏柯桥古镇的春夏秋冬!(2021年5月)

绍兴市柯桥区柯桥小学三(7)班　夏雨毅
指导老师:张小燕

古镇夜色美

在我们学校旁边有一座历史悠久的古镇——柯桥古镇。每天上学放学，都会从它旁边路过。偶尔驻足远远望过去，一片白墙黑瓦，仿佛在看一幅精美的中国画。然而晚上的柯桥古镇又有另一番风情。

这天我们一家人吃过晚饭出来散步，路过柯桥古镇，立刻被这里的美景吸引。河面上白雾朦胧，配上变幻的彩灯，好像天上的云海。河道两旁的房屋古色古香，在灯光的映射下，好似仙境里的亭台楼阁。这时走过一个穿着汉服的大姐姐，"哇，仙女呀"！还好大家都拿着手机在拍照，"嗯，还在人间"！

沿着河边漫步，在长廊和石桥间穿行，不知不觉周围房屋风格一变，流露出艺术气息。原来是新建的花鸟古玩市场。小孩子最喜欢这里了：有漂亮的花草、美丽的小鸟、活泼的鱼儿，有字画，有陶瓷，还有很多稀奇古怪的玩意儿，眼睛都看不过来了。

柯桥古镇才刚刚复活，已经是如此惊艳，相信以后会越来越好。作为邻居，我以后要好好守护它。（2021年5月）

绍兴市柯桥区柯桥小学三（1）班　王悦晨
指导老师：单菊萍

新晋网红打卡地——柯桥古镇

今天给大家介绍一个新晋网红打卡胜地——柯桥古镇。

柯桥古镇就在我们柯桥小学旁边。走进古镇，映入眼帘的是白墙黑瓦的房屋、纵横交错的河流、古老坚固的石板桥、连绵不绝的沿河长廊，这都是江南水乡的神韵。

来古镇游玩的大部分是来寻找老柯桥记忆的，我妈妈就是其中之一。妈妈拉着我神采飞扬地说着,那边是百货店,她小时候经常来这里买文具。笛扬楼是这里的标志性建筑,炎热的夏天,吃上一碗这里的美味绿豆汤和冰激凌,就会觉得神清气爽。旁边是卫生院,她小时候就是来这边看病的。河对面是商铺,我外公家的"迎客松"匾额,就是这边买的,而且是用船通过水路运回家的。听着妈妈的介绍,我仿佛听到了集市的喧闹声,看到了曾经车水马龙的热闹景象。

柯桥古镇不仅有老柯桥的记忆,还有新柯桥的新风貌。这里正在建设的有新非物质文化遗产馆、柯桥古生物教育基地、桥上桥下艺术馆、文创街区,等等。瞧,那边弄堂里,两侧的店铺正在紧锣密鼓地装修:有年轻人喜欢的奶茶店,有传统的打糕店,还有来自重庆的火锅店……在不久的将来,这里将是美食打卡地、文化打卡地……

柯桥古镇,一个有颜值有内涵的古镇,一个有故事的古镇。(2021年5月)

绍兴市柯桥区柯桥小学三(3)班　卢庆哲
指导老师:王亚琦

古镇就在我旁边

"粉墙黛瓦,石阶雨廊",这是柯桥古镇的真实写照,处处体现魅力古镇的风韵,让人感受到四五十年前老柯桥那"枯藤老树昏鸦,小桥流水人家"的韵味。妈妈跟我说:这是她小时候生活过的地方,到处都留有妈妈小时候的足迹。

我的学校就在古镇的边上,我的班级是离古镇最近的地方,所以每到傍晚的时候,我都能看见古镇屋檐下那像星星一样的灯泡;看见石板路凹凸不平,却又出奇地干净整洁;看见黑瓦白墙,古朴中透着丝丝宁静。

在学校看是一幅画面,走进古镇看,又是另一幅画面。今天我们全家一起去了古镇里面游玩。一走进古镇,就看见一条长长的河流,它没有蜿蜒曲折,没有惊涛骇浪,有的只是水平如镜。由于我们是晚上7点左右去的,所以在河的旁边,我们可以看见有一个个小小的喷雾器在那儿运作,把整个古镇笼罩在一片仙境之中,而水雾会在灯光的映照下变得五光十色。

走过青石板小路，我们看到了沿河已经开了一些小商铺，我最喜欢的就是豆腐干铺了。老板娘告诉我，这是手工制作，不添加防腐剂的，口味特别正。小河边上放了一张桌子，桌子上放着绍兴老酒和豆腐干，供人免费品尝。我和爸爸坐下来，各拿一块豆腐干放进嘴里，真的有种香香的味道。

我们继续向前，走到了更深处，欣赏到了更美丽的风景，感受到了古镇的魅力所在。（2021年5月）

绍兴市柯桥区柯桥小学三（8）班　贺子懿
指导老师：张小燕

我的第二故乡

美丽的柯桥，是我的第二故乡。我深深爱上了它，尤其喜欢刚刚开放的古镇。当我走进柯桥古镇的那一瞬间，就被那古色古香的景色吸引了。

柯桥水多桥也多。夜晚，水上飘着一阵阵"仙气"，小桥倒映在水中，好像一轮弯弯的明月。

陆地上，柯桥宣传片即将播放，一会儿龙船来，一会儿水车转，一会儿仙鹤飞，美丽极了！

四通八达的水面上横卧着一座座小桥，其中最有名的是融光桥。每当夜幕降临，人们纷纷走出家门，来到古镇，都要走上融光桥，眺望两岸的美景。站在桥上，一阵微风迎面吹来，享受风儿吹拂的惬意，一天的疲劳顿时烟消云散。

河水清澈明亮，绿得像蓝色，轻风吹过，河水泛起层层波纹。喷泉开启，水忽上忽下，里面还有唱越剧的，那声音可真好听。

柯桥古镇风景优美，希望以后的柯桥古镇会更加美丽！更加热闹！

我喜欢柯桥，喜欢古镇，喜欢从小生活的第二故乡。（2021年5月）

绍兴市柯桥区柯桥小学三（4）班　冯　帅
指导老师：童小玲

古镇的美

古镇的美，在桥，
它弯弯地给船让路。
古镇的美，在河，
它静静地给鱼拥抱。
古镇的美，在船，
乌篷悠悠，
载着人们美好的回忆。

（2021年6月）

绍兴市柯桥区柯桥小学三（5）班　王一宁

指导老师：吴利青

夜游古镇

今天晚上，我和爸爸一起到柯桥古镇去游玩。

走入柯桥古镇，映入眼帘的就是一条小河了，河岸边上有一条条又细又长的小灯，不一会儿就会变色，上面有喷雾装置往河面喷雾，河面被雾气笼罩像仙境一般。路上的行人漫步河边，宛如腾云驾雾，河岸两边的柳树，倒映在水里，就像一幅对称的画，我不知不觉陶醉在其中。一排排柳树随风起舞，好像在欢迎着我们的到来。

在夜色中航拍古镇，你会发现一栋栋白墙黑瓦的小房子、一座座古香古色的庭院，正在向游客讲述着美丽的故事。你会感觉古镇的每个地方、每个角落，都被五彩的灯光点燃着。古镇笼罩在这朦胧的月色和不时变化的灯光下，让我流连忘返。

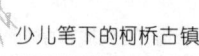

这就是我笔下的柯桥古镇，你的呢？（2021年6月）

绍兴市柯桥区柯桥小学三（6）班　黎耀隆
指导老师：徐　芳

我爱柯桥古镇

  我爱高大雄伟的长城，爱历史悠久的故宫，爱浩瀚深沉的东海，但我更爱小巧秀丽、质朴生动、充满乡土气息的柯桥古镇。古镇位于我的故乡，拥有闻名中外的中国轻纺城。

  清晨，古镇开始苏醒。雾从水面上升起来，像是给湖面穿上了一层轻纱。太阳出来了，千万缕耀眼的金光照在湖面上，反射出一道道光芒。光芒落在石桥上，织出了一匹明晃晃的锦；光芒落在柳树上，像挂满了闪亮亮的钻石；光芒落在人们的脸上，照映出一张张金灿灿的笑脸。

  中午，古镇渐渐繁忙起来。人们忙碌的身影在水边、在桥上、在船头。有人奋力把渔网抛向水面；有人终于找好了位置，支好了小凳，拿好了鱼竿；有人坐在船头，用力地摇着橹。小船慢慢悠悠地穿过一座桥、两座桥、三座桥……

  夜幕降临，古镇展现出不同的绮丽姿态！水边、廊下、石板路旁，一排排路灯亮起来。灯下游人如织。音乐响起，喷泉从水面直冲向深蓝的夜空。这些水柱是孙悟空从龙王的水晶宫里偷来的吗？它们怎么瞬间就消失得无影无踪了？紧接着水面又升腾起大大小小、高低错落的水花，这是观音踩着莲座而来，手托瓷瓶，向人间泼洒甘露？人群中爆发出一阵阵笑声欢呼声。

  这是我美丽的家乡，古镇是我心中一颗璀璨的明珠，永远闪烁。（2021年11月）

绍兴市柯桥区柯桥小学三（3）班　李学而
指导老师：胡淼静

夜幕中的明珠

柯桥古镇与我的学校只有一墙之隔，它是一个美丽的地方。

你从高处远远望去，可以看见人们成群结队地在古镇的石板路上来来往往；船夫披着蓑衣，在船尾摇着橹，一叶叶乌篷船穿梭在小桥流水间。

清晨，太阳从东方升起，古镇就仿佛是一个熟睡的小娃娃，静悄悄的。这时候，古镇里空荡荡的，只有轻风划过树梢发出的"沙沙"声、几只鸟儿轻啼时的"叽叽喳喳"声陪伴着它。

慢慢地，古镇醒了。几个早起的老人拄着拐杖，在石板路上悠闲地散步，拐杖敲击地面发出柔缓的"嗒嗒"声。

夜幕缓缓拉开，古镇被笼罩进这曼妙的夜色里。河面上升起了一层薄薄的雾，整条运河仿佛浸染在乳白色的水汽里。浓雾在岸边绚丽灯光的照射下，变得五光十色，引人注目。此时，站在融光桥上，向远处望去，古镇的石板路上人山人海，热闹非凡。一盏盏古色古香的彩灯把古镇照得灯火通明，如同白昼。一条条乌篷船在桥洞中穿梭来去，船上还不时传出一阵阵欢声笑语，好似神仙坐着仙船，一起下凡间玩赏一番。

古街上有许多小吃。有闻着臭吃着香的臭豆腐，有又冰又甜的炒酸奶，还有又咸又香的酱肉……橱窗里的美食琳琅满目，令人垂涎欲滴。

夜色更浓了，人们陆陆续续散了。我也随着人流往家的方向挪去，回望一眼，不禁感叹："柯桥古镇，真是夜幕中的明珠呀！"（2021年11月）

绍兴市柯桥区柯桥小学三（8）班　马浩梵

指导老师：童　微

一个古镇两个"面"

一看到这个题目,大家一定会想:一个古镇怎么会有两个面呢?原来柯桥古镇的白天是一面,夜晚又是另一面啦!今天,我就来介绍一下柯桥古镇的白天和夜晚吧!

在寒假里的一天,我来到柯桥古镇,人真是多得数也数不清。我走在融光桥上,差一点就要被挤下去了,走过这座桥,花了很长时间。但人多也是有好处的,就是有了过年的气氛。因为古镇刚刚改造好,街上的店铺只有七八家正在营业,有卖冷饮的,有卖花的,有卖石头的,有卖热带鱼的,还有卖把我馋得直流口水的扯白糖和臭豆腐的。我一边走一边看,真是开心极了!

再说说夜晚吧!一到晚上,柯桥古镇的小河都不像小河了,而像一个童话中的仙境。河的两岸喷出一些水雾,水雾慢慢弥漫到河面上,发出了红的、黄的、蓝的光,一层又一层,五彩缤纷,漂亮极了!在一个宽敞的地方,还在放水幕电影呢!

古老的小镇历史悠久,古镇里白墙黑瓦,乌篷悠悠,许多老柯桥人都会到这里寻找美好的回忆。(2021年6月)

绍兴市柯桥区柯桥小学三(5)班　祁亦凡

指导老师:吴利青

美丽的柯桥古镇

白墙黑瓦是江南的神韵,石板路与乌篷船是水乡的标志。如果有人想探一探水乡的风采,就跟着我一起去身边的柯桥古镇看看吧!

早晨,太阳刚刚升起的时候,温柔的阳光照着宁静的古镇,水面上波光粼粼。一眼望去,古镇就像刚睡醒的孩子,正在等待这一天前来游玩的客人。另一边,有几位老爷爷老奶奶正在晨练，那一个个矫健的身姿配上红色的练功服，把古镇的色彩渲染得更加艳丽多彩。

到了晚上，整个古镇灯光秀丽，热闹非凡。大家都不约而同地来到了古镇，老人们回忆着他们小时候在古镇生活的场景，那日子仿佛就在眼前。孩子们更是对新古镇梦幻般的科技场景充满了好奇，河面上如牛奶般的浓雾让人仿佛来到了仙境。古镇的房子和桥在灯光的衬托下显得更加活力四射！

这就是美丽的柯桥古镇，它见证了柯桥的历史，包含了柯桥的文化底蕴，保留着老柯桥的回忆，期待着新柯桥的发展！（2021年6月）

绍兴市柯桥区柯桥小学三（6）班　童佳怡
指导老师：徐　芳

二访古镇

一天，妈妈带我去游览向往已久的柯桥古镇，可惜天公不作美，一大清早就下起了淅淅沥沥的小雨。

我们撑着伞走进雨中的古镇：粉墙黛瓦的房子错落有致地排列在青石街边，一条小河从中间蜿蜒流淌。几座湿漉漉的石桥连接着枕河人家，沿河长廊上，一只只灯笼若隐若现。我们仿佛走进了一幅巨大的水墨画卷里，又仿佛来到了烟雨蒙蒙的梦境里无法自拔。看，古镇的一角，那些可爱的小精灵早已按捺不住了：梅花悄悄绽放花骨朵儿，柳树偷偷发出了嫩芽儿，就连那不远处的石拱桥上，青藤也已苏醒，一个个嫩芽探出头来，正在贪婪地享受雨水的滋润……

"妈妈，那座桥拱得真圆啊！"我指着布满青藤的石桥叫起来。妈妈顺着我手指的方向看去，意味深长地对我说："这就是柯桥古镇的标志性建筑，它还有一个诗一样的名字，叫融光桥。我小时候天天走这座桥去上学的。"

就这样，我一边听着妈妈讲述童年的回忆，一边沿着石街雨廊，游览着雨中的古镇。我觉得雨中的古镇有着别样的美！

又一日，夜幕降临，华灯初上，我们一家来到了流光溢彩的柯桥古镇。

与上次烟雨蒙蒙的样子不同，这次刚踏入古镇，一束炫目的灯光就向我们射来。啊，白天不起眼的玻璃房已和水池一起搭起了一个戏台，水池中的喷泉在音乐的节奏下欢快地跳动，一束束灯光在喷泉的衬托下，交织成一幅幅美妙的画面，向游人讲述着古镇的往昔岁月。

　　我们驻足观看了一会儿，便向古镇里面走去。灯光把整个古镇的角角落落勾画得棱角分明。白天雄伟的融光桥，被灯光打扮出柔美的一面，在河岸边，一阵阵水汽漫上来，变幻出五彩的光芒，在仙气袅袅的烘托下，古镇宛如仙境一样。我们迫不及待地拾级而上，站在桥中央放眼望去，不远处的沿河长廊，一串串灯笼，星星点点，散发着柔和的光，欢迎着八方来客。沿桥而下，我们来到了开阔的广场。树木披上了晶莹的外衣，垂下丝丝光带，不时闪耀着璀璨的星光，就连树杈间的鸟巢，也包裹着灯光，仿佛不肯缺席古镇的狂欢。

　　不远处飘来阵阵臭豆腐的香味，许多游客闻香而动，汇聚成一股人潮……柯桥古镇的夜，焕发出了青春的活力！（2021年6月）

绍兴市柯桥区柯桥小学三（5）班　王筒之
指导老师：吴利青

迷人的柯桥古镇

　　我去过酱香四溢的安昌古镇，也去过酒香浓郁的黄酒小镇，但我还是更喜欢学校旁璀璨夺目的柯桥古镇。每当下课，我就会跑到窗前，看着近在咫尺的柯桥古镇，就想去那里一探究竟。

　　早晨，柯桥古镇在薄薄的雾中苏醒过来。零零散散的老人拄着拐杖，顺着蜿蜒的石板路渐渐远去。小鸟在树上唱着歌，仿佛在欢迎人们的到来。小鱼儿在水里游来游去，好像在做游戏呢！

　　夜幕慢慢降临，柯桥古镇里变得灯火通明。入口的音乐喷泉忽高忽低、五彩缤纷，有时似一飞冲天，有时似天女散花，有时如同一朵羞答答的荷花，在夜幕中绽放。

　　走着走着，我到了融光桥之上，河面上刚好起了一层雾，此时，我感觉自己身处于仙境之中。一条条乌篷船从桥底经过，船夫在船后用力地摇着橹，乌篷船靠岸了，好像有仙子来柯桥古镇做客了呢！

融光桥两旁的风雨连廊上挂满了黄黄的小灯笼，那里有卖香甜可口的奶茶，有卖晶莹剔透的凉粉，有卖中国的传统小吃——臭豆腐。臭豆腐虽然闻起来臭，但是吃起来香，那味道，真让人回味无穷。

夜色更浓了，慢慢地，人群散了，灯笼熄了，喷泉也停了，我们也要回家了。这真是个迷人的柯桥古镇！（2021年11月）

绍兴市柯桥区柯桥小学三（8）班　翁梓轩
指导老师：童　微

悠悠柯桥古镇

"江南可采莲，莲叶何田田。"进入柯桥古镇，我就被水面上盛开的一朵朵美丽的荷花吸引了。夜幕降临，一注注喷泉冲出水面，和优美的越剧在宁静的夜空中幻化成一幅幅美丽的画面。

河水悠悠，河水清清。古镇到处都是古朴的青瓦房，尖尖的顶、白白的墙，勾起了人们美好的想象。古老的石拱桥，唤起了人们难忘的回忆。杨柳青青，杨柳依依。柳树在春姑娘的歌声中，对着银镜披下美丽而柔软的秀发，慢慢地梳理着。穿梭在桃红柳绿的小街上，迎来阵阵吆喝声、欢笑声。河两岸，商铺林立，酒旗招展，游客们或留恋在臭豆腐小店前，或驻足出神地看老爷爷扯白糖。而店员们都热情地招呼着各自的顾客，让人不由得被他们的热情和好客而感动。

突然，一个声音划破了夜色，我来到了古镇的中心。在这里，现代技术与古朴设计完美结合。在这里，现代科技用光与影介绍着柯桥的历史，向人们展现了酒香柯桥、纺织柯桥和人文柯桥。在这里，充满了科技感，人们在科技中感受古镇的魅力。

不远处，在奶奶孩童时便有了的三座石桥，犹如古代仕女般优雅，依然静静地伫立着，默默地看着。从前，小小的乌篷船载着满满的货从这里悠然划过，现在，不远处飞驰的高铁带着远方的客人来到国际纺织之都。

怎么大家都回头了呢？原来桥上走来了一队爱好中国文化的外国姑娘们，她们手撑着油纸伞，身穿各式旗袍，迈着轻盈的脚步，婀娜地走向前面的小巷。人们纷纷拿出手机、相机拍下这美好的瞬间。

柯桥古镇，不但是我们的，更是世界的。（2021年6月）

绍兴市柯桥区柯桥小学三（1）班　张宇宸
指导老师：单菊萍

夜访古镇

夜，那么宁静；月，那么皎洁。

吃完晚饭，爸爸提议："我们一起去古镇逛一逛吧！"我和姐姐非常高兴，连忙拍手叫好。古镇，我亲眼见证了它从一片老区一步步发展的历史，因为我的班级就与古镇相邻。走近它，走进它，是我期盼已久的事情。

一走进古镇大门，我就惊呆了：白墙黑瓦，正是古镇的特色；乌篷悠悠，是水乡的灵魂。

最美的地方其实不只这些，还有夜晚古镇的灯光，绿、黄、白相间，一会儿，一阵绿色的雾气弥漫开来；一会儿，黄色的薄纱铺满河面……如果不是夜晚来，你绝对感受不到这"人间仙境"般的幽美。如果说白天的河流是清澈的、平静的，那么晚上的河流绝对是梦幻的、多彩的。

沿河，有许多古色古香的房子，黑色的瓦片，褐色的木板门，高高的门槛，青青的石板地面。

走出迷宫似的房屋，最让我感到难忘的便是一座座古桥了，灰色、高大，上面长着浓绿色的青苔。不知为何，一走近它，连来时蹦蹦跳跳的我，都不由自主地静了下来。这青苔，是否也在静静回忆，曾经桥下川流不息的船只和买卖人的吆喝声？

古镇，一个风景如画的地方；古镇，一个蕴含文化的地方。我们研学古镇，了解

历史，努力为古镇添砖加瓦。（2021年6月）

绍兴市柯桥区柯桥小学三（8）班　朱一娇
指导老师：张小燕

四年级

爷爷眼中的柯桥古镇

2021年元旦，修复后的柯桥古镇（一期）正式对外开放，慕名前来参观、游览的老柯桥人、新柯桥人和外地人络绎不绝。我爷爷非常兴奋，拣了个好天气，带着我们全家人游览了古镇，还特地到他小时候住过的老屋前合影留念。其实，我知道爷爷在这之前已先后去过好几次了。

爷爷是老柯桥人，对古镇怀有特殊的感情。在爷爷眼里，古镇的建筑也是风景。古镇处处是风景，古镇时时有风景；风景个个惹人喜，风景个个有故事。爷爷最喜欢的风景是"大桥"，就是融光桥。爷爷家离大桥只有二三十米远，当年爷爷和小伙伴们把大桥当作游乐园，几乎天天都在那里玩。大概在他五六岁时，就摇摇晃晃地去走大桥了，边走边念童谣："大桥大，大桥高，走上大桥变大人……"

夏天的时候，爷爷和小伙伴们就在大桥下的河里游泳，玩得昏天黑地：追逃、潜泳、打水仗，还比谁游得快，比谁在水里憋气时间长。雷阵雨突然来临时，爷爷和小伙伴们就躲在大桥桥洞下。雷声轰鸣，他们在桥洞里也大声吼起来，桥洞发出沉闷而洪亮的回声。晚上，爷爷跟随大人在大桥桥堍乘凉，一边享受习习凉风，一边听大人们讲各种奇闻逸事。冬天，大雪过后，爷爷跟着大人一起在大桥上铲冰扫雪，往石级上铺木屑、砻糠、稻草等。虽然小手冻得红红的，但却快乐地跑来跑去，头上冒着热气。

爷爷说，大桥是个极佳的观景台。你若朝西看，那里叫西官塘，这里能够看到古镇最美的风景：运河两岸带有明清风格的白墙黑瓦的房屋，还有翻轩长廊，分别从柯桥、永丰桥桥脚向西延伸数百米。沿河的房屋，既有住房，又有店铺；有弄堂，有台门：房屋后面有房屋，曲径通幽连百家。男人忙着打理生意，女人在河埠头洗衣服、洗菜、淘米、杀鸡鸭、剖鱼、剥毛豆等。空闲的，则三三两两地在河沿放个小桌子，摆几把小凳子、竹椅子，悠闲自得地坐着，或喝茶，或下棋，或聊天，或对着河面看风景，甚至独自发呆……好一幅充满烟火气的水乡风俗画。

在爷爷的记忆中，儿时在融光桥畔大声喊唱童谣的时光是欢乐的。

农民摇着满船稻谷去西官塘粮站交公粮，小伙伴们喊："满船稻谷黄澄澄，满碗米饭香喷喷；吃了一碗又一碗，吃得我肚皮圆滚滚。"

小划船里鱼虾活蹦乱跳，船主大声吆喝："卖鱼啰——"小伙伴们则七嘴八舌地叫着："鲫鱼鲢鱼胖头鱼，黄鳝河蟹老湖太（大河虾）；透透鲜来鲜透透，来刹勿急吃进嘴里头，当心鱼骨头。"

往来既有载货的船，也有载客的。埠船摇过，大家就喊："埠船埠船我来坐，咯吱咯吱摇啊摇；摇啊摇到外婆家，外婆留我喝糖茶。"

如果乌篷船里坐着大姑娘，小家伙们更乐了："乌篷船，划划划；乌篷船，踏踏踏；慢慢划来慢慢踏，船里坐了个大姑娘；看伊羊角辫子翘一翘，问伊上海老公要勿要。"

大人们也被逗笑了。舟楫往来如梭，小孩欢声如歌。这是一道道流动着的、充满水乡味和童趣的风景。

当然，最让人难忘的还数过年。爷爷说，当年正月初一，手里捏着太太临时给他的一角钱，乐滋滋地向大桥南边的古镇老街走去。从大桥北边的桥脚开始，已是人头攒动、摩肩接踵，他好不容易走上桥顶，想看看四周风景，还没站稳，就被挤到了桥下。老街、新街、前街、后街、急水弄、大寺、上市头等，全都是簇簇新的人，笑容和招呼也是簇簇新的：新年好，新年好；恭喜发财，恭喜发财！集市里多了许多流动摊位：有卖小玩具的，什么竹制的哨子、笛子等，泥塑的各种人物、动物等；有卖小零食的，如一串串的山楂冰糖葫芦、各种自制的颗头糖（硬糖）、爆米花等。摊主边走边吆喝，很受小孩子欢迎。埠船、乌篷船的生意更不用说了，来回都是载着满船的欢声笑语。正月初一逛街，对于当年的爷爷们来说，主要是赶个热闹，感受节日的喜庆，满足好奇心，买点小东西。

原来，柯桥古镇在爷爷心里有那么多难忘和美好的回忆，难怪爷爷一说起古镇，

话就停不下来了。（2022年6月）

绍兴市柯桥区柯桥小学四（7）班　沈城宇
指导老师：马春野

醉美古镇，最美柯桥

　　我的家乡在柯桥，这里山清水秀，人杰地灵，是全国著名的水乡、桥乡、酒乡、戏曲之乡、书法之乡和名士之乡。

　　要说柯桥最美的地方，那当数柯桥古镇了。古镇跟我们学校相连，学校的两幢楼房还置换给古镇，成了营业房呢。

　　进入古镇，一种古老的气息扑面而来。各式各样的木板、石头砌成的房子和大桥，使我仿佛穿越到了古代。离开了城市的嘈杂，这里显得格外静谧和美好。古镇里有一条河，贯穿古镇中央，把古镇分为数条街。河面上有几座古桥，可以随时从一条街穿到另一条街，看不一样的风景。

　　柯桥古镇，自有它的特色。从食物说起，霉干菜，臭豆腐最有名。臭豆腐的制作工程可浩大了。首先要用苋菜梗卤水腌制，浸泡的时间根据天气而定，天热的时候几小时即可，而下半年天冷的时候，则需要好几天。卤水的颜色，也跟天气有关，天热的时候会呈黄绿色，而下半年天冷的时候呈墨绿色。卤水里浸好的豆腐放在油水里炸一会儿，又香又臭的臭豆腐就做好了。你老远就能闻到它独特的味道，把你吸引了过去。买上一盒，闻着臭吃着香，外焦里嫩，简直是人间美味。

　　如果你运气好，在古镇你还可以看见有表演绍剧的。绍剧以高亢激越的唱腔、粗犷朴实的音乐、豪放洒脱的表演和文武兼备等特点，形成了别有一番风味的艺术风格，给古镇增添不少色彩。

　　走进古镇，我仿佛还能看见以前的柯桥老街：各种各样的小店开满街道，来来往往的人络绎不绝。道路上的小摊一个接一个，有的开三轮，有的打地铺，有的卖小吃，有的卖衣服。自行车的车铃声与小贩的叫卖声交织在一起……那繁华的样子，我到现在都能感受得到。

古镇，为我的家乡又增添了许多文化气息！悠悠古镇，最美柯桥！（2021年6月）

绍兴市柯桥区柯桥小学四（1）班　王雨泽

指导老师：徐燕敏

航拍"三桥四水"

我爷爷是老柯桥人，对柯桥古镇，尤其是"三桥四水"有着深厚的感情。

爷爷有个心愿，就是想拍一个"三桥四水"的全家福。但他无论是用相机还是手机，无论是站在河岸的哪个角度还是乘船在河中，都不能把它们拍摄到一块儿去。

我知道后，拍拍胸脯对爷爷说："此事包在我身上，一定帮您了却这个心愿。"爷爷惊奇地看着我，我则扮了一个神秘的鬼脸。

寒假里，我与弟弟合伙在淘宝网上购买了一架1400多元的无人机。嘿，告诉你们，我自个儿学会了操纵无人机，我牛！

一个晴朗的日子，爷爷带着我和弟弟站在融光桥上，一边指着柯桥（桥名，古镇名因桥名而得）、永丰桥、融光桥、古运河和柯水，一边讲述着"三桥四水"的美丽故事和重要作用……接着爷爷向我提出了拍摄的要求。

我们选择了柯桥西边桥脚下的一块空地。这块地很大，正对着"三桥四水"。我轻轻地把无人机放在地上，展开机翼，取下镜头罩，把手机、遥控器和无人机连上，一切准备就绪。我盯着手机屏幕，不断摁着遥控器上的按钮，无人机不断升降、旋转、悬停。"咔嚓""咔嚓"……从"三桥四水"的不同角度，一连拍了十几张，直到爷爷满意为止。

看着航拍照片，我为家乡的美丽而自豪！（2022年4月）

绍兴市柯桥区柯桥小学四（7）班　沈城宇

指导老师：马春野

古镇踏春

"碧水贯街千万居,彩虹跨河十七桥。"早就听闻柯桥古镇河多桥多,极具水乡风光特色。趁着阳春三月的周末时光,妈妈带我去古镇踏春。

穿过熙熙攘攘的柯桥步行街,一座通体棕红、高大雄伟的廊桥——柯东桥就映入眼帘。古色古香的亭台楼阁环环相扣,楼宇间弥漫着古老的气息,仿佛一位上了年纪的老者在向路人静静地述说着前尘往事。一块块牌匾里也饱含着一个个动人的历史故事。廊桥两边的石栏上雕刻着精美的花鸟鱼虫,桥洞下每隔不远就有一个威武气派的龙头,十分霸气。

站在廊桥上,往西眺望,就能看到不远处有一座长满绿色藤蔓的石拱桥掩映在一片楼房中。妈妈遥指石桥告诉我,那就是柯桥古镇最有名的融光桥。

朝着这座融光桥,我们一路前行。近了,近了,碧绿的藤萝在阳光中轻轻摇曳着,迎接着我们的到来。桥边挺立着一棵高大挺拔的松柏,好似一个威武勇猛的巨人守卫着这座端庄古朴的石桥。

融光桥到了,意味着我们真正走进了柯桥古镇的中心。放眼望去,今天的古镇特别冷清,让我差点以为走错了地方。也许是因为白天,没有想象中的热闹非凡,也没有传说中的人来人往,更没有我以为的游客如织,只有眼前的安静祥和。三三两两的人在悠闲地游走其中,时而停下脚步,在桥边、石凳上、屋檐下驻足留影。

一条清澈碧绿的小河缓缓流过融光桥,温柔地拂过桥身。一拐弯,又穿过了一座石桥。这就是与融光桥近在咫尺的永丰桥。桥的两边是白墙黑檐的老街古式建筑。我仿佛能听到古时弄堂里儿童们的嬉闹声,廊桥下滴答的落雨声,桥头划过乌篷船咿咿呀呀的摇橹声……

石桥、绿树、老屋,映着潺潺流淌的小河,凑成了一幅充满诗情画意的水乡古镇图。美哉,柯桥古镇!(2021年5月)

绍兴市柯桥区柯桥小学四(2)班 陈一诺
指导老师:沈 菁

古镇神韵

你看，古镇神韵，
绿水萦绕白墙，红花洒落青瓦，
是柯桥老街的缩影，
也是古色古香的延续。
你听，古镇神韵，
乌篷悠悠，河水潺潺，
是对曾经老街繁华的叙述，
也是对新时代的赞美。
你闻，古镇神韵，
有扯白糖的香甜，也有臭豆腐的回味，
是老街淳朴生活的点滴，
也是新生活中难以忘却的记忆。
古镇神韵，近在咫尺，
只要你用心去品，
沉醉在这一方魅力无穷的天地。

（2021年11月）

绍兴市柯桥区柯桥小学四（8）班　王馨煜

指导老师：任　妹

魅力柯桥——我深爱的家乡

我游览过很多地方：古朴的北京、繁华的大上海、辽阔的内蒙古大草原……但在我心里，最美的还是我的家乡——柯桥。

我的家乡柯桥是一座有着"东方威尼斯"之称的小城，也是中国著名的水乡、桥乡、酒乡、书法之乡、戏曲之乡和名士之乡。既有古朴风雅之美，也不乏欣欣向荣的现代繁华，这里还有亚洲最大的纺织品交易市场——中国轻纺城。

古诗云："江南好，风景旧曾谙。"我最爱的是家乡的美景。看，在朦胧的薄雾中，一轮红日从水面缓缓升起，湖面洒上粼粼波光，清晨的瓜渚湖渐渐被唤醒。岸边，绿柳在风中摇曳，鸟儿在枝头婉转啼鸣，好一幅江南春色图。如果说清晨的瓜渚湖宛如一位亭亭少女，那夜晚的她就华丽转身，变成一位衣着绚丽的女王。夜幕降临，湖边的彩灯一排排点亮起来，为晚上的瓜渚湖戴上一顶皇冠，越发迷人。在北岸，一场盛大的喷泉舞会开始啦！只见，一排排水柱直升而起，随着音乐婀娜摇曳：一会儿交织在一起，宛若一张大网笼罩大地；一会儿水花四溅，犹如天女散花；一会儿又如一条巨龙，破水而出，冲向云霄。变幻莫测的造型配上五彩斑斓的灯光，让人目不暇接，美不胜收。

美好的记忆总少不了舌尖上的美味，排在首位的就是绍兴招牌——臭豆腐。漫步柯桥老街，时不时就能在街头巷尾寻觅到这道地方小吃，只需花上几块钱就能品尝到这独特风味。一根简单的竹签，一块块色泽金黄的臭豆腐，一口咬下去，一阵油香冲入喉中，闻着臭吃着香，就是它让人欲罢不能的独特魅力。如果你不敢尝试这独特风味，那扯白糖就不能错过了。据说这是起源于明朝年间的地方小吃，用麦芽糖和白糖拔丝，甜而不腻，是一道老少皆宜的小零食。

说了这么多，是不是对我的家乡柯桥多了几分向往？人人都夸家乡美，我在这里成长。魅力柯桥，我深爱的家乡！（2021年6月）

绍兴市柯桥区柯桥小学四（8）班　王馨煜

指导老师：任　妹

旷世逸才蔡邕

唐代诗人胡曾在他的《咏史诗》中写道："一宿柯亭月满天，笛亡人没事空传。中郎在世无甄别，争得名垂尔许年。"诗中的柯亭，也叫高迁亭，原是柯桥古镇的一处驿亭。"中郎"，就是"蔡中郎"蔡邕，他是一位旷世逸才。

蔡邕，我国东汉末年著名的大学问家。他不仅是出色的文学家、书法家、天文学家，还是位精通音律、颇为杰出的音乐家。

相传，东汉汉灵帝时期，蔡邕任朝中议郎时，因得罪权贵，遭到诬陷，全家被流放北方。仇人派刺客追杀他。幸亏刺客被他的义行感动没有杀他。后来汉灵帝认为他才华不一般，赦免了他，但又遭到五原太守以怨相报，不得已亡命江湖，避难江、浙一带十多年。这期间，蔡邕来到了绍兴。一日他夜宿柯亭，清风吹过，听到亭子里响起一阵悠扬悦耳的声音。这声音分明是一种美妙的乐音。蔡邕便循声察看，发现声音来自亭东椽竹，数了数是第十六根。第二天一早，他便将它取了下来，做成了一支竹笛。一吹奏，果然音韵绝妙，不同凡响。于是蔡邕就将它取名为"柯亭笛"。以后蔡邕到处漂泊，就随身携带此笛到处吹奏，使得"柯亭"之名随笛而名扬天下。柯亭也就被称为笛亭了。清代乾隆时的《越中杂识》这样记载："在府城西北二十五里，汉蔡邕取柯亭椽竹为笛处，桥侧面有笛亭，今为土地祠。"

来到柯亭公园，我走在细密的鹅卵石上，眼中满是青翠古朴的竹子，竹子世界的那份宁静和安然，给人一种恍如隔世、身心愉悦的享受。

如今的柯亭依古运河而建，三面临水，风景秀丽。园内面积不大，却绿树成荫，让人感觉安静、有味道。公园的正中央屹立着蔡邕的雕像，他左手持一支竹笛，竹笛的另一端搁在右手臂上，右手拇指和食指碰在一起，指向前方，眼睛也望着手指的方向。好一副气定神闲的模样！我仰望雕像，好似听到蔡邕正在挥斥方遒：我泱泱华夏，一撇一捺都是脊梁；我神州大地，一思一念皆是未来；我浩浩九州，一文一墨皆是骄阳；吾辈欣逢盛世，当倍加努力，捍卫盛世中华！

雕像后面是"旷世逸才"四个遒劲有力的大字。记得《后汉书·蔡邕传》中写道："伯喈旷世逸才，多识汉事，当续成史，为一代大典。"真是命运置于你危崖，你却馈人间以芬芳。蔡邕通晓音律，善于赋诗，精于书法，尤其是他自创的隶书"飞白体"，飘逸空灵，自带美感，对后世影响甚大。"旷世逸才"四字形容蔡邕一点也不为过。

我们学校的校训是"惜才"，也是缘于蔡邕，缘于他对良木的珍惜。

相传蔡邕浪迹吴越时，有一回住在一户农民家中。有一天主妇生火做饭，将一段桐木送入灶膛，木柴被烧得"噼里啪啦"地响。蔡邕坐在客堂读书，忽然，听到隔壁传来一阵清脆的爆裂声，不由得心中一惊，抬头竖起耳朵细细听了几秒钟，大叫一声"不好"，立马跳起来就往灶间跑，边跑边喊："快别烧了，别烧了，这是一块做琴的好材料！"他来到灶膛边，也顾不得火势，伸手就将那块刚塞进灶膛当柴烧的桐木拽了出来。他在桐木上又吹又摸，兴奋不已。好在抢救及时，桐木还算完整，只是被烧焦了一个头。蔡邕精雕细刻，一丝不苟，花了很长时间，终于将这块桐木做成了一张琴。这张琴弹奏起来音色美妙绝伦，盖世无双。这把琴流传下来，成了世间罕有的珍宝，因为它的琴尾被烧焦了，人们就叫它"焦尾琴"。

如今，在你的身旁，古老的浙东运河川流不息，悠悠古纤道穿行其中。沧海桑田，岁月更替，斯人已逝，我们只能在时光的隧道里，心怀敬畏地仰望这位旷世逸才……

（2022年7月）

绍兴市柯桥区柯桥小学四（4）班　山炜姗

指导老师：胡梦丹

柯桥小皮匠

在柯桥古镇的沈家台门东面、柯桥小学2号教学楼北面，有一个小小的修鞋铺。简陋的棚外有一块广告牌，上面红底白字写着"柯桥小皮匠"五个大字。天气晴朗时，铺子旁边的树荫下，总会有一位老人，他戴着棕色的线帽，肚子上系着一块较厚的布，这布一直盖到膝盖以下。他总是坐在一架黑色的缝纫机前，低着头修鞋子。没有生意的时候，他便乐呵呵地和街坊邻居下着象棋。

这位老人就是大名鼎鼎的"柯桥小皮匠"——鲁文骏爷爷。

其实,"小皮匠"可一点都不小,他已经80多岁了。在老柯桥人心中,似乎他和他的修鞋铺,从一开始就是属于柯桥的,是大家回忆里不可割舍的一部分。

通过与"小皮匠"交谈,我了解到他修鞋已经有60多年了。他从15岁开始,就跟着哥哥在杭州马市街那里修鞋。在杭州工作了七八年后,赶上绍兴钢铁厂招工,他经居委会介绍,进入了绍兴钢铁厂工作。但他依旧没有舍弃修鞋的行当,在业余时间当起了小皮匠,跟妻子陆彩珍轮流管着铺子,在古镇自家的门前修鞋。55岁退休后,鲁爷爷就专职干起了修鞋的行当,技艺也炉火纯青了。古镇改造,自家的房子拆迁后,鲁爷爷住到了新的小区。儿女们希望他能安心养老,放弃修鞋铺,但他与妻子依旧舍不得放下这门手艺,就在原来自己家的门前与学校停车场之间的空地上,搭了一间棚屋,继续操持着自己的老手艺。

鲁爷爷说,当年生意好的时候,修鞋一个月能挣五六千元,但随着生活水平的提高,鞋子坏了就换一双新的,多数人已不再修鞋了,因此他的收入大大下降,现在每月只有几百元钱的收入。生意冷清了,鲁爷爷却没有一丝落寞的神情,他豁达地对我说:"现在每日摆摊,主要不是为了赚钱,而是为了快乐。"这时,他的妻子在旁边也说:"就是娱乐娱乐。"

交谈中,鲁爷爷还特别提到了他这个修鞋铺与我们柯桥小学的渊源。他的修鞋铺搭好后没有电,还是学校帮他接通了电源。"我就是看着你们柯桥小学的娃娃特别亲切!"鲁爷爷看着我哈哈笑道。

如今,在鲁爷爷的铺子里,还是堆放着斜钻头、起子、老虎钳、剪刀、刀片等传统工具。你别看老人家的手平时颤颤巍巍的,修起鞋子来可一点都不马虎。无论是鞋面掉漆了、鞋边脱胶了、鞋跟挪位了,还是鞋底磨穿了,只要鲁爷爷仔细观察一番,总能拿出一套解决方案。坏掉的鞋子经过鲁爷爷这双充满魔法的手,重获新生。精湛的技术,是这位老手艺人几十年如一日、不断打磨的成果。

"小皮匠"待人十分和气,鞋子只要用一下胶水的活,他都是分文不收的。而且,修一双鞋的价格最多不超过20元。正在我们交谈的时候,一位叔叔来修鞋,原来他的鞋子脱胶了。鲁爷爷给鞋子粘上胶水,男子要付钱,鲁爷爷执意不肯收。他说:"都是老熟人了,这钱我怎么能收呢?"真心换真心,你看铺子里那一卷卷橡胶垫,都是热心肠的顾客送的,可以当鞋垫用。那一卷卷橡胶垫,可是胜过了千言万语的赞美。

我问鲁爷爷:"在您修鞋的过程中,有什么故事?或者有什么值得骄傲的事?"

提到这个，他有点兴奋，说："有啊。有记者来采访过我，在报纸上登过。还有外国人跟我合过影，有日本人、俄罗斯人。""那您有没有照片？"我追问道。"没有，没有。他们拍了照之后就走了，没有给我照片。"看得出，虽然没有留下照片，但鲁爷爷一点儿也没有遗憾。

时代在发展，手艺人在老去，但是柯桥人的记忆里将永远住着老街的"小皮匠"。这位手艺人为我们修修补补中留下的那些温暖回忆，会一直伴随着柯桥人前行！（2021年7月）

绍兴市柯桥区柯桥小学四（7）班　丁璐源
指导老师：陈建新

融光桥

融光桥位于绍兴市柯桥区柯桥古镇内，桥下是浙东运河，是柯桥古镇一个标志性建筑。据相关资料介绍，它始建于宋代，重建于明代。

柯桥古镇修缮后于2021年1月重新开放迎客，作为古镇内最引人注目的"大桥"——融光桥上又重现了往日繁华的景象。

融光桥被列为第七批全国重点文物保护单位，它位于柯桥古镇中央地带，横跨在运河上，与永丰桥、柯桥和流经此处的管墅直江（古称柯水）、浙东运河合成"三桥四水"景观。

融光桥是一座单孔石拱桥，高大古朴。桥的朝北部分有27级台阶，最下面的两块条石足有5米长，上面的25块条石也有4米多长。而桥的朝南部分只有22级台阶，且多为条石拼接而成，最后一级的一部分还是用水泥浇成的。桥身上的护栏由四块大条石组成。北边桥座的东侧，石头有破损，有很多水泥粘补的痕迹，还露出了许多空的地方，仿佛是一位老人在告诉世人它已经饱经风霜。而在人行的台阶旁边还有四条斜着向上的斜坡，其中两条位于左右的最外侧，都是由数块光滑的条石连接而成，而位于内侧的两条却是用水泥浇成，看起来像是"现代产品"。后来父亲告诉我，那两条水泥浇成的斜坡是用来推自行车的。推车时人走台阶，车可以推在斜坡上，看来古桥也与时俱进啊。北边桥座的东侧立着两块石碑：一块写着1987年7月融光桥成为绍兴县重点文物保护单位，经过三十多年的日晒雨淋，上面的红漆都已剥落，字迹也有些模糊不清了；另一块写的是融光桥在2011年1月7日成为浙江省文物保护单位。而在南边桥座的西面也有一块石碑，上面写着2013年3月5日融光桥成为全国重点文物保护单位。

  抬头看桥，一道绿色的帘幕映入眼帘，这也是整座石桥最与众不同的地方。桥身上爬满了藤蔓，且这些藤蔓看上去并非薄薄的一层，而是层层叠叠有一定的厚度。这些郁郁葱葱的藤蔓给这座饱经风霜的石桥带来了勃勃生机。桥身的石板上有许多方形的凹槽，还有不少圆孔，而且都是左右对称的。比如说如果桥的左面出现了一个圆孔，那么桥的右面也会相应地出现一个圆孔。我推测，这一定是桥上面搭过了什么建筑物，比如凉亭之类的，想要固定这些建筑，必定需要在桥上凿一些孔，用来固定。

  再把视线放到桥洞底下，我惊奇地发现桥洞底下在紧贴洞壁的地方，还有一条小小的石板路，能容两人并肩走过。可能是古时候拉船的纤夫走的纤道，或是为了水上贸易而用来停靠舟船进行买卖的地方。别看外面阳光猛烈，天气炎热，到桥洞底下却别有一番阴凉之感。最奇特的便是洞底正中央有三个圆形的花纹，原本可能雕刻了一些有关人、兽、植物的花纹，可现在经过风霜的侵蚀已经模糊不清，很难看出是什么花纹了。再往洞壁上摸，会掉下来一些黑乎乎的粉末，也许是长时间累积下来的灰尘吧。在那块用来记录柯桥古镇成为全国重点文物保护单位的石碑后，有一个类似兽首的方形石块，被茂密的藤蔓掩盖了起来，很难发现。这种石块大部分身子在桥里面，只露了个头。这石块在桥座的对面和对岸的桥座上都有，共有四个。估计是下雨时，用来泄水用的，因为我看到石块上有沟。在这个方形石块的旁边有一个"曼"字，还隐约有一个竖心旁，原来应该是一个"慢"字。应该是用来警示来往船只，过桥时要减速慢行。桥座的石壁上还有一些用红漆写的字，只是非常模糊，已经看不清了。

  融光桥其实是一个极佳的观景台。站在桥上往东望去，古色古香的柯东桥横跨在运河之上。运河两边店铺林立，东官塘上岸还有一座二层建筑物，非常特别，有高挑的四个飞檐，像一座亭子。其他房子则没有飞檐，却有高低变化。东官塘下岸，最有名的是金碧辉煌的柯城寺，以前叫城隍庙。城隍庙再往东就是一系列店铺。河岸边，以前有一个轮船码头，可以想象从前这里是多么热闹。往南看，就在桥脚边是一家饭店，饭店大门上有一块红底金字的招牌，上书"鲁越名家"四个大字。向西南望去，正是那"三桥"之一的柯桥，而比柯桥再远些便是融光寺。融光桥的西边，即是西官塘，西官塘有上岸和下岸。柯桥、融光寺等都在西官塘上岸，而翻轩长廊则在西官塘下岸。一眼望不到底的翻轩长廊，是古镇最具特点的地方，它晴天能遮阳，雨天能挡雨，走在一块块青石板上，别有一番情趣。往北望是清一色黑瓦白墙的下市头直街，以及在高大的松柏树掩映下的永丰桥。永丰桥连接着西官塘的翻轩长廊和下市头直街区域。

中国历史上许多文人墨客都曾在此写下诗篇，比如陆游就曾在桥畔写下："捩柁柯桥北，维舟草市西。月添霜气峭，天带斗杓低。浦冻无鱼跃，林深有鹤栖。不嫌村酒恶，也复醉如泥。"陆游接儿子子布回家，居然也要到柯桥，他还留下一首《三月十六日至柯桥迎子布东还》的诗，融光桥一定见证了父子俩相见时的悲喜交加。1751年，乾隆皇帝经过柯桥，在古柯亭留下千古一绝——《题柯亭》："陈留精博物，椽竹得奇遭。昔已思边让，今兼传伏滔。琴同识焦爨，剑比出洪涛。汉史无能续，千秋恨董逃。"融光桥下的浙东运河是杭州到宁波的水上要道，因此，无论是明清两代成百上千的"绍兴师爷"奔赴各地衙门任职，还是从古到民国时期各类名士进出绍兴，一般都需要经过融光桥。

恍惚间我仿佛回到了数十年以前，穿着各种各样布衣的老百姓从眼前经过。站在融光桥上，乌篷船从远方驶来，穿过桥洞时船夫一边划桨一边吆喝，周围的建筑根本不是黑瓦白墙而似乎只是用一堆木头堆起来的。走下融光桥看见在那几米宽的沿河石板路上摆着各种摊位，有卖瓷器的，有卖各色布匹的，而岸边停靠着的乌篷船上也做着生意，讨价还价声此起彼伏。河边坐着一位中年大叔，头上戴着画家帽，面前还支着一个画架，他正拿着画笔描绘着这繁荣的河边街市。岸边一个青年男子拿着一根长长的鱼竿在钓鱼，没过一会儿就看见他鱼竿一甩，一条鱼被他甩进了桶里。对面的小茶馆里坐满了人，桌子都摆到了走廊上，小二在各色茶客间穿梭着；茶客们一边喝茶，一边聊天下棋，好不快活。而融光桥上的那些藤蔓，似乎比现在还要茂盛好几倍，远远望去就像树丛一般，又如同海格的胡子般浓密。夜幕降临，只见融光桥下一艘乌篷船驶过，船上有两个穿着戏服的人正在唱戏，旁边坐着一位弹着琵琶的琴师。桥头人头攒动，挨挨挤挤，仿佛下一秒就会有人被挤进河里。我刚想努力分辨他们到底在唱什么，一阵轻快的音乐声把我拉了回来，原来我已经不由自主地走下融光桥，漫步在下市头直街上了。

如今，柯桥古镇正吸引着八方游客前来游玩，每到晚上，尤其是双休日晚上，融光桥上人头攒动，往日的繁荣再次重现，"大桥"又迎来了它的"青春"时刻。（2021年7月）

绍兴市柯桥区柯桥小学四（7）班　李屹轩
指导老师：陈建新

融光寺

　　融光寺俗称大寺，也叫灵秘院，屹立在柯桥古镇融光桥的西南方向。《绍兴府志》载："融光寺在府城西三十里，旧传柯亭即其地也。宋时接待院，明正统十二年，诏从侍郎王佑言赐经一藏，构重屋贮之。赐今额，俗呼为柯桥寺，佑山阴人。"

　　在宋绍兴二年，和尚智性创办了一间寺院，一开始只是一间草舍，后来慢慢修建才形成了规模。可是在其建成150年后，灵秘院于元朝末年被毁。直至明洪武十四年，和尚海印重建了灵秘院。明英宗十二年，"王佑言赐经一藏，构重屋贮之，并被赐融光寺一额"，说的正是明万历年间，王应遴得宝藏，把灵秘院建造成藏经楼，由此灵秘院正式更名为融光寺。这时，融光寺已经成为规模壮丽、远近闻名的寺庙了。但在1871年，寺中却发生了火灾，被无情的大火烧得面目全非。

　　融光寺有"火烧融光寺，大战棋盘山"的传说。相传在民国十三年，为加强地方武装力量，抵御外国入侵者，融光寺附近建立了一支60多人的地方武装队伍。由于平时纪律严明，外加训练刻苦，一时就在当地声名鹊起。由于战事原因，武装队伍不得已转移到了棋盘山，以棋盘山为根据地展开了武装斗争。可此时，融光寺被日寇焚烧。从此，在民间就有了"火烧融光寺，大战棋盘山"之传说。

　　古时融光寺香火旺盛，每天人来人往，格外热闹。而现在我们所看到的融光寺是柯桥区区政府重新规划建造的。

　　一个假日，我到古镇游览，特地到融光寺转了一圈。融光寺坐西朝东，高大雄壮。首先映入眼帘的是一块蓝底金字的木质牌匾，上面写着"融光寺"三个苍劲有力的金色大字。融光寺的规模应该比古时候小了许多，目前只有一幢建筑。20根木头柱子支撑了整个建筑，柱子被涂得火红，格外醒目。

寺的屋顶两个边顶上有两条龙，它们身上披着金黄色的鳞片，回首相望，栩栩如生。中间有个大大的"太阳"（也是用石头做成的），也刻着"融光寺"三字，其寓意代表着融光寺的发展蒸蒸日上。其下方有一块长石碑，上面刻着"风调雨顺"四个大字，还刻着龙、狮子等图案，其中一条龙抬着头在仰望蓝天，一只大狮子安逸地坐在龙头上，而五只小狮子在大狮子的带领下横坐在横梁上。

当我走近寺时，发现每一块木板上都有精致而美丽的花和叶子。抬起头便看见，一条横梁上刻着十二生肖图，转角处上方的木门上画着许多盛开的菊花和笔挺的竹子。那些能工巧匠把它们刻画得异常精美，我不由得对此感慨万千。

进入寺内，空间不是很大，两个角落上各有一条龙，它们歪曲着身子，仿佛是在天空中遨游。中间的木门上刻着精卫填海的图案，使得这一传说淋漓尽致地展现在了游客们的眼前。

走出寺，看到的是繁华的柯桥古镇。河上烟雾缭绕，一会儿紫气冲天，一会儿红色迷离，一会儿蓝气怡人……我走在古桥上，回望这座800余年历史的融光寺，感慨万千。我希望它别再多灾多难了，永远静静地屹立在那里。（2021年11月）

绍兴市柯桥区柯桥小学四（7）班　任谢喆
指导老师：陈建新

美丽的柯亭

古柯亭，又名千秋亭、高迁亭，到现在已经有1800多年的历史了。

古柯亭大体位置在何处呢？这个问题到现在还没有确切答案，不过民间还是给出了不少说法：一是在柯桥镇上（原融光寺），二是在鉴湖畔的柯山附近，三是在柯桥镇东官塘最西首的永丰坝（原柯桥中学旧址）濒临西兴运河处。虽然都很有道理，不过因证据不足，难以令人信服。

古柯亭，以其独特的景致牵出了帝王将相，惊动了文人墨客。公元1689年，康熙皇帝途经柯桥，走进柯亭内，见到迷人的景色，久久不肯离开。后人遂立碑为记："康熙二十八年二月十四日午时御驾亲临放生。"乾隆十六年，风流皇帝提笔，为古柯亭留下《题柯亭》诗一首。清末民初，国学大师俞樾抵达柯桥，站在古柯亭前吟咏："遥望柯亭颇郁盘，中郎祠小不堪观。只余一席魁星阁，远景收来十里宽。"流露出对柯亭历史变迁的遗憾之情。其余诗人诗句，更是不计其数。

我曾去柯亭考察过，那里风景优美，绿树成荫。身旁是浙东大运河，河水清澈见底，原来柯桥以前是水韵江南的一个小镇，被誉为"东方威尼斯"。河面停着几条乌篷船，像在等着远方的客人，让我想到当时柯桥水埠的繁忙景象。

在柯亭公园，矗立着"蔡邕吹笛"的塑像，供后人寄思。背景墙上还刻着"旷世逸才"四个大字。蔡邕，我国东汉末年著名的大学问家，不仅是出色的文学家、书法家、天文学家，还是位精通音律的音乐家，因与五原太守有过节，才来到了会稽。据记载，有一天蔡邕正在游览会稽，走到高迁亭，发现东间第16根屋椽竹可以做成笛子，做好一吹，还真的非常美妙动听，于是，柯桥就有了"笛里"这个称呼。

一进亭内，便发现了其特别之处：四周是满满的壁画，生动形象，让我感受到古时此地的热闹非凡。石墙角上，种植着一小片竹子，每根竹子都是无比挺拔，大概蔡邕就是用这儿的竹子做的柯亭笛。

亭的四角高高地向上弯曲，浓密的瓦片和柱子上活灵活现的画像上面虽然积满了灰尘，但依旧很精致，特别是那高高的牌子上面，"柯亭"二字虽不复当年的金色，笔画也微微有些破碎，但威严不减当年。大门和窗户紧紧地闭着，窗户上满是厚厚的灰尘，有一种独特的复古美。我们找了个座位坐了下来，椅子和上面的木支架都在吱吱地响着，仿佛在吹奏那悠扬的笛声！不远处，几个老爷爷旁若无人地练"太极"，有个大姐姐坐在亭椅上看着书，悠然自得。

天空渐渐暗了下来，身上感到丝丝凉意。突然，天空落下了一滴雨水，不久，亭外下起了雨。远远望去，蔡邕的塑像似乎被一层透明的纱布遮挡住，散发着淡淡的乳白色，显得有些神秘。此时的柯亭，焕然一新，像一幅刚完成的水墨画，那么和谐，让人心旷神怡！

美丽的柯亭，它一直存在世人的心中，它寄托着世人顽强的斗志，指引方向。柯亭，它拥有着自己的灵魂，永不言败，一直风雅地活着，让我们品味着悠远的历史遗韵。（2021年7月）

绍兴市柯桥区柯桥小学四（7）班　吴嘉诚
指导老师：陈建新

柯小古亭

很多人的心中都有一个比较具象的精神家园，如鲁迅有他的百草园，朱自清有他的秦淮河，李叔同有他的虎跑寺，陶渊明有他的武陵家园，王维有他的辋川别业……而我，有我的柯小古亭。

柯小古亭坐落在柯桥古镇内的柯桥小学校园东面，从教学楼的高处往下望去，可以看到古亭的全貌。古亭呈长方形，拥有十一个角，每一个檐角都呈现出庄严之态。岁月的痕迹，在檐角上清晰可见。古色古香的建筑被东、西、北三面现代风格的教学楼包围着，看起来有点格格不入，但在我看来，古亭又是那众星捧月般的存在，说它卓尔不群一点都不为过。同学们没有几个不喜欢来古亭嬉戏玩耍的，我就是其中最痴迷的一个。

古亭被二米多高的灰色围墙保护着，北面朝1号教学楼的围墙外是两个长方形的花坛，都用青石砌成，石砌围挡是用镂空工艺雕凿的梅花图案，朵朵相连，精美无比。间隔一米雕有一个莲座，看到莲座让人顿觉有了些许禅意，内心也在顷刻间宁静起来。花坛内铺种着阶前草，茂盛得没让坛土露出一线空隙。花坛从左往右分别种着玉兰、桂花、龙柏、石榴、蜡梅、紫藤等植物，在这些绿植的掩映下，围墙门仿佛是豁然中开的，它时刻迎接着同学们的到来。这朝北的门非常有特色，左右两侧是我校教师、中国书法家协会会员周金友老师书写的对联："风吹檀竹成万代一笛，火爆桐木制百世名琴。"米色的底，绿色的字，看起来极其清雅。门头是最繁复的古建筑结构，层层叠叠，门楣上还有三幅画：左边的那幅，绘的是一只仙鹤引颈高鸣，飘然如神灵；中间的那幅，绘的是一棵瘦削的古松下立着一只梅花鹿；右边的那幅绘的是蛟龙和长鲸于水底游弋。这些图案应该都寓意吉祥美好。

正门门头高于墙体，围墙优美的线条就这样伸展开去，一座神秘的院子就在我们眼前，让人一见就想踏入其中探幽。我移步入内，突然被眼前的色彩晃了眼睛，只见整座亭子从柱子到梁再到椽子，漆成了通体朱红色。这大面积的红对我的视觉冲击力实在是太强了，尤其是我的眼底刚还留着墙外的绿意，在红绿的交替间，我完成了一次对色彩最大的跨越。当我从色彩的震撼中拔出来时，我抬头看到亭子中间横梁上高挂着一块原木长匾，上面是书法家赵雁君老师书写的"成蹊轩"三个大字。哦，原来柯小古亭它叫"成蹊轩"。"成蹊"两字，取自司马迁《史记》中的名句："桃李不言，下自成蹊。"桃李虽不能言，而人慕桃李的甜美，所以桃树李树下人们络绎不绝，踩出了一条小径。"成蹊轩"蕴含着我们柯小教风之正、学风之浓、教育效果之好。我心中暗暗感叹，开始环顾起四周来。

古亭整座建筑呈轴对称分布，中间主体建筑中立着三对方正的柱子，庄严夺目，每对柱子上都写有一对楹联，黑底金字，很是恢宏大气。第一组写着："桃李不言成蹊径，蕙兰有香溢户窗。"第二组写着："文以载道，艺乃育人。"第三组写着："千载传蔡邕笛声声声入耳，百年树时代新人人人成材。"这三组楹联揭示着教育的本质与目标：学校要育品德高洁、知识渊博、才艺双馨的时代新人。

亭子的东西两边是天井，分别造有两个池子，池子名为"熙僖池"。池子被红色的井床——木围栏围着。池子里养着可爱的锦鲤。鱼儿的游动，让原本平静的池子灵动了起来。整个古亭的地面都是由青石板铺成，靠南墙根搁着长条石凳子。东西两边有可以自由出入的圆形门洞，门洞周围刻着"回"字形花纹，东边写着"养性"，西边门头上写着"怡情"。站在院内，环顾四周，古亭也被内外的花窗间隔着，显出江南建筑的含蓄之美。

古亭南墙上有三个大照壁。左边和中间的照壁全是图画：第一幅题着四个小字"奇峰叠秀"，画中山峰高耸，实在是秀丽；第二幅上题"群峰滴翠"，画中也是峰回路转，奇山秀水，我自是喜欢的。第三个照壁位于一棵茂盛的桂树之后，镌刻着周一贯先生撰文、周金友老师书写的《柯小百年赋》。

我喜欢古亭。春夏秋冬，风霜雨雪，古亭都透露着不一样的韵味与美。

春天一树粉紫色的玉兰花开了，我第一时间收到玉兰花语："春天来了！"位于古亭东北角的玉兰，是整个古亭四周最高的植物，足有三层楼高，挺拔而秀丽的树干好像要冲破云霄，引人注目。叶子虽然没有多么特殊，可玉兰的花却极其风雅，农历的阳春三月，尤其是上巳日时分，玉兰花忽然开放。从教学楼二楼三楼看玉兰是极佳的位置，紫红色中夹杂着淡淡的粉白，覆盖在繁多的枝杈上。从远处看，深绿色的玉兰叶子几乎看不见了，只见它聚集的花朵，如同一片彩霞般，如梦似幻，搭配着古亭的砖瓦，宛如月中的琼楼玉宇。魏晋人寻老庄之道，讲求风雅，玉兰正堪比那些隐匿山林、远离俗尘的"大人先生"。同古亭一样，人在驻足间，即可从中探寻千年前的大道义。王维田园里的桃红柳绿，花落莺啼尽显春意，古亭也一一含有。

稍晚些，紫藤花竞相开放，一串串密密匝匝悬挂着，紫藤爬满墙头，花也开满墙头，墙被紫藤花装点得像极了一幅立体画。墙是宣纸，藤是画，现实与抽象在脑海中完美碰撞。

但我尤爱春雨时的古亭。俗谚云："春雨贵如油。"春夏之交的梅雨时节，雨珠不大不小，从空中落下来缠绵如丝，落在古亭前的青石板上，落在檐前的花青色的瓦片上，落在古亭旁的花木上，落在古亭的水池中，发出滴滴答答的声响。此时，常会有几名学生在中庭的一张八角桌上下棋。只听见穿林打叶落于水中的雨声和棋子落下的声响，此外则万籁俱寂。池边的栏杆上，缓缓地滴着从瓦上流下的雨珠，池中不断地漾起波纹，游鱼隐匿于池底，无声无息。一池氤氲的水，倒映着波动的楼台。位于池西的怡情门外的青石板空地上，举头一仰，成千上万的雨丝从天上缓缓落下，落在脸颊上，落在坑坑洼洼的石板路上，啪啪地响。落在叶茂的桂花树上，啪啪地响，富有节奏，好似乐律。春雨不须躲，反而值得欣赏。古亭的中庭可避雨，还是个赏春雨的好去处，外边都由春雨笼罩着，远看好像楼台树木都蒙着一层雾，水汽腾腾，恍如仙境。雨天里，白墙青瓦愈来愈明显，更有江南古镇的意蕴。

古亭的夏天是由一棵石榴开出的火红的花朵告诉我的。石榴花期长而热烈，它的热情盖过了夏天的炎热，所以在我的感受中，夏天是自由而奔放的。唐代诗人高骈有诗云："绿树阴浓夏日长，楼台倒影入池塘。"这诗句来讲古亭可是毫不为过。古亭里植被繁茂，放眼望去，古亭四处全是绿色。桂花树还未到开花的时候，这时它和别的树木无异，只是由于树冠大，叶子也多，在正午时分，投下一片浓浓的绿荫。今年夏天尤其热，同学们便更加喜爱这绿荫。松柏也有树荫，只不过树荫中常透出阳光来。我们自是惧怕毒辣辣的阳光，故喜欢到桂花树下去贪其凉快。让人喜欢的还有紫藤，藤蔓缠绕的地方就是大树，再爬到古亭二三米高的院墙，于是古亭的墙边出现了一大片树荫，洒下清凉。下课的时候，五、六年级许多同学都在树荫下玩耍，古亭里顿时多了一种热闹的气氛，古亭自然成了我们的乐园。

北墙上，两边各有一扇石制花窗，居于墙的正中央，花窗内包含着圆与方的图案，酷似钱币；而它又像是一个屏，将景色定格，从古亭里一望，好似一幅画。北墙东侧靠近"养性"门的花窗旁的树木，排列得颇具情趣。可以看见翠得发黑、酽酽然的大桂花树以及挺拔的玉兰，在屏前为花窗平添了一抹亮色。靠近"怡情"门的花窗，于墙头瓦片上，靠窗石孔间透出紫藤的茎叶与花朵。紫藤的花是于春夏之交开的，初开时像个宝塔，大半月后便只见那零零碎碎的花瓣和飘零飘散的叶片了。紫藤的枝透出来，极具"一枝红杏出墙来"的感觉。

　　夏天走了，秋天缓缓地过来了。秋天结束了夏天炎热的气息，古亭的景色也来到了最盛的时刻。宋代诗人王介甫云："登临送目，正故国晚秋，天气初肃。"南方的秋，实是夏的延伸。虽然郁达夫《故都的秋》中认为南方的秋色不及北方，但南方的秋仍旧很富有诗意。九月，各种植物依然还是夏天的模样。开学后，学生们又于古亭间玩耍嬉闹，也成了一景。十月，南国的秋色才渐渐地显现，有些同学于学校的各处赏秋色，而如至古亭，最好的赏秋地点便是中庭。中庭内看古亭内外的秋色，同样也是极佳的。秋季天气转凉，林木大多数叶子变得枯黄，而桂花正好也多于此时开放，在"怡情"门之外的大照壁前有三棵小桂花树。桂花树像是听从了谁的口令一样，先飘出些淡淡的暗香来，若有若无，让我禁不住想去寻找香味的出处。等被我找到时，桂花已然是齐刷刷地整株开放。花儿如同米粒，桂花虽小，但在花开的大半个月里，整座学校都笼罩在桂花的香气里。秋天的校园弥漫着甜蜜的味道。

　　回想初秋时，古亭的内外都还是夏天的模样，甚至人们都觉察不到秋天的存在。中秋一过，古亭四方的院墙外的植物叶子都变得金黄，古亭却仍旧是那花青色的、扁平的屋瓦，以及灰白色的高高院墙，俨然一幅水乡秋色的图画。晚秋时节，树木叶子大量掉落，冬日的景象逐渐显露。

　　十一月下旬，冬季到来了。南国的冬天很少下雪，如果下了雪，那就是不可多得的大好机会，古亭周围就全是人。同学们在雪地上打雪仗，玩得非常快乐。但古亭毕竟是小的，一会儿后，同学们就又到开阔的地方玩雪去了，古亭又留下了一片寂寥。雪花一星半点地落下来，落于瓦上，黑白分明，格外亮眼。

　　古亭的院墙边有三棵高大的龙柏树，在雪天里看，格外地有神。龙柏粗壮的枝干在雪中好似铠甲一般，细长的针叶覆着雪，像一根根银针。龙柏的背后，即为花窗。花窗显不出它的遒劲，反得从龙柏树下向上望，飞雪飘忽不定。龙柏此时没有了万壑的松风，但古韵更显。积雪落在熙傿池上，烟渺渺的。落在"怡情""养性"两个圆门洞上，落在门上的侧瓦上，浓浓的一股江南水乡的风味。

　　雪一下，由黑白两色交织而成的景在古亭的四处呈现，美不胜收。石榴树西三四步处，有一株硕大的蜡梅。古亭的冬天，被一棵蜡梅树守候着。虽然我从未见过这棵蜡梅的开放（它常在我们放寒假的时候开），但在我的心中，"墙角数枝梅，凌寒独自开"，写的就是它！所以每当我走到梅树边，似乎总能闻到它的芬芳。玉兰、石榴，从底下看是黑乎乎的枝干，到教学楼上往下看，则是覆着一层雪，让其平添了几点趣味。桂花的叶子几乎没有凋落，因而叶子上都留着一斗雪。"怡情"门外，这一景一直持续着。摇动桂花树的枝干，雪便成块地落下来，实在是有意思。倘若给我一壶热茶，我也定会在此看一整天的雪景。

冬季的雪，渐渐地停了。而冬去春来，一年又一年，古亭仍然书写着学校的百年风华。

古亭的美，美在建筑，美在园艺，美在古朴，美在书画，美在我觉得它美。墙上的青苔，让我看到了"苔花如米小，也学牡丹开"的自信。台阶缝隙中的小草，让我看到了"苔痕上阶绿，草色入帘青"的德馨。在池边欣赏时，也能体会到"绿树阴浓夏日长，楼台倒影入池塘"的意境。

古亭深深吸引我们的是：它不需要言语，每个深入它内部的人都能从古亭中得到启发与享受。高兴时可以来古亭，伤感时也可以来古亭。古亭包容着我们，滋养着我们，熏陶着我们，所以柯小学生最爱来古亭。来寻宝，哪儿都有新发现；来玩耍，嬉戏打闹可以，安静读书下棋也可以……古亭以它独有的方式与我们相处。所以六年级学生毕业时，没有一个不在古亭与它合影留念的。古亭的每个角落、每个窗框，都成了我们的朋友。唯美的古亭，我们在其间玩耍，它已经成了我们的精神家园。

柯小古亭哟，我的最爱。（2021年7月）

绍兴市柯桥区柯桥小学四（7）班　盛可盛
指导老师：陈建新

我的柯桥古镇

烟雨识古镇

雨纷纷，风瑟瑟……尽管有那么几分萧条，但仍掩盖不了那份远离世俗避开喧嚣的与众不同的美。

水，潇潇，如一条明洁清澈的绿玉带，环绕在古镇周围。"滴答，滴答……"小雨一滴滴落进水里，荡开圈圈圆晕，泛起层层涟漪。河岸边那一株株柳树一边在风中甩着自己的长发，一边照着那面清亮的"大镜子"，好不漂亮！

　　河的上方，融光桥如同一位年迈的老者，弓着背，伏在两岸之间。在它身体两侧的绿衣上，已洒满了粒粒珍珠般的雨珠。雨水弄湿了它斑驳的身躯，浸透了它沧桑的记忆。在它那坑坑洼洼的、已被雨水打得湿漉漉的台阶上，讲的可是那一个个古老的、少有人知道的故事？相比之下，柯桥看上去就"年轻"些。至少，在它的两侧，没有那么多的藤萝；在它的身躯上，没有那么多的坑洼。可并不代表，它的故事不多，据说，它已经过两次改造了，以前乡民的淳朴风尚，与以前此处的兴亡盛衰，或是以前的新鲜事儿，都在它心里深深地铭刻着吧。再看岸上，那白墙黑瓦，木门花窗，有幸的还能配上红木柱子、石级或是雨棚……这些尽管没有现代建筑那么时尚，但却有一股唯古镇独有的淳朴与清新。

　　雨纷纷，风瑟瑟……清新宁静，悠然自得，透出一份清凉。

"三香"熏古镇

　　偶逢晴日，漫步古镇，其间并不迟，却已见古镇的小吃店门口人们里三层外三层，围得水泄不通。是什么东西卖得这么好？我十分好奇，便一时来了兴趣，挤进去想看看，未见其物，却已闻见一股刺鼻的"臭"味儿。不用想，一定是臭豆腐。果真是呢！只见一人将老卤浸过的发臭的豆腐一块一块放进烧热的油锅里，炸上几分钟。边炸，还边用筷子拨拨、挑挑。没过多久，臭豆腐便变得金灿灿的了，盛到碗里，便能吃了。当然，不要忘了刷上酱料。用竹签插起，咬上一口，白花花的豆腐便露了出来，那种外酥里嫩、闻着臭吃着香的感觉真是使我回味了许久。

　　接着走，便来到了酒铺子，相比小吃店，酒铺子便冷清了不少，只有两三个顾客。一坛坛酒靠墙堆着，可酒香却如按捺不住的小娃娃，还是钻了出来，灌满整间屋子。相传，曾经有对母子，在除夕之夜救了一位老妇人，老妇人病愈，离开前，给了这对母子一包东西，说："你们可将此物放入糯米缸中，加上湖水，一个月后启盖，缸中之水便可饮用。"说完，便不见了踪影。儿子好奇，照做，一个月后，果然芳香盈室，味道更是醇厚甘甜。这水，便是后来被誉为"东方名酒之冠"的绍兴老酒。再闻现在这屋子里的酒，又何尝不是芳香盈室？尽管尝不了，但闻闻味，心里便觉得满足了。

　　走着走着，又到了茶馆，一走进去，便闻到了一股扑鼻的香味。与臭豆腐和酒不同，这种味道清香又清淡，好似与古镇那种宁静的味道相似，只是少了几分沧桑，多了几分幽远的意味。吹一口气，茶叶便如一个个小精灵似的在水里忽上忽下，忽左忽右。端起茶杯，凝视着那一片墨绿色的茶叶，在淡绿色的茶中沉沉浮浮，我锁紧眉头。

呷一口茶，昏沉与忧愁渐渐退去，如同晨雾，徐徐散尽……我的眉头终于舒展，此时的我，全身舒展，神清气爽……

名人缀古镇

在这宁静美好的古镇里，尽管有一些不为人知的秘密，但也有很多关于名人的家喻户晓的故事。在这些名人中，大诗人陆游便是其中一个。相传，陆游与柯桥灵秘禅院有着密切的交往。灵秘禅院，即融光寺的前身。《嘉泰会稽志》里写道："灵秘院，在县西三十里，柯桥馆之旁……"陆游每次从山阴外出奔赴仕途，或是接送几个外出赴考、做官的儿子时，总是在柯桥驿馆歇脚。在柯桥驿馆借宿时，他亦会步入灵秘院，接触院内高僧，从而结下一段难忘的情谊。他写下《剑南诗稿》，记录了柯桥灵秘院的景观，他曾先后两次为灵秘院撰写过铭文碑记……可见，陆游与灵秘院，即现在的融光寺感情之深。

柯桥名人还有蔡邕、姚长子、陈半丁等，他们亦与陆游一样，有着传奇的故事，为古镇增添了别样的色彩。

当你走在繁华的大城市里的时候，请别忘记，在一个并不耀眼的角落，还有着那样一份宁静淡雅、那样一丝神秘清新。正是它，教会了我们许多。谢谢你，我的柯桥古镇！（2021年7月）

绍兴市柯桥区柯桥小学四（7）班　沈　桐

指导老师：陈建新

在古镇体验陶艺

在柯桥古镇龙舌嘴有一家陶艺店，门口摆放着许多高低错落的绿植，一只猫咪正坐在椅子上注视着来往的行人，昏暗的灯光下，刻在木板上的"古千陶"三个字闪闪发光。它就是今天我要体验的主角。

推开一扇木质小门，走进店铺，顿时觉得眼前一亮。原木色的风格，贯穿了整家店铺，古色古香，令人心旷神怡。木架上的作品琳琅满目，有小老虎、小柯基、小猫咪、盆栽……一个个都栩栩如生。第一次见到这么多作品，我的眼睛都看直了，真想将它们都收入囊中。正当我羡慕不已时，一位长发飘飘的姐姐走了过来，她向我介绍起了这些陶艺作品。在她和妈妈的交谈中得知，这位姐姐就是这家店的老板娘，毕业于中国美术学院的陶艺设计专业，还是研究生呢！因为她爱陶艺，爱家乡的小桥流水，于是选择了柯桥古镇的临河商铺，来做自己喜欢的事。看着面前清秀的姐姐，我抬头看了看架子上的作品，它们似乎都在向我招手。当我瞟到小老虎杯子时，心中便充满了不舍。我属虎，今年又是本命年，那就图个吉利吧。

　　老板娘先将我带到做陶坯的机器旁，示意我坐下，让我穿上围裙，就可以开始制作陶坯了。只见她起身拿了一块高岭土，将土放在了做陶坯的机器上，从侧面摁了一下机器开关，顿时机器旋转了起来。她耐心地讲解着："手在做的时候要保持湿润，过一会儿就要放到桶里去浸一下水。"她边说边把手往桶里浸了一下水。"要先把泥坯托高，手往两边托起来。要在中间挖洞就用大拇指往中心轻轻按下去。"她讲完之后，就让我先找找感觉。我迫不及待地按照老板娘说的方法试了一下。没想到高岭土在离心力的作用下，一下子变成了盘子，又一下子变成了碗，居然成功了！老板娘看我找到感觉了，就重新拿了一块高岭土，让我开始做小老虎杯。老板娘扶着我的手，一点点将口子撑大，高度也越来越高。我看到口子这么大，很是疑惑，为什么要把口子撑得那么大？老板娘说，这是因为放进炉里烤了之后，会比原来缩小15%。捏啊捏，造啊造，我的小老虎杯终于完成了它的初步状态。这时，一个哥哥走了过来，把我做好的杯子拿走，用吹风机使劲地吹。原来，陶罐如果自然风干，需要一周，但因为我们比较急，所以只能人工烘干了。吹风机吹了半小时左右，老板娘让我坐到了一张大的木桌旁，开始准备杯子外面的老虎的各个部件：眼睛、耳朵、嘴巴、"王"字、尾巴。在老板娘的指导下，我依次用高岭土捏好了这些部件。出人意料的是，在杯身需要粘贴小部件的地方，原来是平整的，现在需要用一把刮刀把它们刮得粗糙一些，然后将小部件一个个固定上去。最后就是涂色环节了，我把各种颜色的颜料挤在涂色盘里，开始上色了：黄色涂主体，黑色涂"王"字，粉色涂脚掌……涂色听起来容易，画起来难。整整一个小时，我才完成。可是我的小老虎杯的颜色暗暗的，不像展示的作品那么通亮。老板娘似乎读懂了我的心思，她告诉我，我的任务到此为止，她会在烧制杯子前，给杯子全身涂上一层釉。还没说完，她就带着我来到了二楼，这里放着两个进口的自动式窑炉，等杯子上的釉干了后，就能放进窑炉里烧制了。烧制时要用1250度的高温不间断地烧上三天，才能烧出完美的瓷器。

今天的陶艺体验，不仅让我体会到了做陶艺的艰辛与不易，更让我听到了手工作品的身后故事。"古千陶"已经深深烙在了我的心里，对于手工艺人的敬佩之情也油然而生。（2022年8月）

绍兴市柯桥区柯桥小学四（7）班　钟睿恬
指导老师：陈建新

五年级

一眼越千年

柯桥，又称笛里。千年前，蔡邕避难江南来到柯桥柯亭，见屋椽第16根竹椽可以为笛，取下后一试，果然发音嘹亮，于是制成笛。所以古代柯桥又称笛里。柯亭笛成就了一段风雅往事，流传至今。柯桥笛里，笛里柯桥。在这座充满文化气息的城市里，坐落着柯桥古镇。古镇仿佛一颗灿烂的明珠，散发出耀眼的光芒，吸引了无数文人墨客寻古访今，驻足感怀。古镇见证了柯桥，柯桥成就了古镇。

（一）

柯桥古镇核心区域东至笛扬路，南至104国道，西至育才路，北至万商路。浙东运河将古镇分割成南北两块，横跨于运河之上的融光桥，则将古镇分成东西两块。南北流向的管墅直江潺潺流过古镇的永丰桥、老柯桥，在与古运河交汇处形成了古镇最著名的"三桥四水"景观。走在坑坑洼洼的青石板路上，脚底发出轻快的"嗒嗒"声，那上面还有几点翠绿的青苔，显得生动极了。我先到古镇最宏伟的建筑——融光寺。融光桥始建于宋代，明代时重建，现在是全国重点文物保护单位。融光寺一开始叫"接待院"，后来，规模越来越大，将山阴西北安昌乡废弃的"灵秘"院额移来，易名叫"灵秘院"，又名"灵秘寺"。至于改名为"融光寺"，是因为山阴籍进士王佑。他在朝廷上向正统皇帝朱祁镇请求为家乡的佛寺赐名，那时刚好有一束光照在皇帝的龙袍上，于是皇帝灵机一动，把"融光"一名赐予灵秘寺，流传至今。融光寺的东北处，便是大名鼎鼎的融光桥。长长的绿色垂蔓遮盖在桥两侧，有如老者的胡须一般。走到桥底，依稀还看得见桥底处斑驳的花纹。来到桥上，古镇的风光尽收眼底。一边是西官塘下岸宽阔的廊下长街，让人不禁想象曾经店铺林立的热闹景象；一边是充满现代风格的文创园区，以及稍远处繁华的轻纺市场。在柯桥古镇，古代与现代交织而行，仿佛穿越千年，就在转身间。

（二）

"子布！"恍然间，我仿佛听见一个老人粗哑的声音。咦，我周围的人呢？都不见了。我顺着声音走去，一个老人紧紧握着一个年轻男人的手。老人和男人看上去都十分激动，他们俩对视着。只听老人吟道："从今父子茅檐下，回首人间万事非。"说完，他眼角流下了两行清泪。那位年轻男人听完也忍不住哭起来，他们两个紧紧相拥。"从今父子茅檐下，回首人间万事非。"我仔细地想着这句诗。啊！难不成，那位老人是陆游？一定是他！八百年前，他在融光桥边迎接第六子子布回家，面对二十多年未见的儿子，陆游百感交集，写下了《三月十六日至柯桥迎子布东还》这首诗。父子相见时，柯桥古镇的小桥流水和窄窄的乌篷船，一定见证了他们父子俩的喜悦和悲苦。其实，陆游是柯桥古镇的常客。他在《柯桥客亭》中写道："小市初晴已过春，朱樱青杏一番新。""梅子生仁燕护雏，绕檐新叶绿扶苏。"当年柯桥驿周围春末夏初的美景跃然纸上。柯桥驿在融光寺和融光桥附近，陆游几次出行都从柯桥驿出发，从这里去到严州、福建、四川等地。"中原北望气如山"，我想象陆游年少离开柯桥驿时是满腹才华、惊世绝伦的大才子，是何等的壮怀激烈；半生戎马后，饱受宦海沉浮、宏愿难成之苦，在世味薄淡的临安城，想到"犹及清明可到家"。因着这段历史，你再看柯桥古镇，真的有别于其他江南水乡的婉约秀气，而自带古朴、厚重的气质。

（三）

陆游消失了，我在恍惚之间来到了四十年前。"卖粽子了，卖豆腐干了！走过路过不要错过！""卖薄荷糕和重阳糕了！不好吃不要钱！"我耳边传来了叫卖的声音。我正巧有些饿了，便走到小店前买了一些尝尝，果然美味！尤其是这些柯桥豆腐干，用优质黄豆、桂皮、大茴、丁香、黄酒等原料，经过磨浆、划块、烧煮、晾晒等工艺制作而成；质地柔软，富有弹性，妙不可言。我边吃边走。突然，"啊！"，我尖叫了一声，脚真痛。原来，我被一个孩童撞到了。"对不起，你没事吧。我带你去看融光桥旁的老画家！"说完，小娃娃就跑走了，嘴里还嚷着："老画家，老画家！"我跟着娃娃走去。噢，果然有一个画家在桥边写生。只见他用活泼优美的线条描绘出复杂的水纹、融光桥上浓密的藤蔓、来来往往的人们。好熟悉的画风。他是谁？"冒昧问一句，先生叫什么？"我问道。画家回答："我叫吴冠中。"哦，果然就是他！这时，旁边的大爷插了一句："别看这小地方，全国的画家都来过！"运河的水纹、拱形的石桥，还有那些好吃的糕点和淘气的儿童，都给了画家无限灵感。"熟悉的风情仿佛是故乡。"柯桥，让吴老先生有了回到故乡的温馨感觉。

2021年的某一天，我从融光桥上走过，完成了千年的穿越。（2022年5月）

绍兴市柯桥区柯桥小学五（7）班　丁璐源

指导老师：陈建新

古镇老铜匠

早就听说柯桥古镇有家铜器店，但一直没机会去逛过，今天陈老师带着我来到了这家店里，采访一位古镇老铜箍匠。

这店叫"柯桥培兴铜器店"，坐落在柯桥古镇柯城寺旁边，南临古运河，算是古镇最热闹的地段之一了。四间商铺一字排开，大门敞开，有原料间、工具间、操作间和成品间，乱中有序，每件东西都放在主人认为合适的地方，方便何师傅寻找。

何师傅是谁？忘了介绍啦，他就是这间小有名气的铜器店的老板，熟识的人一般都叫他培兴或者培兴师傅，店名也直接以他的名字命名了。何师傅已经75岁了，从事铜箍工作已经60多年。他满头白发，眉毛粗粗的，虽然脸上布满了皱纹，但是红光满面，气色非常好，精神矍铄，手上动作非常敏捷。他说，所有的成品制作他都亲力亲为，从头做到尾。

何师傅非常热情，我们一到店里，他就兴致勃勃地向我们介绍店里各种各样的圆件、米桶、升箩、斗、子孙桶，铜盘大小有6只，合起来就10件。厚重扎实的红木米桶，顾名思义就是装米用的，虽然一般家庭也都有米桶，但大部分都是塑料或普通木头做的，远不如何师傅做的红木米桶漂亮，有光泽，还不会生虫子。饭桶曾是绍兴地区每家每户盛饭用的铜箍木桶，以前没有电饭煲的时候，大灶烧好的饭就装到饭桶里，现在在农村酒席上也还能看到。斗，是计量工具，1斗有6.25公斤。升罗也是计量工具，比斗小得多，10升为1斗。还有铜盘，过年祭祀的时候大盘用来放鸡鸭，小盘用来放干果，都是非常紧要的器具。低矮的阁楼里面堆满了包装好的子孙桶，按照风俗是结婚求子用的。何师傅说："子孙桶，象征着恩恩爱爱，白头到老，子孙满堂。"以前姑娘出嫁家家要有马桶，放在床边使用，现在虽然不用木制马桶了，但按照风俗，许多人家还是有需要。但现在的马桶都是迷你型的，现实生活中不使用，实际上变成了工艺品。阁楼里还有泡脚桶等其他各种各样的圆件，每个圆件既美观又结实耐用，看得我眼花缭乱，目不暇接。

我们来到楼下店铺里，发现各色铜器琳琅满目。哇，不但有大大小小的香炉、烛台，还有各种辟邪的器物，都做得精致考究。何师傅始终不紧不慢地讲着，非常认真细致，脸上洋溢着自信，就像一个父亲在介绍他的孩子。

"这里的铜箍好多啊。"我在心中感叹着。陈老师问："何师傅，那铜条怎么做成这一个个铜箍的呢？"

陈老师一提，我也对这个问题非常好奇，是啊，又硬又直的铜条是怎么做成弯弯的铜箍的呢？何师傅笑而不答，领我们到外面的空地上，在一张小桌子旁坐下，然后就对他妻子说："老太婆（绍兴方言，对老年妻子的称呼），把家伙拿出来。"一直在旁边洗衣服的老婆婆就拿出两把钳子和一堆还未完工的小铜箍。何师傅拿出一把焊枪耐心地调试了一下，老婆婆用两把钳子稳稳夹住一个铜箍。焊接开始了！只见何师傅戴上墨镜，右手拿着焊枪，左手拿着焊条。他用焊条蘸点硼砂，然后左右手配合，先把铜箍连接处最外面的两端都点一下（焊接），然后再沿着缝隙将整条焊住。他们操作的时候，一丝不苟，眼睛死死地盯着，手上的动作又快又稳。我看着那个焊枪喷出的火焰都是白色的，心里非常紧张。这白色的火焰温度应该很高很高，稍有失误，手肯定会受伤的。焊接铜箍，都是夫妻俩一起做的，这老两口配合默契，轻车熟路，已经做了几十年了。何师傅和他妻子连续做了七八个，然后停下来跟我们说，做铜箍先用机器切割出沟槽，把铜条拗圆，再切成一段一段，最后的焊接是关键。焊得好，铜箍才不会断开，否则箍不住，那桶肯定就会漏了。

在我们跟何师傅攀谈的时候，路过两个云游和尚，他们有一根铁管，需要切割一下。何师傅二话不说，拿起切割机就帮他们切割好了，不收一分钱。日常生活中，这样帮忙的小事何师傅一定做过很多。

何师傅很健谈，也很坦率，把自己难忘的人生经历和经营情况都毫无保留地告诉了我们。

他说四十多年前，做这个活是不允许的，他因此而被关了半年。但即使如此，他也没有放弃，偷偷摸摸地做，因为当时家庭困难，家里有四个小孩要养，生产队里每天只有五毛钱左右的收入，根本养不活一家人。"好在1978年12月党的十一届三中全会后，改革开放了，我做这个活不属于投机倒把了，可以正大光明地做了。"何师傅说道，"要感谢党，感谢邓小平。"

何师傅的店，原来只是做铜箍的，后来又做了蜡烛台、香炉生意。何师傅说，10多年前，经常有人来问他有没有蜡烛台、香炉，他觉得这里有商机，于是就买了几个样品，自己慢慢琢磨，试了几次，居然成功了！做蜡烛台、香炉这些铜器其实是比较麻烦些，先利用模具，翻砂、浇铸，再进行加工。何师傅早年是在翻砂厂里工作的，对于翻砂和浇铸都很内行，这也为日后的成功打下了基础。

"把铜熔化成铜水，倒入模具里面，凝固之后把铜器取出来。这时铜器还是很粗糙的，要用车床和抛光机进行细致加工，然后再上漆烘干。"何师傅如数家珍地介绍着，"听着很简单，其实里面有很多窍门，都要一点点试验的。光凭肉眼和经验，成品能做到90%的合格率，这个已经很厉害了。"

在何师傅的店里，我看到了一坛绍兴女儿红老酒，上面刻着"第三届绍兴市工艺美术精品展金奖"，主办单位是绍兴市经济和信息化局、绍兴市总工会、浙江省工艺美术行业协会。这应该是官方对何师傅铜器制作手艺的最好肯定。

何师傅这两年开始做圆件，也是有故事的。"两年前，我买进了10只桶，想转卖，但因为质量不好，只卖出了1只。"何师傅讲起了他做圆件的经历，"我当时想，买来的质量差，我要自己做。别人做得好，我也能做好。于是亲自动手，在一个月之内就搞明白，做好了。"

我们问他：现在做一个圆件要几天？何师傅说，不用那么长时间。现在有机器，流水操作。冲好木材、绕好、齐缝、上胶圈拢，干了之后，拿掉箍圈、上车床、上铜箍、喷漆，最后就是包装了。何师傅说得很轻松，但实际上做起来也很有讲究。从木板开始，切割拼装，做出毛坯，再打磨抛光，然后再上漆烘干，不同的木质上不同的漆，烘干温度和时间也都有讲究的，如果有偏差，那就出次品了，只能报废。我想原来各行各业都有这么丰富的知识，就像我读书一样，每门课越学下去越觉得深奥，有很多很多的知识点要掌握，越学越觉得自己懂得还太少，需要更加努力。

古镇里的一切都在悄悄发生变化，只有老铜箍匠何师傅开的店还保留着原来的面貌。虽然子女们都多次要求他不要再这么辛苦地工作，可以享享清福，但是何师傅依然坚守着这些手艺。我想，在日复一日、年复一年的辛苦劳作中，何师傅和他的妻子，相濡以沫，找到了生活的真谛，也找到了自己的人生价值。（2022年8月）

绍兴市柯桥区柯桥小学五（7）班　翁敏雯
指导老师：陈建新

柯桥孙源兴豆腐干传承人

　　清晨的柯桥古镇不似夜晚般热闹繁华，没有绚丽的灯光，没有熙攘的人群，也没有敞开的店门。虽有些冷清，但也别有一番风味。

　　一轮红日挂在东边的天空，照得黛色的屋顶与洁白的墙壁熠熠生辉。此时的古镇很安静，人不多，只有几位老人在晨练。他们的音箱中传出清幽的乐声，回荡在空阔的古镇上空。河边走廊上的店铺，多半还没开门，一排排结实的红棕色门板还静静地竖立在那里。令人奇怪的是，一家店门口居然放着一个石磨。它不光滑，也没什么特别之处，只是两个石盘叠在了一起。抬头看，哦，原来这里就是孙源兴豆腐店。这家店也没开门，不过，此时师傅们正在豆腐作坊里忙碌着。

　　做豆腐的地方，不是什么高大上的工厂，而是一间不大的车库。此时正是夏天的早晨，屋里虽然有一台大功率的电扇呼呼地扇着，但仍然热得发慌。孙源兴豆腐干传承人孙金龙师傅裸露的双肩处布满了细密的汗珠，背心已被汗水湿透，但是他好像感觉不到，继续和家人一起忙碌着。我们到达时，他们正在将饱满的苏北黄豆放进智能化豆腐机里。由黄豆榨成汁，这汁还比较粗糙，需要把这粗糙的汁再舀进豆腐机里进行二次榨汁。经过二次榨汁，黄豆浆就细腻多了。

　　榨好了豆浆，接下来就是煮豆浆了。煮豆浆全由机器完成，不需要人工操作。这时，辛苦而忙碌的一家人终于有了休息时间。孙金龙师傅说："现在磨豆浆有机器，以前是用人力磨的，那可累了呢。"他的儿子孙彬师傅补充说，他们家店门口就放着以前磨豆浆用的东西。原来那石磨就是磨豆浆用的呀。幸好科技发展了，解放了劳动力。此时乳白色的豆浆上泛起了白色泡沫，屋里就更热了。幸好，豆浆也熟了。

此时，孙师母拿来了杯子，给我们倒了两杯热乎乎的新出炉的豆浆。我拿起杯子，一股诱人的香味飘进了我的鼻孔。将杯子端到唇边，香味越发浓烈。入口，有些烫，一种从来没有过的感觉伴随着一团热气在口腔中弥漫开来。说真的，我有点欲罢不能，豆浆顺着我的喉咙流向胃里，口中依然留着它独特的香味。家里以前有豆浆机，有段时间我们家经常是豆浆配豆渣饼和油条，尽管那时觉得这是世界上最好吃的早餐，但现在觉得眼前这杯乳白色的豆浆才真正是最好的。

当这几位可敬的工作者过滤完豆浆中剩余的豆渣后，制作豆腐最关键的一步到来了——卤水点豆腐。只见孙金龙师傅左手提着一壶盐卤水，将它慢慢倒入豆浆中，右手拿着铜勺，连续搅拌着豆浆。孙师傅全神贯注地盯着缸里的豆浆，以至于盐卤水倒到了缸外都没发觉，幸好他儿子孙彬及时提醒了他。没过一会儿，缸里的豆浆开始出现了豆花，真是太神奇了！点花成功啦！

孙师傅将缸里的水舀掉一部分之后，用铜勺将豆花舀出放到正方形的木框中压实，然后再切成一粒一粒，就变成了我们平时吃的豆腐。

一粒一粒的白色豆腐呈现在眼前，现在它们还只是豆腐，不是豆腐干。要做成豆腐干，还有好几道工序。接下来的第一道工序，就是用纱布包刚切好的豆腐。此时全家人都出动了，还有一起帮忙的亲戚也开始忙碌起来。布包也是一个技术活，干活的人里，孙金龙师傅的手艺最高，他包得又快又好。只见他将一块豆腐放在纱布上，一包、一滚，一个方方正正的豆腐包就出现在眼前了。看着孙师傅灵巧地包着，我的手也有点儿痒了。一旁的陈老师看出了我的心思，对我说："蓁蓁，你也坐下来体验一下。"我就顺势坐在椅子上，拿来一块纱布开始包起来。我先把纱布平铺在桌子上，然后将豆腐放在正中央。一开始，我没把豆腐放正确，孙金龙师傅及时纠正了我：要把豆腐角对着纱布角。我小心翼翼地提起纱布的一角，把它贴在豆腐上，仿佛我包的不是一块豆腐，而是一块价值连城的宝石。接着，我把剩下的三只角都放到了豆腐上。一个豆腐包包好了！我正沾沾自喜的时候，陈老师在一旁说道："你包得太松了。你看孙师傅包的，多结实。"我一看，果然如此。于是，我又拿起包好的豆腐包，打开，重新包了起来。我一连包了十几个，终于有点模样了。我满意地看着这些四四方方的豆腐包，内心充满了成就感。更令人开心的是，孙师母夸我包得不错。我包了一会儿，就不再包了，而是跟陈老师一起，坐在旁边的桌子边喝起了刚才还没喝完的豆浆。

过了一些时间，豆腐全包好了，看看还不像是豆腐干，肯定还有工序要做。那接下来要做什么呢？孙彬师傅说：压。豆腐包整整齐齐地放到木板框里，然后将一框一框的豆腐包放到一个铁架子中，从下往上叠。最上面的木板框上放了一个千斤顶，用它把木板框往下压。压框开始了！只见孙彬师傅按着操作杆，木板框中马上流出了很多水。起先，孙师傅操作得很轻松，没过几个回合，孙师傅的动作慢下来了，到最后他的手臂青筋都暴起来了。与此同时，那几块被压的豆腐正在疯狂往外溢水，像极了一个小型喷泉。陈老师又让我上去体验一下压千斤顶。我往下按了两下，就按不动了。豆腐在经历了千斤重压之后，浴火重生，破茧成蝶，去掉纱布，就成了半成品豆腐干。

压过后的豆腐，此时已经变成了豆腐干。孙金龙师傅拿起一块豆腐干，用两个手指将豆腐干的两个角向中间弯起来。豆腐干像有弹性似的，弯成了一座拱桥，居然没断！这正是正宗的柯桥豆腐干才有的特性。

上午的制作已经接近尾声，接下来的一道工序是"出白"。把刚刚压过的豆腐干放在一只大桶里，倒入水，再煮。水开之后，再将豆腐干捞出来，晾在圆形的晒箕上。刚煮过的豆腐干洁白如玉，甚是可爱。可放在晒箕上没多久，它们的颜色就慢慢变黄了。孙彬师傅说，风吹了之后，豆腐干就马上变黄。这是豆腐干特有的机油黄——像机油那样的黄色。

现在，豆腐干基本成型，但还没有完工。接下来，豆腐干还要经过长时间的煮才能真正完成。煮的时候加入绍兴"五香"——茴香、丁香、山柰、桂皮，还有自制的双缸酱，煮焖十五六个小时，到第二天早上出锅，正宗的孙源兴柯桥豆腐干就做好了。

闲谈中，我了解到，孙源兴豆腐干目前主要在绍兴、杭州和上海销售。现在正是酷暑，加上邻近的小马路上的菜市场关了，生意不是很好。现在孙师傅一家是隔一天做一回豆腐干。虽然也有上海、杭州的客户要买，但孙彬师傅说，他现在不发货，因为豆制品保鲜期短，即使是真空包装，寄到客户那里也常常会坏掉。

听了孙师傅的介绍，看了他们一家制作豆腐干的经过，我深深感受到，这一家人勤劳善良、忠厚纯朴、诚信经营、童叟无欺。他们每天早上5点开工，一直忙到晚上。为了做出地道的孙源兴豆腐干，他们选择优质的黄豆，且不偷工减料。他们日复一日，年复一年，默默无闻地做着普普通通的事情，过着普普通通的生活，坚守着从祖辈传下来的这一份普普通通的手艺。

临走时，孙师母又送给我们师生每人一盒洁白的豆腐和一袋茶色的豆腐干。

经历了这一次研学实践，我对餐桌上常见的豆制品有了不一样的感觉，觉得它弥

足珍贵了……（2022年8月）

绍兴市柯桥区柯桥小学五（7）班　王蓁蓁
指导老师：陈建新

魅力古镇，最忆柯桥

江南古镇有好多，我们一家人却对柯桥古镇情有独钟。

妈妈告诉我：柯桥古镇和她曾经读书的柯桥中学相邻，就一座柯东桥相隔，古镇自然也被书香浸染，诗情画意，小桥流水，让人眷恋。

姑姑接着补充说：现在的柯东桥大变样了，古色古香，雄伟壮观。桥的东边是享誉全球的中国轻纺城，西边就是柯桥古镇。柯桥一边发展现代经济，一边传承古文化。一桥之遥，新老相融。

爷爷奶奶感慨说：柯桥古镇是他们年轻时共同奋斗过的地方，挣钱养活了一大家子人。年轻时辛勤的付出，换来了现在安逸的晚年。

外婆幸福地追忆说：柯桥古镇是她小时候生活过的地方，经常在融光桥边玩，桥上爬满了绿色的藤蔓。那时交通运输以河运为主，河上船只特别多，看来回穿梭的船只避让着过桥洞。

几代人对柯桥古镇有着不同的印象，<u>丝丝缕缕都是古镇情结</u>。

修缮后开放的古镇，重放异彩，吸引了多少曾经在这里生活、到过这里的人们，去重走这时光隧道，重温几十年光阴记忆。

我置身在柯桥古镇，也成了古镇的宣传者。昔日繁荣的古镇，如今依旧热闹非凡，成了网红们追捧的打卡地。古镇里河流纵横，桥多店多。白墙黑瓦，到处都是石：石桥、石墩、石凳、石墙……我是乐得像玩迷宫似的，行走在一条条窄窄的小巷中，分不清东南西北，反正巷巷相连，桥桥相通，哪个方向都走得出去，一点不用担心。青石小巷任人走，任人踏，迎接着一批又一批的游客，联结着老柯桥人美好的情感。水乡戏台唱着绍兴人熟悉的莲花落，向外地游客传播着绍兴传统曲艺。老柯桥人热情洋溢的脸上满是激动，急匆匆的脚步在回忆：那里原来是码头，那里原来有医院，那里原来有剧院，笛扬楼还在，真好。老柯桥的小吃——五香豆腐干，香飘四溢，忍不住买一串尝尝，真的好香，抹点甜酱简直太美味了。

夜晚的古镇依旧开放，喷泉水雾让古镇如同仙境，五彩斑斓的霓虹灯又把古镇装扮得分外妖娆。白天访古，夜晚寻韵，不同的景致，不同的魅力。

江南忆，最忆悠悠古镇——魅力柯桥。（2021年11月）

绍兴市柯桥区华舍小学五（3）班　贺　滢
指导老师：王红琴

三代人眼里的柯桥古镇

从石桥下的藤蔓开始，一桥洞，一倒影，柯水缓缓，摇橹欸乃，把两岸的街道串联到怀里。柯桥古镇就在船只往来间，将这城市从一块布上托起。

台门密布，石板铺就的小巷穿插其间，骑楼和翻轩长廊依水而建，最显眼的是明代所建的单孔石拱桥融光桥，俗称"大桥"。拱券内顶嵌龙门石三块，其上深雕盘龙图案，栩栩如生。桥拱内设纤道路，两端凿有吸水兽头，怒目圆睁，咧嘴卷舌。桥面护有素面实体栏板，桥栏外沿常年葱绿的藤萝缠绕下垂，宛似桥帘。它的古朴，宏伟的气势凝聚了古代劳动人民的智慧和心血。

老街的两旁都是挨家挨户小小的店面，心无旁骛的箍桶师傅娴熟地干着他的活计，他制作的马桶好些都是那时候出嫁姑娘的必备品。心细的渔夫编织着渔网，门口挂着各式各样的捕捉神器，饭桌上，都是新鲜的河鲜。外公说："我最受不了的是你妈妈的软磨硬泡！"我默默地抬起头，十分好奇外公何出此言。原来，那时候古镇规模最大的"文昌文具"店是孩子们最向往的地方，包括我那亲爱的母亲大人。那时候的收银员坐在高高的椅子上，文具放在一个小小的竹篮子里，通过头顶上的传送带来开票购买。那传送带是生了锈的铁丝，但是在妈妈眼里却是非常的高大上。

旧铺变新店，古瓶酿新酒，通过长达五六年的修建的千年古镇，终于揭开了神秘的面纱，展现在我们的面前。

修葺一新的古镇，白天，映衬在湛蓝天空之下，犹如一幅三维立体的水墨画。晚上，微风轻拂河面，河水泛起涟漪，乘着乌篷船，欣赏着水雾灯光秀，恍若仙境。外公说："忆江南古镇，品如诗人生！"我虽不能完全明白外公的意思，但也能猜中几分。我们走走停停，一家名叫"薇拉"的甜品店让我停下了脚步。"白玉丸子舒芙蕾"像云朵一样柔软，淋上满满的奶油，撒上黄豆粉，一口下去层次丰富，美美地满足了我的味蕾。而外公手上外脆里嫩、闻着臭吃着香的臭豆腐更是让我垂涎三尺。

我爱外公眼里的江南古镇，爱妈妈眼里的儿时古镇，更爱自己眼里古老与现代并存的古镇。（2021年11月）

绍兴市柯桥区华舍小学五（6）班　诸圣懿
指导老师：孙　怡

柯城寺

踏着古运河畔坑坑洼洼的石板路，我来到柯桥古镇内的柯城寺。

柯城寺，原名城隍庙。寺庙门口就是萧绍古运河，河对面即是亚洲最大的轻纺市场。身处闹市中，听到寺庙中传出悠扬的佛歌，让人不由得静下心来，细细探访这处历史悠久、多教合一的寺庙。

我迈步进入这座寺庙，迎面而来的是一尊袒胸露腹、面容慈祥的弥勒佛像。弥勒佛像的两旁是四大天王：身白色的东方持国天王、身青色的南方增长天王、身红色的西方广目天王以及身青黑色的北方多闻天王。他们都手握兵器，身披战甲，身体高大宽阔，一双双眼睛雄雄地睁着，威武极了，让人瞬间产生敬畏之心。弥勒佛像的背后，是韦驮菩萨，他是佛教里的护法神，降魔伏鬼，保护佛法。韦驮菩萨像后面靠右的地方，是一条三米多宽的通道，走过通道是一处天井，豁然开朗，瞬间给人"柳暗花明又一村"之感。

站在天井，就可以看到大雄宝殿了。大雄宝殿正门的廊下一副对联映入眼帘，"有意烧香何须还朝南海，诚信拜佛此处即是西天"，我深以为意，只要心中有佛处处皆是庙宇，心中有道处处皆是道场。宝殿的门头上挂着三块匾，左边是施主供养的"行行行行"，中间是傅印大师书写的"大雄宝殿"，右边是"悲智双运"。果然佛法深奥，需要细细参悟。大雄宝殿比起周围的几个殿堂都要高大，这是整个寺庙的主体建筑，格外突出，格外雄伟，就连屋顶的琉璃瓦片，在阳光照耀下，也片片光洁圆润，似容光焕发。

走进大雄宝殿，正中间是佛祖释迦牟尼像。佛祖的头微微低垂，眼睛轻轻闭着，好像就在聚精会神地参悟佛法。佛祖全身金黄色，与大雄宝殿四周的灯光以及从外面照射进来的阳光相融，让人顿觉身处光明之顶。佛祖的两边是尊者。佛祖的背后，是观世音菩萨。观世音菩萨手拿玉净瓶与杨柳枝，面容慈悲。观世音菩萨的左边是骑六牙白象的普贤菩萨，右边是骑狮子的文殊菩萨。殿内两侧是十八罗汉像，他们形态各异：有的面容慈善，有的凶神恶煞；有的留着长长的白须，有的则是一团黑胡子；有的眼睛微眯，有的怒目圆睁。十八罗汉的上面，摆放着一层层的小佛像，闪着金光，让人挪不开眼睛。殿内张挂着许多经幡，佛像前供奉着鲜花和水果，无不述说着人们"十方共护如来法，百劫不离菩提心"的信仰。

走出大雄宝殿，我发现大殿西侧有一幢二层建筑：一楼从左到右分别是胡公殿、观音殿和报恩堂；二楼是护法圣众殿、地藏殿和药师殿。其中一楼南侧的胡公殿，这是柯城寺与其他寺庙的一个不同之处了。胡公即胡则，浙江永康人，是北宋时期的一位官吏。在他任官期间，宽刑薄赋，清正廉明，百姓感恩他，于是在永康方岩山他少时读书处立庙纪念他。而柯城寺塑造的胡公像，是作为"财神"来供奉的。财神是中国神话传说中的人物，主管世间财源的神明，财神有道教尊封的神，如赵公明，也有民间加成的神。可以说，每个地域的人们都有自己供奉的财神。

大雄宝殿的左侧紧邻着一处建筑叫"城隍殿"，城隍殿的前身应该是专门供奉土地的城隍庙。城隍殿门口挂着一副对联："庙建赤乌二年，市开弘治七载。"赤乌二年是公元239年，可见城隍庙历史悠久。新中国成立后，城隍庙因年久失修而被拆除。到20世纪90年代中后期，政府顺应民意，终于在城隍庙旧址上建造了柯城寺，目前的柯城寺为2002年修建。说起城隍庙，不得不提到班固的《两都赋序》："京师修宫室，浚城隍。"祭祀城隍神的例规形成于南北朝时。中国古代，把守护城池的神称作为城隍。据史料记载，早在三国时期（公元239年前后）就有了城隍庙，而城隍本无姓名。宋代后，一些为国殉职的忠烈被封为本城城隍。随着城隍在老百姓中的影响日益显著，道教也将城隍神纳入了自己的宗教体系。佛教在中国广泛传播后，城隍神又演化成为阴间的主管。由此可见，我们中国人的宗教信仰具有包容性，柯城寺正好反映了民间佛、道相融，多神崇拜的特点。

离开柯城寺时，我看见墙上一则关于观世音菩萨出家纪念日的法讯。寺里告知，为了大家的安全，九月十九日寺内不办斋，请各位善信在家诵经念佛、吃素，并且写道："祈愿观世音菩萨加持祖国富强、全国人民幸福安康、疫情消除，吉祥如意！"字里行间透露出人们对未来的美好期望，这或许就是宗教的意义吧。宗教不仅是一种信仰，更传递着人们的一份寄托、一份冀望。

走出柯城寺，站在门前的古樟树下，望着古老的浙东运河，我在心里祈愿：愿柯桥人民安居乐业、生活美满！（2022年10月）

绍兴市柯桥区柯桥小学五（7）班　丁璐源
指导老师：陈建新

古纤道

自古以来，绍兴就以其美丽的风景和淳朴的风土人情而闻名于世。它山清水秀，物好人美，水文化更是绍兴人文璀璨的摇篮。而在绍兴柯桥，有这么一个建筑物，它不仅被当地人所熟知，更是古建筑界的奇迹。它就是古纤道——一条承载着绍兴的发展与古人高超建造技艺的水上通道。

最早让我领略到古纤道风貌的是摄影师的作品，摄影师用相机镜头拍下无数帧古纤道的绝美照片。烟波浩渺中的古纤道，它平静地躺在水波里，宁静而幽远；水光潋滟时的古纤道，它仿佛会随着流动的波影舞动，灵性而妖娆。晨雾里，古纤道显得朦胧又神秘；夕阳下，古纤道被融金的落日渲染得沉稳而凝重。如遇下雪天，那会更加唯美，水面上会出现一条闪亮的银蛇，蜿蜒游向水天极目处；旁边一条乌篷船，头戴乌毡帽的船头脑，脚踏着长桨，手持短桨掌握着方向，眼前就是"白玉长堤路，乌篷小画船"的绍兴水乡的典型画面。

我被古纤道气象万千的姿容吸引着，终于有一天去了柯桥古镇，去拜访它，亲近它。

走过画舫一样的柯东桥，走过沿街的闹市，径直走向古纤道。走到柯亭公园林荫道边的渡月桥上，我就见到了声名远播的古纤道。

古纤道横在河上，与渡月桥交叉。我当即移步古纤道，望着四周，望着运河，望着纤道，顿觉心旷神怡。在绿荫倒映的浙东运河的水面上，在金柯桥林立的楼房间，古纤道静静地躺着，与柯亭、柯东桥等景观凝构成一幅长存的画卷。这一段的纤道，是由青石板堆垒而成的，像一座河堤，在运河南岸砌成一道"塘"，因此当地人也常称之为官塘。北宋词人贺梅子《青玉案》中有"凌波不过横塘路"的名句。古往今来，江南的横塘纵浦一直都以温和而备受诗人吟咏。这一处古纤道从靠近柯东桥的国际面料采购中心的河岸边向东延伸过来，距离运河南岸有七八米的距离。过了渡月桥，纤道与南岸之间的水域都种满了荷花。现在正是中秋时节，荷花已经零落不见踪迹，荷叶虽然大多还碧绿着，但已有一些开始枯黄了。如果再过些日子，这里该是李商隐诗中描绘的景象了："秋阴不散霜飞晚，留得枯荷听雨声。"现在的河水并不满，比往常要浅三四块石板的高度，纤道石上留着的水的印迹非常明显。我一数，纤道石露出水面已有六七块，看得见底下的土石成堆，层层累积。石板是横铺的，长短不一，最长的不足两米。这里的纤道感觉保存得不是很好，有个别地方也许因为年代太过久远，风吹日晒，已经起了裂缝，有的甚至一块裂作两三块，让人惋惜。在渡月桥以东到轻纺大桥这一段，目前工人正在修缮，也许损坏得还是有一点严重吧。

　　离开柯亭公园这一段古纤道，我又来到了钱清街道秦望段。这里是古纤道最典型的一处。

　　踏上古纤道的那一刻，我就被宏大的景象震撼到了：只见宽阔的水面上，平铺着一条近看笔直、远看弯曲的纤道。整条纤道没有用水泥那样的黏合物，而是纯粹由青石条与青石板搭建而成。宽厚的石条横竖交叉，叠放在水中修筑出桥墩。桥墩宽大厚重，像是植在水中一样，任由水波拍打，纹丝不动，千年不移。架在石墩上的石板有了岁月的包浆，呈现出古拙之美。石缝中偶有小草探出，让这条纤道处处有生命的痕迹存在。桥墩两端分别由三块长约三米、宽约半米的石板拼铺而成桥面，以如此循环铺建，伸向远方。有些地方则建有台阶，高高耸起，便是一座小桥，方便乌篷船在桥下自由穿行。更让我惊叹的是，如此笨重的长石条，居然搭得很温柔：长石条并不都一样长，有长有短，因此一节与另一节（一节就是三块长石条）之间就用短的石板铺接。衔接处有的只用一块石板，有的则用两三块；有的既有横放的，也有竖排的。只用一块的，为了使衔接紧密，常常将这块石板根据两边长条石的长短而凿割成凹凸不一的形状，让你感觉到"你进我退"的谦让。有的则一头宽，一头窄，像楔子一样楔入在石条之间，让人惊叹这些笨重的石头，在古代建造者手中就像是木头一样，可以随心所欲地塑造。

我走在古纤道上，走着走着，竟兴奋得小跑起来。一只只停在古纤道上的白鹭便让我惊飞了。纤道三面临水，此处水面比较开阔，纤道左右两边的水域大概是1∶2的样子。靠104国道这边，水域窄些，岸边种着郁郁葱葱的树木；靠东面的水域宽阔，望过去白茫茫的一片，不时有几只白鹭在河面上飞翔，让人不由得想起张志和的诗句："西塞山前白鹭飞，桃花流水鳜鱼肥。"

一直朝西走，在纤道与河岸融合的地方，建有一座亭子，亭子里竖着一块石碑，正面书写着"古纤道"三个红色隶书大字。亭子的东面立着一块水泥板，上面刻着：

全国重点文物保护单位

古纤道

中华人民共和国国务院

一九八八年一月十三日公布

浙江省人民政府立

"古纤道"三个大字仍是隶书，红色，跟亭子里一样，其他字都是黑色的宋体字。

原来，古纤道还是全国重点文物保护单位啊，一瞬间，我的崇敬之情油然而生。

千年以前在水中建造如此延绵百里的水上通道，看似简单，实则它的建筑难度与规模不亚于现在在建的104国道上的轻纺城高架快速路。

古纤道始建于唐元和十年，随着浙东运河开凿而应运而建。明弘治、清光绪年间均有重建，近现代再有修缮。那时没有大型机械，这么多这么厚重的石板石条全靠人力搬运，而建造工艺又那么精细，不得不让人惊叹！

站在古纤道上，不由得想起了余秋雨作词、毛阿敏演唱的《找回鉴湖》：

你曾是李白的万里向往

你曾是陆游的焦急归途

你曾让远行者目不暇接

你曾让豪饮者放浪醉步

……

我想，古纤道同样是李白的万里向往，同样是陆游的焦急归途。我站在李白向往却未曾踏上的纤道，站在陆游曾经不止一次走过的纤道，恍然间有一种错觉，仿佛李白、陆游就在我身边擦肩而过……浙东运河之上的古纤道，在那千年之间，留给了我

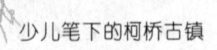

们一个又一个美丽的回眸。（2022年10月）

绍兴市柯桥区柯桥小学五（7）班　盛可盛
指导老师：陈建新

笛扬楼

  在我美丽的家乡，有一座老少皆知的古镇。它饱经时间带给它的沧桑，不论是绍兴的历史，还是特有的文化，都被隐藏在古镇神秘的面纱之中。没错，它就是绍兴四大古镇之一——柯桥古镇。

  漫步在柯桥古镇，你一定会看到在急水河边有一幢高大的楼，醒目的匾额上有三个大字：笛扬楼。为什么叫笛扬楼呢？这名字是由当时的柯桥镇镇长孟文涌起的。这楼名与蔡伯喈和柯亭笛的故事有关：东汉时期著名文学家、书法家和音乐家蔡伯喈曾经来到浙江绍兴的柯亭，看到那里的人用竹子做屋椽。蔡伯喈抬头打量竹椽，觉得那竹子非常不错，便把它做成了笛子，吹奏起来声音嘹亮。因为这支笛子是柯亭上的椽子，所以取名为"柯亭笛"。楼以"笛扬"为名，也隐喻了老柯桥人要把柯桥名扬天下的壮志。弘扬"柯亭笛"之精神，柯桥人要像竹子那样正直，像竹子那样虚心。有这么美好的寓意，大家肯定是非常赞同了。

  楼名起好了，众人就决定请著名书法大师沙孟海题写"笛扬楼"三字。但到开业时，沙老的题字还没有送达，为了应急，只好先请了当地的书法爱好者陈家檐题写。开业后不久，沙老的字终于写好了，于是去掉了陈家檐写的字。在当年拍下的照片上，匾额中依然可以看到新旧题字覆盖的痕迹。现在匾额的题字是金黄金黄的，从近处看还有点反光，显得更加高大上了。金灿灿的大字左边还有一列小字，小字下面敲有印章，同样也是金黄色。匾额的底色如果不仔细看的话，很容易看成黑色，但其实是非常深的棕色，外面还有一圈立体的外框，同样是深棕色。

  当时的笛扬楼一楼供应菜窝面、馄饨、油条、饺子、馒头等早点，而二楼是小孩子们最喜爱的冷饮店，有冰砖、冰激凌、绿豆汤、冰牛奶等冷制品。听妈妈说，她吃过几次冰砖，外面用一层纸包着，外形方方正正，和香烟盒差不多大。剥开那层纸，瞬间就会有一股白烟飘出来，冰冰凉凉的。冰砖奶白奶白，可以直接用一根小棍子舀着吃或者倒在碗里吃。舀一块，放入嘴中，那浓浓的奶香味会包裹着整个口腔。如果细品，还能尝到一丝丝咸咸的奶油味。冰砖在妈妈看来非常珍贵，因此吃了几口就舍不得再吃了，直到冰砖快融化了，才会狼吞虎咽地塞进嘴里。笛扬楼三楼是旅店，有二三十间房，几乎天天都客满。随着柯桥轻纺城的兴起，柯桥老街像一个老态龙钟又生了病的老人，慢慢被人冷落了。笛扬楼也没了往日的兴隆。不知什么时候，它也关闭了。那些实惠的早点，好吃的冰砖，只能永远被人们埋藏在美好的回忆中了。

本以为笛扬楼就这样随雨打风吹而去了，可是最近，笛扬楼又忽然热闹了起来。晚上，原本黑灯瞎火的笛扬楼变得灯火通明，放眼望去简直就是一幢被彩灯包裹着的楼，往日的冷冷清清也为熙来攘往所替代。这是怎么回事？楼依旧是那个楼，位置也没发生一点改变，人们怎么就又开始关注起了笛扬楼？难道说我打开了时光按钮，来到了三十年前的笛扬楼？当然不是了，仔细看，你会看到楼的正中央有"寻宝记"三个字。哦，原来是一家名叫"寻宝记"的绍兴菜馆在笛扬楼里开业了。

走进笛扬楼，你会看到独特的装修风格。一楼正中间，有一个池子，池子里有荷叶还有荷花，一眼看上去还以为是真的，实际上是用塑料做的。二楼就更加惊艳了：上了楼梯，你就会看到一棵"柿子树"，"小柿子"红彤彤的，像一个个小灯笼似的挂满枝头，让人看着直流口水。另外，在"柿子树"的左上角还有一棵优雅的"樱花树"，展开的枝叶像是在迎接游客的到来。这两棵树是那么逼真，特别是柿子树，塑料的柿子和真正的柿子几乎看不出什么区别。

找位置慢慢品尝这里的菜，必点的就是绍兴名菜——绍三鲜。绍三鲜端上来后，光是看着就非常诱人了：黄澄澄的鸡肉排列整齐，绿油油的西兰花你挨我我挨你，褐色的木耳好似枯木开花，白白的鱼圆像一颗颗大大的珍珠，白里透黄的白菜如精雕的玉石……众多好吃的食材看得我眼花缭乱。我先夹了一个饱满的蛋饺，一口咬下去，蛋饺里的汤汁一下子迸发在我的口中。黄黄的皮有一股鸡蛋味，里面的就不用我多说了吧。虽然可以尝到少许肥肉，但更多的还是多汁的瘦肉，两者结合，简直可以说是完美。除了蛋饺，虾肉的软嫩、鸡肉的筋道、鱼圆的软滑、木耳的清脆也都深得我心。

霉干菜毗肉的名气也是相当大。我一开始有点抗拒，因为基本上每一块肉都是瘦中带点儿肥，但当我吃了第一口时，就完全转变了想法：咸甜咸甜的瘦肉搭配上油而不腻的肥肉，实在是美味到极致。霉干菜吸收了足够的油，因此变得油亮油亮，嚼起来咸咸的，配上白米饭那简直就太合适不过了。

除了绍三鲜和霉干菜毗肉这两道特色菜，许多小吃，比如臭豆腐，酒酿糍粑，甜品类的酒酿酸奶、黄酒布丁等，同样很值得品尝。

　　原来的笛扬楼顶着黑黑的瓦砖，虽然一楼有镂空的装饰，但整幢楼给人的印象还是很呆板，因为一眼望去，楼的颜色只有黑、白和棕。而现在的笛扬楼不仅白天有古色古香的感觉，夜晚更是华贵，明亮的灯光笼罩着笛扬楼，从远处欣赏，整幢楼给人的感觉就是金碧辉煌。细看，会发现许多粉蓝渐变的灯笼挂满了笛扬楼。从外面透过玻璃往里看，会看到一张张用木头做的桌子。桌子两旁，大多坐了几个人，他们有说有笑地吃着桌子上的一道道佳肴——这便是"寻宝记"菜馆了。

　　三十年前，笛扬楼受到众多柯桥人的追捧，人们如潮水般涌入；三十年后，笛扬楼再次开业，受到来自全国人民的追捧，人们又如潮水般涌入。看来，我真的把时光按钮打开了……（2022年1月）

绍兴市柯桥区柯桥小学五（7）班　宋诚蕾
指导老师：陈建新

季家台门

　　梦里的江南水乡，一座被誉为"柯桥的老底片，城市的新客厅"的柯桥古镇，经过五年多的精心修缮和打造，如今已旧貌换新颜：小桥流水人家，尽显江南好风情。

　　江南水乡的台门记忆怎可或缺？周作人在《鲁迅的故家》中讲到绍兴台门："台门的结构大小很不一定，大的固然可以是宫殿式的，但有些小台门也只是一个四合房而已。例如鲁迅的外婆家在安桥头，便是如此，朝南临河开门，门斗左右是杂屋，明堂东为客室，西为厨房，中堂后面照例是退堂，两旁前后各两间，作为卧房。退堂北面有一块园地，三面是篱笆。普通大一点的就有几进，大抵大门仪门算一进，厅堂各一进，加上后堂杂屋，便已有五进了，大门仪门及各进之间都有明堂，直长的地面相当不小，至于每进几开间，没有一定，大抵自五间以至九间吧。"位于柯桥古镇寺岔河边的季家台门实乃大户人家，坐北朝南，前无遮掩，由三进古色古香的白墙黑瓦楼阁组成，飞檐翘角。它后靠西兴古运河，前对寺岔河，一眼望去，便像是一座清末民初所建的典型江南庭院。季家台门原是富甲一方的季姓布商拥有，虽然这位曾经叱咤商海的风云人物早已湮没在历史长河中，但从台门的高大雄伟，从飞檐翘角、梁枋雕饰中仍能看出它的精巧雅致和主人曾经的荣耀和辉煌。作为县文物保护单位的季家台门，至今保存完好，真是一块难得的风水宝地！

台门前的广场，比较开阔，由35排约500块石板组成，有八九间教室那么大，足以看出季家台门的不凡了吧！

大门是朝南的，以大门为中心，左右两边的建筑是对称的：左右各有一扇小门，大门与小门之间各有一堵矮一点的墙；而小门之外则是高大的风火墙；在风火墙的上端，写着一个黑色的行书"福"字，左右完全对称，像是在祝福这户人家福气满满，好运爆棚。门头、矮墙、风火墙，高高低低，错落有致，端庄中体现着灵动。

大门是木质的，高大气派，由暗红色的漆漆成，给人一种眼前一亮的感觉。古诗中提到的"朱门"大概就是这个样子。大门上有铜制的门环一对，每扇门上一只，上半部分像一只大头铍粘在门上。从这"铍"的中间伸出一个横着的、像小酒坛一样的把手。这小酒坛似的把手下面连接着一个小孔，孔朝左右，在这个孔里套着一个大环，这就是门环了。门环的下方，装着一颗铆钉一样的东西。当拿起门环敲击的时候，"铆钉"就发出清脆的响声。主人听到了，就会为你开门。

季家台门的大门，是典型的绍兴石库台门。木质的大门其实是安装在石库台门内侧的。门框上方是一大块青石，雕刻得细腻光滑，它压在左右两边的石条上。石板并不是方方正正的，而是有层次感，边沿向外突出，做成弧形，上下感觉有两条线，很像现在家里装潢用的"线条"。它的下方，还紧贴着一块雕花的石板，石板的正中央雕刻着一只麒麟，它昂首挺胸，威风凛凛。这块雕花石板下方的左右两个角，还各粘着一只对称的雕花物件，乍一看像龙头，但其实更像波浪。这个雕花小物件最下面有一个"U"形的石框，石框内还有一朵花，四个花瓣。门框左右两边是两条石柱，沿着石柱外侧嵌着一排青砖，将门框紧紧包围，显得那么和谐工整、稳固坚实。大门是有门槛的。门槛有七八厘米高，前后两侧是平的，上面则呈圆弧形，摸上去较光滑。

大门最讲究的部分应该是门头了，它由六七个部分组成。门框上方是刚才提到的青石板，青石板上方是一排青砖，共有六块。这排青砖上面用18块长短不一的雕花青砖围成了一个长方形，这雕花的青砖比刚才的青砖要窄一半左右。围起来的地方，中间是向内凹进去的，它分成了三部分：中间和两边。中间像是一块大牌匾，有方方的四块砖，上面之前应该有四个大字，经过岁月的洗礼，我们已看不清那些字，但巧夺天工的设计、精妙绝伦的做工却被保存了下来，令后人赞叹、折服。字的两边是对称的两个长方形，里面各是一块突起的青砖。这青砖看起来很光滑，但我猜想之前应该是画着画的，不然太单调了。曾经的画、曾经光鲜的大字，都抵不住岁月的风雨，被侵蚀掉了。这长方形的造型的上方和左右两边，用21块竹子形的青砖嵌着。这竹子形的青砖左右两边，又各贴着4块大小不一的长方形、正方形的青砖。再往上，又是用青砖精心构筑的、向外突出的造型。它的立面是由雕着白云的7块青砖组成的。青砖的连接处安装着6块花式砖，这花式砖外檐是三个圆弧，按在立面上，就像是塔楼转角处的榫卯结构。再往上，又是两层青砖，每一层下面都垫着竖向朝外的16块青砖，像极了房屋的椽子。一眼看去以为是上下两排各16根"椽子"是一样的，仔细一看，居然是不同的。上一排16根"椽子"都是方正的，中间还"阳刻"出一个长方形；而下面一排那16根"椽子"，它们的四个棱已经没有了，做成了圆弧形。建造者的精心设计，真令人肃然起敬。再往上，那就是瓦片了。这瓦片的安放居然也令人惊讶。这门头上摆放着11垄弧形的黑瓦片，原以为每一垄都只是5张，朝下细看，却发现这5张瓦片下面，还有3张小瓦片。这3张小瓦片与下面的青砖齐平，而5张大瓦片却是向外伸出。11垄瓦片之间形成了10条水沟，每一条水沟最外端，分别都装着一块特殊的瓦片：它的主体部分也是弧形的，朝上；外端朝下还有一块圆弧形的砖，但又不是规整的圆弧，而是做成波浪形。这瓦片，不仅实用，而且美观，真让人大开眼界。最后一部分，也是最上面的就是飞檐了。这飞檐做得也不一般，竟然也由六七层砖瓦组成：最下面在11垄瓦片上放了"U"形的青砖或是水泥（因为颜色跟其他不一样，估计是后来修缮的原因），往上是一层齐平的青砖，再往上是一层向外突出的青砖，再往上，中间是一个花窗，用46块半圆形的瓦片和4块四分之一圆形的瓦片搭建连接而成。花窗的两边是实心的青砖。再往上又是三四层薄的青砖，然后两头翘起，形成飞檐。飞檐的顶端各有一个像波浪，又像龙舟一样的物件。我原以为这门头只有六七层，这样细心一看，居然由二十多层不同的砖瓦组成，真让人不得不佩服古代的能工巧匠！

　　墙基也是条石铺的，这条石也别出心裁，凹凸结合，设计者分外用心，充分体现了中国传统文化的博大精深。两边的小门瘦瘦高高的，只可容纳一人进出。它的设计倒是令人意外，上方居然是圆形的，有西式风格。可见台门的主人见过世面，又有胆识，在中式建筑中融入了西式风格。

跨过大门门槛，是一片空地，应该就是天井，地面是用数十块平整的青石板铺成的。天井的左右两边各有二层楼的梢间，靠北的与第一进厢房相连的地方都由一堵风火墙隔开。而在二楼，厢房与左右两边的梢间是相通的，这就是俗称的走马楼吧。

厢房分为三个部分，中间是通道，左右两边都是房间。第一进到第三进，三间厢房的结构都是如此。

左右两侧是餐厅，里面已引进了"璞SHOW"酒吧，传统与现代并存，在这里可以让大家感受到古镇千百年来的城市记忆。对面是主通道，还有一个毛主席半身像，看上去十分宽敞，从小门进去，空地和门的空间形成了鲜明的对比，让人觉得更舒坦。

站在台门内，看着每一个物件、建筑都能真切触摸到柯桥历史文化的深厚魅力，它们仿佛在诉说着昔日台门里自己的故事。我又仿佛看到：每当夜幕降临，大人们便早早吃好晚饭，拖着噼啪作响的木拖鞋，摇着破旧的蒲扇，提着竹椅板凳去河边乘凉；小孩子们三五成群地嬉戏，一直到深夜才渐渐地离去……

古镇美，美在建筑，美在记忆。虽然季家台门已很少被人谈起，但它最昌盛的景象已留在我的心底。（2022年4月）

绍兴市柯桥区柯桥小学五（7）班　陈珂逸
指导老师：陈建新

老街的桥

我游览过雄伟的南京长江大桥，欣赏过壮观的杭州湾跨海大桥，也去体验过令人心惊胆战的新昌穿岩十九峰玻璃栈桥。而柯桥老街里，静谧河道上古朴的桥最能抚慰人心。

白天的桥，有些忙碌。老街的桥上，形形色色的人步履匆匆。拾级而上，充满着希冀，怀着一探对岸故事的期盼，总会让人慢下脚步，看着桥石壁上细致的雕刻纹样，摸索其粗糙沙沙的质感，细想着它的由来，享受这份古色古香的韵味绵长。走上至高端，喜欢伏下身，看一河吹皱的秋水，活泼的鱼，涟漪的水波纹，换一片日光照耀，走向对岸。驻足回首，带着一份岁月悠悠的情怀，涌上心头。

夕阳西下时，老街的桥是让人慵懒的。倚靠在桥上，阳光映在脸上，镀一层余晖。看着乌篷船从面前驶来又缓缓漂向身后，水中的鱼儿乱窜，欢快洒脱。远处，一位老者卖扯白糖的吆喝声和着街上人们聊着的家常，让人感觉地道的柯桥味。老街印象，是令人怀旧的。

晚上，老街的桥在霓虹灯的照耀下，星光点点，显现出现代与传统相结合。这时候桥的拱形与水中倒影所形成的"圆"，幻映出江南水乡的特有画面，别有一番风味。

老街的桥是世上最包容的。一座桥，纳一城的水；一座桥，载一城的人；一座桥，或许也回首着一段段绵延的情。老街的桥，包含着所有，点滴中都能嗅出它的味道……（2021年11月）

绍兴市柯桥区华舍小学五（4）班　胡涵依
指导老师：李海英

小探古镇非遗馆

"乌干菜，白米饭，神仙见了要下凡……"在琅琅的越谚声中，我和小伙伴们在孙老师的带领下兴高采烈地步入了充满文化气息的柯桥古镇。

一处白墙黑瓦的古老建筑首先吸引了我们的眼球，我们顿时放慢了脚步，"柯桥区非物质文化遗产馆"几个大字映入眼帘，我们情不自禁地跨入馆内。

我们，一群名副其实的小吃货，首先来到了有关吃的非遗项目前。扯白糖，顾名思义就是"扯"出来的糖果，得用麦芽糖熬成拔丝状，在未硬化时立刻拉扯而成。孙老师告诉我们，"扯白糖技艺"在2015年被列入绍兴市非物质文化遗产名录了呢。

"古越大地，物华天宝，工匠技艺精湛，享誉一方，塑造出传统文化的'柯桥骄傲'！"说起工匠技艺，不得不提一提王星记的扇子，非遗馆里采用有声皮影戏的形式，通过有趣的视频给我们介绍呢：王星记扇子曾有"一把扇半把伞"的美誉，就是说扇子日晒不黑，雨淋不湿。相传人们还试验过，并且百试不爽！

我想，这简直像神话传说中的"宝扇"，有如此"法力"，那做工得有多精细讲究呀！从讲解员口中得知，最名贵的"青灰扇"要经过72道工序，99个转手，历经数日才能制成。即便是一个小小的差错，都有可能会影响整把扇子的精美实用度。其中的艰辛比我们脑海中能想象得到的还要复杂得多，艰难得多。

也许你会说，不就是工序复杂了点，算不得什么手艺。那你就大错特错了，不只如此，扇面还要配上精致美观的图画、书法来点缀。这不仅是一个细致活儿，更需要精湛的技艺。我们出馆询问了几位当地的老人，他们说绍兴扇艺共分三类：扇面画、扇面微楷与金银箔铲贴扇，个个都独特大气，别有一番韵味。有些甚至让大画家、大书法家瞠目结舌，赞叹不已！

百闻不如一见，我们谢过老人，折回非遗馆，细细观察陈列区的王星记扇子，瞬间心服口服。只见它们花色多样、造型各异，再凑近一看，发现它们图案美观、制作精细。我仿佛看到了古代那些王孙公子和风流才子手持纸扇时的风雅潇洒劲儿！而王星记扇子其本身独特的魅力和韵味，不是我用粗浅的语言能描述出来的。如果你感兴趣的话，也可以亲自到古镇非遗馆参观参观，见识一下哦。

除此之外，非遗馆的"宝物"还有五彩缤纷的花雕、精雕细刻的竹刻、高难度的石雕与铜雕，对了，还有耳熟能详的箍桶呢！它们是古代百姓的拿手绝活，是咱们绍兴的传统技艺。

习爷爷曾说："让收藏在博物馆里的文物、陈列在广阔大地上的遗产、书写在古籍里的文字都活起来。"此番古镇非遗馆之行使我比之前更明白习爷爷话的意思了，我们应当多参观学习传统技艺，让它们一直传承下去！

"燕子燕，飞过天，天门关，飞过山……"我们哼着轻快的越谚语，带着新知识与好心情走出了古镇非遗馆，走出了这个传统技艺的宝库，可馆中看到的、听到的、探寻到的一切，再也走不出我们的心里。（2021年11月）

绍兴市柯桥区华舍小学五（6）班　王恬姿
指导老师：孙　怡

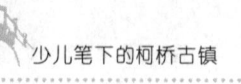

老街新"梦"

在爷爷的记忆中,柯桥老街是一条条嘎吱嘎吱悠悠前行的乌篷船;在妈妈的脑海里,柯桥老街是笛扬楼上的一块块香甜的冰砖。石桥、流水、马头墙、白墙、黛瓦,这是我与柯桥老街的第一次见面。乍一听,"柯桥老街"这名字是不是也有点古色古香的味道呢?今天就让我做回小导游,逛一逛我的梦里水乡,说一说老街新"梦"。

新梦一:桥

走遍柯桥老街,河流纵横,让我以身为桥乡人而自豪,大大小小的桥不下十几座,造型各有千秋。看新梦十二"钗"谁最美?走在一座座拱形的石桥上,一个个狮子形的桥墩雕刻得栩栩如生,块块石雕活灵活现。桥边点缀着盆盆鲜花。闻着花香登上石桥,放眼望去,沿河两岸苍翠欲滴的树木似乎搭起了一个大大的凉棚,杨柳轻拂面,浮萍戏水间。夕阳西下,桥下不时划过几条归来的乌篷船,船桨摇曳,泛起层层涟漪,"小桥流水人家"味儿正浓。

新梦二:青石板路

古老的小镇,连青石板铺成的小路也是如此古色古香。百年的磨蚀,青石透出沧桑之气,石板散乱却错落有致,如郑燮的书法,杂乱中透着飘逸,绵延不断,仿佛凝聚了古镇的淡雅,从石板吱呀的回韵中传递。我和甜甜在这石板路铺成的弄堂里笑着、跑着,美得好似城墙上舞蹈的阳光,跳着华丽的华尔兹。曲径通幽小街景,菜香酒香意浓浓。

新梦三:屋

"房前花果香,屋后树成行。"这样的景象在故乡柯桥随处可见。或许,古今名士都爱流连于此。瞧,如果你现在来柯桥老街,橘子正挂满了枝头,石榴正咧开了小嘴对你笑。屋后的竹林郁郁葱葱,小鸟在林间嬉戏,小朋友在林中捉起了迷藏。金秋九月,丹桂飘香,一朵朵小小的黄花缀满枝头,黄绿相间,宁静而美丽。静静地看着它们无声地飘落,像是一场花瓣雨,柔美的身姿只在空中短暂地停留,转几个身,着地。漫步小路,香气沁人萦绕心头,深吸一口,让人心旷神怡。

除了柯桥老街，柯桥的美景还有很多很多。亲爱的小伙伴，"时尚柯桥、印象柯桥、幸福柯桥"正等着你，欢迎你有空来做客！（2021年11月）

绍兴市柯桥区华舍小学五（6）班　周浙裕
指导老师：孙　怡

柯桥乌干菜

我的家乡——柯桥，是一个美丽的水乡，也是一个食都。它有许多美食，例如醇香的黄酒、微甜的醉鱼干、古老的安昌香肠……还有乌干菜（也叫霉干菜）曾是家乡的一个明星产品。

乌干菜历史悠久，早在《越中便览》中就有记述："乌干菜有芥菜干、油菜干、白菜干之别。芥菜味鲜，油菜性平，白菜质嫩，用以烹鸭、烧肉别有风味，绍兴居民十九自制。"鲁迅先生也非常喜爱家乡的干菜，在给母亲的信中写道："其中的干菜，非常好吃，孩子们都很爱吃，因为他们是从来没有吃过这样的干菜的。"乌干菜，顾名思义，就是黑色的干菜。因它独特的口味，简单的储存方法，深受我们柯桥人的喜爱。

我的奶奶是做乌干菜的高手。当地人一般都会挑上等的芥菜进行制作。每到十一月份，农民伯伯就开始收割农田里的芥菜。收割完了就把它们摊在太阳底下晒，不时地还要翻一下，让它们晒得均匀一点，不然被压在底下的芥菜就会发霉。经过四五天的时间，都变得黄澄澄的了，就晒好了。奶奶就会细心地把芥菜一株一株洗干净再沥干，沥干后，还要把烂叶子去掉。如果不去掉，就会影响乌干菜的质量，甚至还会吃坏肚子。每到这个时候，奶奶的眼睛就会变成孙悟空的"火眼金睛"，特别尖，芥菜叶里面破了皮的会被她打下"十八层地狱"，一一拣出来丢掉。拣完烂叶，其他的芥菜就会被切碎，像一块块橡皮的模样。到晚上，我们都沉入美丽的梦乡了，奶奶还在耐心地切着芥菜。她一连要切好几个晚上，有时候手都会切得起泡了。切完之后，奶奶要做最重要的一步了——腌制，这一步决定着最后成品的口感。奶奶十分小心地把切好的芥菜用力揉压，然后放入坛中。放一层芥菜，将它们弄平整后，再均匀地撒上一层盐。这样反复几次，把坛给装满为止。在坛的最上面，要撒上更多的盐，这样才能更入味，最后再在坛口压上石块等重物。过两三天，坛口就会起一层白色的蜂窝状泡泡，那是微生物在发酵。

这样子过个十天半个月，等天气晴朗，选一处阳光普照的地方，将腌制好的芥菜放到事先准备好的芦苇垫上，用两条板凳架着，把干菜放在上面晾晒。你大可放心，是不会有人来偷的，因为家家户户都要做干菜，所以就算你把架子放到人家门口，他们也不会拿的。在太阳底下暴晒四天并不断地翻动，晒干后不要着急储存，还要在阴凉的地方放上几天，然后进行密封保存。这时的乌干菜是咖啡色的，还不是真正的乌干菜。只有在饭镬里蒸上几次之后，这些干菜才慢慢变黑，成了真正的乌干菜。当饭锅盖掀开的那一刻，乌干菜香气扑鼻，让人忍不住扯下一根就津津有味地吃起来。

等待来年春笋一冒出来，有些人家也会把腌好的芥菜放进锅里和笋片一起煮，煮熟的芥菜和笋片捞出锅，沥干，晾晒。在温暖的阳光下晒个两三天，芥菜就会变成黑色，乌干菜摇身一变，变成了笋煮干菜（一般叫笋丝干菜）。这也是我们柯桥当地在春季常做的一道菜。

在我们当地还有一种家家户户的压箱美食——长干菜，长干菜的选料要求更高，制作难度也略高一点。一般挑选春季的芥菜进行制作，将芥菜收割下来进行摊晒，等叶子晒黄后洗净芥菜，保留上好的芥菜进行晾干。腌制前再进行挑选并把它们缩成卷，一层菜一层盐，叠放得整整齐齐，放满之后，可压上重石，令其发酵，这时潮湿的空气中弥漫着一股淡淡的香味。一般过两个星期左右，等到天气晴朗，奶奶就在院子里搭个三角架子，中间放上一根竹子，小心翼翼地把腌制好的芥菜挨个地排在竹棒上。晒四五天，放阴凉处搁上个三天左右，然后小心地放入事先准备好的瓦罐中，密封保存。

这时的奶奶毫无倦色，快乐地微笑着，嘴里还念叨着：这可是我们这辈人的"菜篮子"。说到这里，奶奶的眼角泛起泪光。奶奶告诉我，那时候家里兄弟姐妹众多，在那个物资紧缺的年代，是干菜陪伴他们熬过了那段困苦的时光。

听奶奶说，以前都是把干菜一层层放到陶罐里的，用毛笋的壳封口。现在则简单多了，一般都放在塑料袋里，扎紧袋口就可以了。这时候，奶奶就把干菜分装几大袋，一边装袋一边说，这一袋要寄给上海的舅公，那一袋要寄给北京的姑婆……我想奶奶快递去的不仅仅是家乡的美味，更是舅公、姑婆他们对故乡深深的思念。

时不时地，奶奶就会做她的拿手菜——乌干菜扣肉。奶奶把干菜和五花肉放入大锅里，等到肉烧得发黑了，也就是肉已经有了干菜的味儿了，就做好了。此时香喷喷，油滋滋，乌干菜软而香醇，乌干菜扣肉真的是美味至极。怪不得绍兴有句俗话叫："乌干菜，白米饭，神仙见了要下凡。"这美味，怎一个"好"字了得！（2021年11月）

绍兴市柯桥区华舍小学五（1）班　周昕逸

指导老师：徐苹苹

古镇糖画

当水墨画卷从纸上醒来，就成了眼前柯桥古镇的样子。从卷轴中跳出的古镇，远不止墨色一种。

糖画的金黄，是深棕色木墙的勾线。乌黑油亮的乌篷船，穿行在石拱桥下的碧波间。河畔两旁浅褐色的落叶，天真得像彼时两小无猜的你我。

这是一座记录不了的城：画笔画不出它亭台楼阁的风情万种，文字记录不详这儿旧时代的闲情雅致，语言也无法形容这里万顷波光中的绿意千丈。当你想要了解江南水乡的过去，那就去柯桥吧！它是一本活着的历史书，在粉墙灰瓦的保护下，留住了千年前的样子。

白天，脚踏和煦的日光入古镇。

初冬柔和的阳光洒落在古镇的每个角落里。要想学会江南的慵懒，就像茶房和杂货铺老板那样，趁着阳光明媚，拉一把藤椅到金黄的石板路上，赏着波光粼粼的湖面，听着越剧和莲花落，有的手中还盘着两个油光发亮的大核桃。藤椅摇着摇着，手中的核桃不知何时就掉了下来，偶尔还打出一两声响亮的呼噜，过了许久才会毫无征兆地突然惊坐起来。

困意是会传染的，你瞧，一只浑身雪白的小猫，打着哈欠，拖着被灌了铅似的双腿，缓缓地挪到了金黄发亮的石板路上，双腿一软，竟也趴着晒起了太阳。温暖的阳光让它直伸懒腰，还时不时地张大嘴巴轻唤一声。没过多久，它就进入了半修仙状态，如同与世隔绝了一般，竟丝毫不理会旁边刺耳的装修声，脱离世俗，意识已经进入到那个金色的世界里了。

江南的慵懒啊，可真是刻在了骨子里。不然你说为什么河东的那一叶乌篷船，划得那样缓？河西的那扇小窗，推得那样慢？连河畔两旁的行人，也步履款款。

烟雨入江南，这一幅能动的水墨画，镶嵌在小酒馆的四方窗里，也深深地烙在了我的心里。眺望被细雨撩拨过的河面，便不禁想起了白居易的那句"江南好，风景旧曾谙"。

如果说白日里的古镇是从水墨中醒来的画卷，那么夜晚的古镇，则是从梦中走出的仙境。

被烟雾笼罩的温柔，在灯影婆娑里的灵动，是古镇带来的梦幻遐想。夜色，把河边戏台连同月光一起糅进了水里，越剧的曲调在水路间回荡，好似述说着这两千多年的时光。

伴着臭豆腐与奶茶的香味，河面上飘起了一层厚厚的云雾，路过的不管是什么人，此时皆是天仙脚踏祥云来下凡，步入凡间的一刹那，灯光亮起，河面上的白雾便有了绚丽的颜色。有时是青翠的绿色，那时的河面上就像长了柔软的草一般，让人忍不住想要踩一脚；有时是娇艳的紫色，略显轻薄的雾，在紫光的照射下，像极了一匹匹浅紫色的绸缎；有时是热烈的红色，热情奔放的鲜红，又增添了一丝喜庆的年味儿；有时是金灿灿的黄色，金黄的雾，厚得看不清底下水平如镜的河面，像极了那斗战胜佛的筋斗祥云，带着我们遨游天际，不问归期……

古镇中的匠人一生只做一件事——让老祖宗的技艺传承下去。

在河岸边、胡同里，那些非遗糖画的传承人，正用自己的双手，赐予糖画生命，他们用传承，换来糖画技术的永不消逝。

火候的把控，图案的绘制，都是岁月的磨炼；糖浆的温度，冷却的时间，都需要丰富的经验。传承人一舀一顿、一弯一勾，金黄透明的糖浆绘成了栩栩如生的图案。小孩子们最喜欢看匠人们画糖画了，每当电磁炉开启，便有一群一群小孩将其团团围住，一边感叹匠人的技艺，一边为要什么图案而纠结。

现如今，漫步古镇街头，走二十步就能看到一个糖画摊子。技艺得到了传承，古镇里却不失创新。奶茶店、咖啡店等新潮店铺层出不穷，全新的商业模式，给古镇增添了不少现代气息。传承固然重要，可只延续不创新，未免有些思想封闭。而古镇则在传承与创新中重生，焕发了生机。（2022年2月）

绍兴市柯桥区实验小学五（2）班　骆一诺
指导老师：丁庆芳

秋日寻幽柯桥古镇

秋高气爽、风和日丽，我们一家三口探访柯桥古镇。三十二年前，爸爸作为钱清中学的考生到柯桥中学参加高考；二十多年前，妈妈在柯桥中学里度过三年高中生活。听他们说，桥还是那座桥，水还是那片水，水乡韵味没变。

我们是从港越路进入古镇的。秋天的风轻轻吹过，带来阵阵桂花的清香。游人们的兴致很高，拿着手机，拼命地拍个不停。少女把脚晃荡在水面，让她的伙伴拍下最美的身影；小孩子拼命地向发出诱人香味的小吃摊跑去，同时招呼他的爸爸妈妈速来买单；一只土狗追逐着一只白鹭，总是到快接近时，白鹭便轻快地飞到对岸。小狗一边汪汪叫，一边不知疲倦地从桥的一边跑到另一边，不知道是谁在耍谁……

融光桥是古镇的灵魂，为全国重点文物保护单位——绍兴古桥群之一，桥上苍翠繁茂的藤蔓述说着它悠久的历史。可惜旁边新修的一座桥——柯桥，石头太新了，有点不和谐。桥四周环绕的水系，则是古镇的动脉。千百年来，一代代临水而居、靠商贸致富的柯桥人，在这里建起了深宅大院。老房子层层叠叠且丝毫不显紊乱，其间斑驳的石板上留下了多少故事啊！

爸爸说，以前的绍兴县委、县文联都在寺岔这里办公过。我们绍兴的文学杂志《百草园》的编辑部就在那里。

如果在空中往下看，古镇绝对是一幅大型的粉彩画，那些在巷陌中穿行的红男绿女为这幅画增添了更多的韵律。遥想当年舟楫如梭，两岸人山人海，也是如《清明上河图》一样的盛景啊！现在古镇还在陆续建设中，我们可以预见来自世界各地的人们会纷纷来此地品味绍兴水乡独特的感觉。（2021年11月）

绍兴市柯桥区华舍小学五（4）班　孙卓航

指导老师：李海英

一街承古今

　　一缕秋风拂过，河面上漾起层层波纹，被青苔铺满的石板桥上人影幢幢；那纤细而柔软的柳条随风舞动，一片片白云漫无目地在蔚蓝的天空上飘荡；黑色的瓦片让这白色的矮墙显得不再单调，悠悠青石巷，飘飘淅沥雨……这里的一切，仿佛是一层薄雾，氤氲着，在心上划开一道温柔的涟漪。

　　柯桥古时又雅称"笛里"，为竹笛故里之谓。而柯桥古镇，就位于笛扬路旁，举世闻名的中国轻纺城以西的浙东大运河两翼。柯桥，历经2000多年的风雨，历史文化沉淀深厚，虽已发展成为现代化的纺织商贸之都，但古镇却依然保留了江南水乡独特的风韵。柯桥古镇，集明、清江南民居整体特色于一身，保留了江南水乡真实的生活写照，可谓是江南民居的典型代表。1991年，柯桥老街被命名为全省首批十八个省级历史文化街区之一。2016年，区政府经过慎重的考虑，决定对柯桥古镇进行改造。四年的光阴匆匆流逝，现在展现在我们面前的是焕然一新的柯桥古镇，但却丝毫不失它的韵味。让我们踏上蜿蜒的青石板路，穿过老街的光阴廊檐，寻找昔日繁华的影子……

　　我走在坑坑洼洼的石板路上，看着沿途的风景，告别了城市的喧嚣。柳叶轻拂，乌篷悠悠，这里景色宜人，充满了回忆：坐在一把"嘎吱嘎吱"的竹椅上，轻摇着蒲扇，谈着一些家常，享受着那个年代的美好……夜幕降临，柯桥古镇灯光璀璨、游人如织，河上雾气弥漫，宛如人间仙境，令我沉醉其中。在烟雨朦胧之处，点点雨晕在河间散开。雨水从倾斜的屋檐滑落，形成了一层雨帘，挡住了我的视线。我走上那座桥，感受着历史足迹，体验它近千年承受的风雨。融光桥，历经数百年，依然挺立于川流不息的古运河上。桥身垂下的青苔藤蔓，几乎掩映了半个桥洞。融光桥，它见证了柯桥深邃的历史，承载了数百年来形形色色的人的童年与过往。

　　这里的建筑古色古香，虽称不上琼楼玉宇，但也把我惊得目瞪口呆。融光寺始建于宋代，位于柯桥之西南侧，气势磅礴。经过仔细观察，我发现融光寺的设计非常独特。楼梯分为两道，中间刻画着云海翻涌的场景。跨上台阶，屋脊中心高悬一面铜镜，两旁是用石头雕刻的龙。融光寺的屋顶是一片片石瓦，支撑的柱子与门窗材料都是红木。四个檐角雕刻成了龙向上腾飞的样子，栩栩如生。融光寺的庄严宏伟，令我震撼！

我饱览了古镇的优美风景，观赏了这些精巧的建筑，了解了许多历史文化，我的肚子早已咕咕作响。在远处，我便闻到了臭豆腐的味道，看着它炸得金黄酥脆的表面我已垂涎三尺。蘸上甜面酱，一口咬下去，外酥里嫩。别看它闻着臭，吃起来绝对会让你难以置信，的确配得上绍兴特产的名号。接着我品尝了黄酒布丁，黄酒也是这里的特产。我不怎么懂得品酒，但我觉得黄酒十分醇厚，回味悠长，布丁的口感也很绵密，搭配得十分奇妙。两种食材的混合，令我回味无穷！说到绍兴的特色，那绝对不能落下绍三鲜。绍三鲜的食材汇聚了越州稽山、鉴水及田野之精华，因此得名"绍三鲜"。鸡汤浓稠鲜美。鱼丸富有弹性，滑嫩鲜美。肉丸紧实，肥瘦相间。猪肚清脆，鸡肉也炖得嫩。"绍兴菜头牌"当之无愧！

上千年的风雨洗礼，柯桥老街留下了无数记忆：这里的每一个台门，都演绎着不同的故事；每一片青苔，都记录着老街的过往……雨停了，我走在蜿蜒的石板路上，感受着在历史长河中泛起的一道涟漪，不禁感慨道："柯桥古镇，承载着古今！"
（2021年11月）

绍兴市柯桥区浙光小学钱东校区五（3）班　金苏熠
指导老师：田雅丹

人间仙境——柯桥古镇

踩着秋的余晖，挽着爸妈的手，三人行的斜影，渐渐越来越长，慢慢移到了期盼已久的柯桥古镇。

柯桥古镇是浙东古运河沿线重镇，旧称笛里，距今已有2000多年的历史。在古镇内，与浙东古运河交汇的管墅直江，古时称为柯水。柯水流经镇内街河，镇得名于桥，桥又得名于水。在这里，柯桥、融光桥、永丰桥将两条水系划分为四个区域，形成了"三桥四水"的著名景观，成为江南水乡"小桥流水人家"的绝妙写照。

远望柯桥古镇，就能看到一幢幢朦朦胧胧造型独特的房屋，和周围的高楼相比，显得格外与众不同。古镇建筑那别具一格的白墙黑瓦的造型使人心中感到十分闲适宁静。走进古镇的街道，扑面而来的是古色古香的气息。那木头制作而成的门窗，有的简约而不简单，有的复杂而不繁杂。风格各异，别有一番风味。那随处可见精美的油纸伞，伞面上画的山和水，清新脱俗；伞面上画的人和物，惟妙惟肖。古运河和柯水的十字交叉口横跨着的是融光桥，此桥气势雄伟，为明代所建单孔石拱桥，桥拱雕刻盘龙，栩栩如生。桥栏缠绕葱绿的藤萝，饱含情趣。古朴的房屋，错落的石桥，狭窄的小河，清澈的流水，嬉戏的小鱼，这是一幅多么优美的水墨画！

　　天色渐渐暗了下来，映入眼帘的便是一条"会变色"的河，读到这儿，你们肯定想说"会变色"的河？怎么可能啊？别急嘛，听我慢慢道来。这条河的两边各有一排会变色的灯，过几秒就会换一种颜色。在灯的附近，还装有喷雾装置，会向河面喷射雾气。随着霓虹灯不断地变换着五彩缤纷的颜色，雾气的颜色也随之改变。一会儿变成骄阳似火的红，一会儿变成玉洁冰清的蓝，一会儿变成神清气爽的绿，一会儿变成雍容华贵的紫……那忽明忽暗、忽红忽绿的雾气笼罩着河面，让人以为自己来到了瑶池仙境。所以我才说这是一条"会变色"的河呀！在这条河上，还有一座碧水桥，桥上笼罩着淡淡的雾气，桥下装了不时变幻的彩灯，就好似这桥会发光一般。这怎不叫人流连忘返呢？

　　古镇的夜景可真美好，那河面上五光十色的喷雾，那河中央缓缓行进的乌篷船，那连接小河两岸的"发光"桥，那小河对岸若隐若现的店铺，那河边街道上川流不息的游人，都让我感到仿佛置身于梦幻一般，这样的"人间仙境"我可还是第一次见呢！

　　此刻，天微凉。此刻，夜未央……（2021年11月）

绍兴市柯桥区鉴湖小学五（3）班　郑德萌
指导老师：夏建华

散步柯桥古镇

今晚,凉风习习,月光似水。晚饭过后,我们一大家子去柯桥古镇散步,也就是大家常说的柯桥老街。晚上的古镇犹如仙境一般,美轮美奂!

进入古镇,映入眼帘的是一条带子般的河流,河水静静的,像个温和的小姑娘。河岸边有一条条细细长长的灯,过个几秒钟就会变换一种色彩,美丽极了。两旁各安放着许多喷雾装置,能喷出五颜六色的雾气,河面上雾气朦胧,像是彩云般的梦境。时而还呈现一座亮晶晶的水桥,仙气十足。桥的两边是样式多端的喷泉:一边是彩虹拱门,一会儿大拱门,一会儿小拱门,紫、蓝、红等色彩交替进行,水花四溅,似仙女散花;另一边呈水幕状,一会儿是低矮的小水柱,恍惚间直插云霄,水花爆开,水声欢唱,颇为壮观。

在妈妈的提议下,我们乘上了乌篷船。乌篷船在彩虹门下轻轻穿梭,船夫的摇橹有节奏地划动,耳边传来柔美的乐曲,这种感觉真是美妙无比!

乌篷船摇啊摇,欢笑声飘啊飘……眼前出现一棵高高大大的松树,挺着直直的腰杆,在微风的吹拂下摇曳着身姿,像是在欢迎我们的到来。外公说,这棵树有二三十年的树龄了,如今正像一个健壮的青年英姿勃发!不远处,白墙黑瓦的房子,倒映在水里,像一幅淡淡的水墨画……

"小朋友,前面就是融光桥了。"船夫津津有味地介绍着,"这桥从宋代就有了,现在已经是全国文物保护单位了……"听了船夫的讲解,不免让我对它肃然起敬。下了船后,我兴冲冲地跑上桥头一睹它的真容:此桥长17米,宽6米,高7米,净跨10米,桥的两侧有大簇大簇绿油油的爬山虎,桥上的石头凹凹凸凸的,充满了岁月的痕迹。外公说,妈妈小时候都要走过这座桥去斜对面的"六一"幼儿园上学,也就是差不多现在融光寺的位置。

说起融光寺,它被大火烧过几次,现在重新建了起来,外面有许多精巧的纹路,全寺采用木头结构设计,充分展现了它的气派。融光寺的旁边就是柯桥。其实,这是一座桥哦!我猜,"柯桥"这个地名由此而来吧!

如果你喜欢古文物，还可以去融光寺背后的历代名匾馆看看，馆里展示着明、清和民国时期的140余块匾，有王守仁的"树滋堂"、祝允明的"中议第"、徐渭的"兴益堂"、林则徐的"四序堂"……

老街、古桥、小河，无不透露出江南水乡的神韵，有空，你一定得好好品味一番。
（2021年11月）

绍兴市柯桥区鉴湖小学五（4）班　周梓濠
指导老师：李志飞

游柯桥古镇

"梅市波光远，柯桥柳色新。百年情分熟，数酌笑言亲。沙上人争渡，街头妇卖薪。冬冬隔林鼓，岁暮赛江神。"这首五言律诗出自陆游的《野人舍小饮》，吟诵着这首诗，我仿佛穿越回百年前的柯桥古镇，看到了融光桥下古运河上那热闹的梅市，渡船人做着买卖，赶市的人群摩肩接踵，停靠在岸边的船撑像竹林一样密密麻麻……

柯桥古镇至今已有2000多年历史，据考证《康熙南巡图》第九卷印证了清代"金柯桥"的繁荣，最富有史料的画卷上沿赫然有"柯桥镇"三个大字，折射出当时的柯桥在画师眼中的繁荣和分量。

清晨来到古镇，标志性建筑"融光桥"古朴高耸，引人驻足。桥栏外常年绿色藤蔓缠绕，宛如桥帘。站在桥上，放眼望去，一座座白墙黑瓦的房屋，傍水配以雨廊、翻轩，一直蜿蜒延伸，分明是吴冠中笔下的江南缥缈水乡图。我独爱这片房屋的墙，凹凸不平的墙上泛着一片黑，还微微带着点绿，十分素然典雅。岸边的树也为古镇增添了不少生机，粗硕的树干在笔直地长了一丈高后，潇洒地打了一个弯儿，回旋来，又笔直地向上长去，然后分开几臂，臂生丫，丫又生丫，便形成了一个巨大的树冠。丈余长的枝条，千条万条地垂挂下来，宛如一层层绿茵茵的帘子，把光线遮挡得密不透风，微风一吹，枝条飞扬起来，飘逸动人。中间是一条古运河，蜿蜒地贯穿了整个古镇，像一条碧绿的丝带，虽然不那么清澈，却是古镇最便捷的"道路"，年年给人们带来便利和财富。

最令我感兴趣的建筑是老台门，虽然现在的它们有的已经修缮一新，但是看了关于它们以前的照片，我仿佛看到明、清、民国等不同时期老百姓生活的画面：烟囱升起了缕缕青烟，刚刚玩得正起劲的小孩儿迎着余晖，不情愿地被大人唤回了家，点点的归鸦也回巢里去了。

夜晚，古镇向我们展现了它的另一面，河畔边的烟雾把河水打扮得若隐若现，给人一种朦胧的美，烟雾的颜色千变万化，或赤，或黄，或绿，仿佛仙人脚踏祥云，来到人间的场景。无烟时，茶馆、酒楼、乌篷船、桥，映入水中，微风一拂，随波荡漾。河畔不仅有烟雾还有音乐喷泉，音乐一响，五彩的水"哗"的一下喷涌而上，随着音乐高潮的来临，水柱越升越高，站在桥上望去，像是一朵盛开的莲花。沿河有不少的店铺，吸引我的是一家小吃店，以为只是一家小小的店铺，走进里面却深得很，汇集了各种小吃，馄饨、饺子、炸串、烧烤、臭豆腐、煎豆腐……印象深刻的是煎豆腐，煎豆腐的摊主是个中年男人，将豆腐一块块地放在煎板上，待一面煎得金黄，又将它们轻轻地翻面，手速极快，然后装盘递给客人。每个摊贩都吆喝着，偶尔彼此间聊几句家常，好不热闹啊！

从古至今，无论任何时代，古镇都在发生千变万化，但它幽静典雅的气息和繁华昌茂的生机永远不会改变。（2022年2月）

绍兴市柯桥区实验小学五（1）班　傅　宇
指导老师：吴华芳

永不忘却的梦里水乡

柯桥古镇位于绍兴市柯桥区，至今已有2000多年历史，是浙江省首批"历史文化名镇"和"浙江旅游乡镇"。柯桥以"布"闻名全球，古镇以"美"家喻户晓。2021年古镇以"柯桥老底片，城市新客厅"一张全新的名片展示给大家，引得游人前来参观打卡。

在古镇内，与浙东古运河交汇的管墅直江，古时候为柯水，柯水之上建有柯桥，柯桥古镇得名于桥，而桥又得名于水。柯桥、融光桥、永丰桥将两个水域划分为四个区域，这就是著名的"三桥四水"。这样的布局也是有原因的，既利于泄洪又便于行舟，俨然就是一个古代的水上立交桥。虽然现在的柯桥有立交桥、高铁、地铁，交通已经四通八达，不再依靠水运了，但是在那个步行为主的年代，柯桥的运河文化就显得非常高端和睿智。

柯桥是水乡、桥乡，古镇到处都是纽带一样的小河、半圆一样拱起的石桥。其中最著名的要数融光桥了，它始建于宋，明代重建，桥长17米，宽6米，高7米，净跨10米，是位于古运河上面的单孔石桥。桥拱为纵联分节并列用石料砌筑。它的造型非常优美独特，桥如虹，水如镜，桥倒映在水里，远看就是一个圆形。桥栏外常年青藤缠绕，独上桥头，对面长廊依水而建，360度都是白墙黑瓦，小桥流水，到处洋溢着江南的秀气。

漫步在古镇弄堂，两边都是古老的木头建筑物，每间房子的门窗上都刻着精美的雕花。抬头是一把把色彩鲜艳的油纸伞，给古色古香的古镇增添了几分色彩。弄堂的两边都是新开的店铺，有传统的绍兴美食，也有很多网红食品。走累了坐下来尝尝绍兴的美食那是再舒适不过了，抿一口绍兴老酒，咬一口大香林桂花糕，尝一口安昌香肠……一天的劳累立刻烟消云散。弄堂上方还挂着"闲事勿管，饭吃三碗""来做嬉客"几个大字，这是柯桥百姓的豁达和热情。

继续往前走就来到了"梦幻仙境"，这是古镇新增的一个景点，晚上还有音乐喷泉。它给古镇注入了新特色、新元素、新活力。夜晚的古镇，仙气满满，引来不少游人打卡拍照。变幻的霓虹灯辉映河面，倒影如画，美轮美奂。擎天柱一样的喷泉在灯光的照映下，把整个古镇衬托得楚楚动人。饭后散步古镇，左手牵着妹妹，右手拉着爸爸，听爸爸讲述柯桥的过去，回头听见妈妈手机"咔嚓"一声，这是幸福的定格，家的味道。

柯桥古镇是一个江南水乡风情特别浓厚的古镇，是一个来了不想走，来了还想来的地方，更是一个让人永远不会忘却的梦里水乡！欢迎大家来柯桥古镇"做嬉客"！

（2021年11月）

绍兴市柯桥区华舍小学五（7）班　高诗琪
指导老师：潘晓艳

盘古化石馆游记

柯桥古镇南端有一家盘古化石馆，里面展览着爬行动物、植物、昆虫等2000多件化石，这是一位建筑设计师收藏20多年后免费向大众展出的私人博物馆藏品。

走进盘古化石馆，正门的房屋很像一个正在呐喊的老人，两边有两盏形似越窑的圆窗，向上扬起的屋檐和红色的大门构成了建筑的独特样貌。

进了大门，首先映入眼帘的便是镇馆之宝——海百合化石，有一张床那么大，造型优美。进门的那一瞬间，这块化石总是能震撼人心。它产自贵州关岭，是难得的稀世珍品。细细观察，可以发现化石的中心有一块浮木，这块浮木由于在海里漂流得久了，浑身生有许多贝壳、藤壶等生物，海百合便附在这块浮木上寻找食物。海百合的茎干密密麻麻地从浮木里伸出来，条纹经过清修后，变得非常精致，有条纹状的，也有网格形的。再延伸上去就看到了海百合的"花瓣"部分，它如同一张渔网，将过往的浮游生物收入麾下，尖刺如同筛子的网格，抓住猎物向中央的口器输送。"花瓣"有的正压，有的侧压，有的背压，让人们能从不同角度欣赏到"花瓣"的美，有些地方还带有金光灿灿的黄铁矿，这大概就是化石的精妙之处吧！

左右两个馆分别是恐龙蛋馆和综合馆。在右边的综合馆里，最大的一块化石无疑是萨斯特鱼龙了。这只鱼龙近4米，占据了整个展示馆的一面墙壁，只见它嘴巴紧闭，仿佛下一秒就要动起来。在萨斯特鱼龙旁边还有许多菊石，众星拱月似的把鱼龙围在中间，旁边还展出了许多鱼龙类的化石。其他的普遍是哺乳类动物和古生代的原生动物，展出了游隼、三趾马、剑齿象等化石。

再走进左边的恐龙蛋馆，这里的蛋化石让人目不暇接，其中有一个蛋的幼体化石，蛋里的骨骼是未孵化出的小恐龙。我们可以想象一下，七千万年前的某一天，一只小恐龙正要迫不及待地从蛋里出来，可就在这时火山突然喷发了，这只小恐龙带着它的心愿一同被永远埋入了土中，直到今天才重见天日。另外还有许多晶化蛋，里面的物质已经化为水晶状了。

走到二楼，这里展览的化石比楼下的还要丰富，有甘肃和政三趾马动物群的，也有辽西早白垩世的。而令我印象最深的是泡在水里的几块雨花石化石，上面有许多微小的生物，比如蜓。在显微镜下，原本肉眼看起来模糊的化石迅速变得清晰，这都是从公园里捡来的呢！王馆长和方老师就在这里办公，拓印化石！

盘古化石馆既有化石的庄严，又有一种独特的美，我相信盘古化石馆一定能越办越好！（2022年5月）

绍兴市柯桥区柯桥小学五（3）班　吴柏涵
指导老师：徐　芳

古镇闲游

古镇柯桥，传说很多，最有名的是东汉时，蔡邕在此创制名闻天下的"柯亭笛"。但柯亭在何处呢？目前还没有确切答案：一说是在柯桥镇上（原融光寺）；二说是在鉴湖畔的柯山附近；三说是在柯桥镇东官塘最西首的永丰坝（原柯桥中学旧址）濒临西兴运河处。虽然都很有道理，但因证据不足，难以令人信服。不过清乾隆南巡来柯桥览胜，在镇东亭旁立有"放生御碑"却是实实在在发生的事情。

一进古镇大门，只见一个钢铁雕塑就屹立在面前，似丝带扭曲飘逸，又似船只拔锚起航。走近才发现那是柯桥古镇新的标志，名为"航"。它仿佛让人一下子回到昔日古运河商贾云集、舟楫穿梭的历史场景。江南水乡，白玉长堤，乌篷小船。整个雕塑好似一叶扁舟浮在水上，寓意着柯桥将继续行走在浪潮中，破浪前行。

雕塑前是条小河，但给我印象最深的，却是河边的树，树枝斜伸冠于河面之上，扭扭曲曲倔强向上。树皮斑斑驳驳述说时间的流逝，特别是树根处竟然有两个树洞，并且已经空心了，只留下一张树皮与根保持连接，但树依然屹立不倒，不由得让我大加赞叹。

走在融光桥上，爸爸说依稀还能听见他小时候"补缸补锅，磨刀刻字"的声音。一个师傅挑着压扁担的赚钱家什便可以叮叮当当、咕吱咕吱忙活半天。大大小小的碗带着各自的名氏从家中汇到此处，又从廊下再分散到各家去。碗盘叠置，觥筹交错，盛着各家或喜或哀的当下事，也仿若联通着主人间的命运。不过，现在这补碗的行业早已没有了，这些有名氏的碗盘待在家中，再也没有出门的机会了。

天空渐渐暗了下来，身上有了一丝丝凉意。突然，天空落下了一滴雨水，不久，水滴越来越多，我正奇怪，回头发现原来是喷泉表演开始了。只见它时而直冲云霄，时而左右散射，时而摆动，时而转起圈，美不胜收。而且这些喷泉还配着灯光，红的、蓝的、黄的、绿的。水在光的映衬下，光怪陆离。河面上慢慢升腾起烟雾，就像真的从水底升起，丝丝袅袅，自由自在地散着，随着灯光不断变换着颜色，就像是水里在放电影，好看极了。人坐在船上，就像是在云海里行驶一样，不知今夕是何年。

最后，我们终于到了镇前的亭子前，只见亭的四角高高地向上弯曲，柱子上活灵活现的画像上面虽然积满了灰尘，但依旧很精致，特别是那高高的牌子上面，字迹虽不复当年的金色，笔画也微微有些破碎，但威严不减当年。整体虽旧痕累累，却透露一种独特的复古美，仿佛在吹奏那悠扬的笛声！

美丽的古镇，它一直以优雅的姿态存在世人的心中，它拥有着自己的灵魂，让我们继续品味着悠远的历史遗韵。（2022年2月）

绍兴市柯桥区实验小学五（1）班　周奕霖
指导老师：吴华芳

金柯桥，新古镇

"绍兴是一座没有围墙的历史博物馆。"来过绍兴的人们大概都会这么说吧。五千年的历史文明，都能在这座城市找到点点踪迹。柯桥，是原绍兴县的第一大镇，是我美丽的家乡。我作为一个土生土长的"小柯桥"，今天就要带大家走一走你梦中的江南——柯桥古镇。

"柯桥"是因水得名，柯桥南三里有柯山，山下有水，古称"柯水"，柯水流经今柯桥镇注入运河，镇上有桥，在柯水之上，因此得名。

走进古镇入口，抬眼看去，满眼都是青瓦白墙，我悠悠地走在铺满青石板的小道上，仿佛走进了历史画卷，顿时一种宁静惬意的感觉油然而生。

小道的两边是各类商铺，这些铺子各有各的特色。"九斤姑娘汉服工坊"挂满各式漂亮的汉服，穿上它，在这古镇走一走，让你有一种穿越古代的错觉。木匠铺里摆放着各种老物件。形状各异的木器都有其特定的用途，随手拿起一件，都是绝美的艺术品。那些雕刻着龙凤呈祥的木器，就是我们老绍兴嫁闺女必不可少的嫁妆。边上摆放着各类爸爸妈妈儿时的木质小玩具：有爸爸喜欢的弹弓、大刀，有妈妈喜欢的风车、花篮，还有各种藤条编制的小动物，栩栩如生，让人爱不释手。我们不禁赞叹老绍兴的手艺人真是心灵手巧。各种手工糕点铺、小吃店更是数不胜数。走在青石板路上，时不时会飘来阵阵香味。古镇最有特色的小吃当数油炸臭豆腐。用绍兴特有的卤汁浸泡后的豆腐，轻轻放进烧热的油锅，只需立等一两分钟，那外酥里嫩的炸臭豆腐就能出锅了。老板将一碗香喷喷的臭豆腐递到游客手中，边上有辣和不辣两种调料任游客选择。"老柯桥"喜欢抹上点绍兴特有的酱料，咬上一口，那味道便会记忆一辈子。我的吃货爸爸小时候常常会攒一星期的零花钱，等到周末，步行一小时，到这老柯桥尝一尝这里正宗的臭豆腐解解馋。除了臭豆腐，还有各种好吃的小吃，其中糖画是最具艺术的。舀一勺熬好的麦芽糖，在油纸上画出各种小朋友喜欢的图案，放上长长的竹签就能拿起来吃了。很多时候，我都因为糖画太美舍不得下口。

　　江南水乡几乎家家户户门口都有条河流通过，五步一小桥十步一大桥，是我们水乡的特色，而柯桥古镇更是有"三桥四水"之名。古镇内的三座古桥——老柯桥、融光桥、永丰桥将流经镇内的两条水系划分成了四个水域。

　　走完一段青石板路，眼前就是古镇有名的古桥"融光桥"，也就是"老柯桥"口中的"柯桥大桥"，可见在人们心中，那时的融光桥足够高大。融光桥半个桥洞几乎都被垂下的青藤蔓覆盖，不知收藏着多少不为人知的传奇故事，等着我们去发现。站在桥上眺望，你会看到远处柯桥的第四大桥——柯东桥，它与融光桥遥相对望，时不时会有三两条乌篷船从桥洞穿过。走过融光桥，便是老柯桥——古镇的第二座大桥，老柯桥对岸就是永丰桥。这三座古桥呈三角形排列，站在这里你仿佛就能感受到多年前的繁华景象：那时的交通没有现在发达，全靠乌篷船运载着往来的货物。头戴乌毡帽、蹬着脚踏、摇着橹的"老绍兴"们，会划着乌篷船，咪（抿）着绍兴黄酒，到处揽生意，碰到熟人还会吆喝着打招呼。古桥上来来往往的人们用自家地里产的农产品换别家养的鸡鸭鱼肉……

　　在柯桥古镇的各种历史文化中不得不提的便是始建于宋代的融光寺。有着800多年历史的古刹，承载着所有老柯桥人们说不完的情感。融光寺原名灵秘院，是南宋僧人最初创办的一个接待院，后又扩建。那时的融光寺香火鼎盛，多少文人为之驻足。随着时间的流逝，古刹经历了四毁四建，如今的融光寺重新展现在大家面前，仿佛又回到了昔日的辉煌。

如果说白天的古镇是一个温婉的江南女子，那么夜晚的古镇便是奔放的现代少年。灯光秀起，水雾和灯光相结合，制造出层层五彩祥云飘浮水面，古镇顿时犹如人间仙境。音乐、瀑布，展开古镇张张画卷，此时，所有的文字都显得那么苍白。一河二街，三桥四水，青瓦白墙在这绚烂的灯光下更是别有一番韵味：镇在景中，景浮水中，水融诗中，美哉！若赶上节假日，艺术名家也会齐聚一堂，莲花落、越剧爱好者更是不能错过。

柯桥古镇就是集岁月与潮流于一体的新型古镇。一边能让你忘记时间，感受岁月留下的历史痕迹，一边让你感叹科技发展之迅速、国家之繁荣昌盛。柯桥不仅仅是一座有故事的小镇，更是一座有发展力的小镇。我为自己是一名土生土长的"小柯桥"而感到无比骄傲与幸福。（2022年2月）

绍兴市柯桥区实验小学五（5）班　闻佳亿
指导老师：吴红娟

如诗如画的柯桥古镇

青砖黛瓦，小桥流水，这就是柯桥古镇。这里如诗如画，这里一步一景，这里虽然处在城市但却没有城市的喧嚣，仿佛有一种魔力，能让人心生向往。

迎着初秋的朝阳，我来到了柯桥古镇，一条弯弯曲曲的小河便出现在我的眼前。这条河清澈见底，加上阳光的照射，更是波光粼粼，给人如画一般的美感。

再往前走，呈现在眼前的便是一座高大的石桥，名为"融光桥"。为什么叫融光桥呢？你肯定很好奇。因为在桥的西侧有一座融光寺，此寺是南宋时期建造的，正统十二年，侍郎王佑为家乡大寺请求皇帝赐名，当时正好有一道阳光照在皇帝的袖子上，故赐名"融光"。而今这座古桥经历了岁月的洗礼，桥墩下面已经布满了一层厚厚的青苔。桥的两侧爬满了郁郁葱葱的藤蔓，生机盎然。走在桥上，脚底的石板传来凹凸不平的触感，它在给我们足底按摩的同时也在暗示着它的"高龄"，并和我们分享它如今已是国家保护单位的喜悦。沿着石梯，我们缓缓地走到桥底，此刻我已按捺不住心底的喜悦，呐喊了一声，就如跟融光桥打招呼般，结果它奇迹般地给我相同的回应。随后我们就你一言我一语地相互回应着，就连水中的鱼也感受到了我们的愉悦，时不时地跳出水面想和我们一起玩耍，最后我和融光桥一起傻傻地笑了。

沿着青板路，我们一边嬉闹一边观光，随后来到了一条清波粼粼的河边上。此时刚好有一条载满水草和垃圾的渔船从我们眼前漂流而下，一位爷爷正在用网兜捞垃圾呢！爸爸告诉我："我小时候河水清澈，夏天时孩童们都会在河里嬉戏，大人们也会在河里摸螺蛳，捉泥鳅，捕鱼虾，后来由于大家不爱护它，便让小河失去了色彩。幸亏在政府部门的重视下，经过'五水共治'，河水像大病初愈的姑娘，又恢复了往日的笑容。"

继续往前走，我们看到了一家棒冰店，里面竟然有限量版的融光桥文创雪糕。雪糕很精致，它以"三桥四水"为底，一条乌篷船行在其中，还有那老房子和苍松，真是做得惟妙惟肖，让人都下不了口。我舔了一下，这味道真的很奇特。一支雪糕，成了古镇的名片，这种创新让人欣喜。你是不是也想来尝一尝呢？

夜晚的古镇，在五彩灯光的精心装饰下，一栋栋白墙黑瓦的小楼、一座座古色古香的庭院、雄伟壮观的融光寺、静静流淌的小河和那些岁月静好的古桥，被装点得金碧辉煌，如梦如幻，迎面还走来几位身穿古装的小姐姐。恍惚间，让人以为自己穿越到了古代的哪个古镇，让人流连忘返！

这如诗如画、如梦如幻的柯桥古镇，请你也赶紧来一睹为快吧！（2021年11月）

绍兴市柯桥区华舍小学五（1）班　王煜冉
指导老师：徐苹苹

柯桥古韵

入了秋的傍晚，总是透着那一份烟雨朦胧的样子，微微泛着青的云，遮着那即将落山的太阳，云隙间透出一两条的霞光，恰好落在我面前的古镇瓦檐上，黛中一抹浅色，生生地绘成了一幅水墨画。

披着这微弱的霞光，我步入柯桥老街。

漫步在青砖石板上，每一块都大小不一，却又整齐平坦，方方正正中似乎都带着那份古镇特有的淡定气韵。石板路向前延伸，遇上岔口，蜿蜒出一个好看的弧形，通往不一样的街角。

霞光一点点地消失在天际，老街开始慢慢染进浅墨中。

沿着河流一直向前，几十步的距离便间隔着一座横跨两岸的古桥，经历过百年的风吹雨打，古桥整体泛青，好似长出青苔却又被后人打扫得干干净净的样子。河边的藤蔓悄悄地沿着古桥爬行，包裹住桥栏、攀附上桥墩、环绕着桥身，却独独不忍遮盖住桥名，为这古街又平添了一份富有默契的灵动感。我慢慢走上桥，古街两岸的景色也慢慢显露，河两边均是两层高的小楼，青白相交，古色古香，与渐暗的天边融成一线，楼中偶尔闪现的点点星光，才让我明白我并不在画中。

霞光尽失，黑夜中的老街，华灯初上。

从古桥一端步入廊坊，廊坊上檐挂着样式不一的灯笼，有简单的圆形的，有梦幻的星形的，有小巧的菱形的……薄薄的灯笼纸中透出一束柔光，打在黛青色的木柱上，又倒映入旁边的夜河中，微风浮动，星星点点随风摇曳，如同一个个绝美又含羞的姑娘为所来之人照亮前路。我不由得放慢了脚步，抬眼一望，眼前的古街已与天边的烟雨、廊中的柔光混在了一起，看不分明了，只觉得自己已经步入了一幅浓墨浅彩的水墨画中。我连呼吸都放轻下来，生怕一不留神破坏了这一份古街温柔。

信步在这老街中，如同穿越入古境，静谧而悠远，一切繁华相较于此都不值一提，含蓄而恬淡，一切喧嚣已远离千丈外。

柯桥古镇虽没有北京故宫的霸气，也没有苏州园林的精巧，但是那一份独有的温婉古韵，仿佛已经嵌入古镇的每一个角落，如诗如画，足够让你立足于前，静静观赏。

青石小路、古韵石桥、白壁阁楼……是柯桥古镇一份与世无争的温柔，也是柯桥古韵的最好诠释。（2021年11月）

绍兴市柯桥区华舍小学五（3）班　王　一

指导老师：王红琴

漫步柯桥古镇

一桥,一水,一世界。

冬日一场蒙蒙的细雨过后,我缓缓地走在这因柯水之上的小桥而得名的柯桥古镇。粉墙黛瓦,青石板桥,在河水氤氲的水雾中,我依稀中看到了昔日河埠乌篷,人潮涌动,叫卖之声不绝于耳,城隍庙会那一片繁华的景象,"遥想柯桥落帆处,隔江微火认渔村"。是的,柯桥古镇距今已有2000多年的历史,自古就是繁华的商贾之地。曾因为东汉年间的大才子蔡邕在此创制了"柯亭笛",因此又名"笛里"。

沿着柯水两旁方形石材铺就的小道往里走,拂堤杨柳略带微黄,又或是突现一棵胡桃树"醉卧"水面,粉墙黛瓦的建筑掩映其中,连同远处的梯形石拱桥形成了一幅江南水乡的剪影。

不多久,我便来到了古运河和柯水的交汇处。在这里,矗立着三座历史悠久的古桥,建于柯水之上的柯桥、永丰桥和南北横跨古运河的融光桥。其中数融光桥年代最为久远,可追溯到宋代。桥顶藤蔓缠绕,藤叶浓密,藤条自然下垂,好似给古桥装上了一幅桥帘。桥洞呈拱形,用大条石堆砌而成,洞顶布满了并不新鲜的苔藓。桥墩的一侧用来提醒来往船只的那个"慢"字已经变得斑驳不清了。桥身那大条石上的凹凸不平也似乎在向我们讲述着它千百年来的故事。拾级而上,你会发现经过岁月的洗刷,台阶已变得很是光滑,雨雪天气需要格外小心。岁月在它的脸上刻下了一条又一条的年轮,石缝中顽强探出头来的小草是这些岁月的见证者。上得桥顶,桥栏并不高,四五十厘米。站在桥上远眺四周,东面不远处是后来翻建的柯东桥。南北两侧是鳞次栉比的建筑群落,碧绿的古运河水倒映着两旁的台门雨廊,河上间或地划过一两条乌篷船,水乡的韵味便出来了。

相比白日里的清新秀丽,夜晚的古镇更多了一份朦胧美。若是夜间,水面上烟雾缭绕,伴随着堤岸两边或红或绿或紫变换的灯光,人在廊中走,只闻其声,不见其人。幸运的话远远地还会飘来悠扬的笛声,宛若游走在仙境一般。桥的西南方向是一个小广场,夜晚小广场会上演灯光秀,吸引了不少游客驻足。这里已经成了观光客必来的胜地,也是古镇人茶余饭后经常光顾的场所。吃过晚饭,信步来到这儿,上杯清茶,优哉游哉；抑或是邀上三五好友，河边饭馆一聚，享受美食，畅叙友情。

　　说到古镇的美食就不得不提绍兴的臭豆腐。距今已有千年的历史，清朝末年更是被列为"御膳小菜"，传言慈禧太后甚是喜爱。说它臭，百米外便能闻到其独特的气味。捂鼻而过的游客，也有壮着胆儿尝鲜的，更多的是本地人排起长队购买。这豆腐闻着臭，吃着香，外脆里嫩，再蘸上辣椒酱或甜面酱更是增添了不同的风味。据说臭豆腐的制作也是非常讲究，卤水是其中的点睛之笔，其"臭"便是从中而来。古镇中售卖臭豆腐的小店很多，依稀记得过了永丰桥，在桥边拐角的位置，有一家不算小的店炸出来的臭豆腐最是好吃。每每去古镇，我都要去那里吃上一份解解馋。

　　漫步古镇，灯火通明，川流不息。时光跨过千年，古镇还是那个古镇，不变的是自古至今的繁华。古镇却也不再是曾经的古镇，它为我们开启了另一扇旅游观光的大门。解读老柯桥，从这一桥、这一水开始。（2022年2月）

绍兴市柯桥区实验小学五（11）班　李欣然
指导老师：夏丽华

心中的日月

　　呼朋唤友的信步里邂逅了你——流光溢彩，喧嚷不息；
　　长枪短炮的镜头里记录了你——石桥拱卫，河流环绕；
　　水墨白描的临摹里勾勒了你——白墙黑瓦，店铺长廊；
　　学者诗人的文笔里品读了你——大隐于市，古镇陈新。

　　你就是柯桥古镇，一个古老又年轻的小镇，位于柯桥城市的中心，就在我家的门口。

　　我带着亲朋好友来看过你，有时候一个人也来看过你。我在夕阳下看桥身斜影的变化，在墙脚驻足数三五相间的河埠头，在青砖石板上跳格子。我见过白天安逸静谧的你，也见过夜晚人流如织的你。

　　你和我认识的其他古镇不一样。你没有周庄那般率直，不像西塘那么热闹，不爱南浔的艳丽，也不接受乌镇的浓郁，你过的就是平淡如水的日子。你是弄堂里光脚玩耍的小孩，素面恬淡，让我倍感亲切。

原来你也是个"吃货"，是"舌尖"上的小镇。温热的琥珀色黄酒，甘甜醇厚；幽香的澄清色日铸茶，沁人心脾；沿河溢出的酱香是奶奶做的腊肠的味道；浸入风中的咸渍是晒场上芥菜、干菜、萝卜菜的味道。而我最爱的臭豆腐，是家的味道，是你的味道。油锅里"噼啪"跳舞，捞出来色泽金黄，穿起时冒着"滋滋"声响，轻轻一咬，外脆里嫩，不臭反香，神奇又魔幻。老柯桥的百味都混杂在了小镇的烟火气中，和你一起品味，悠然又从容，让我倍感幸福。

落日下，你和晚霞说：你下班了，我该装点灯火，穿戴锦袍，上班喽。下雨了，你和细雨说：轻点儿，柔点儿，别碰碎了一圈圈漾开的水纹，别吵醒了梦中的乌篷船。有风的日子，你和漂泊无依的浮云说：我老了，哪儿也不去了，就在这儿，游子们回来还要来看我呢。你是时常关心、记挂着我们的老友，为我们遮蔽风浪，让我们倍感温暖。

在博物馆里，我看到了从前的你：万根竹篙，千船云集，人口在你这儿聚居，商贸在你这儿兴起，"金柯桥"因你四海扬名，你让我深受震撼。

青石板需要经过多少磨砺，才会有如今的光洁？你需要有多大的勇气，才能将这厚重的历史来担当？

是因为对我们的爱吧。

你的守护和凝望早已贯穿我的生命，你的荣光与品质早已融入我们的血脉。

柯桥古镇，我心中的日月。（2021年11月）

绍兴市柯桥区鉴湖小学五（2）班　蒋一川
指导老师：沈思思

人间烟火最抚人心

入夜，方抵。再次来到这个梦境般的地方——柯桥古镇。

灯影婆娑，薄雾轻笼。柯桥古镇是我们这里最大的古镇，素有"金柯桥"的雅号。古镇在历史中散发着新意，让人沉醉其中，忘记时间。古镇有厚重的历史。明张元忭

《三江考》上说:"今山阴三十里有柯桥,其下为柯水。"柯水流经镇内街河,镇得名于桥,桥又得名于水。《越绝书》上又有勾践在独山"自治以为冢"后"徙琅琊,冢不成"的记载。

与白天不同的是,夜晚的古镇另有一番意境。我和妈妈随着人流徐行在青石铺成的小路上,青砖黛瓦、花木扶疏、古韵悠悠。漫步古镇首先映入眼帘的是一座单孔半圆形石孔桥——融光桥。桥边的一块匾格外醒目——全国重点文物保护单位,可见它的价值和地位之高。从下往上看,这座桥巍峨挺拔,造型大气而又不失优雅。护栏内外常年藤蔓悬挂,郁郁葱葱,给这座古老的桥增添了许多青春活力。我们踏着略陡的石级缓缓往桥上爬,驻足在融光桥面上,往下看,古朴的桥身倒映在清澈的河面上,形成了一轮圆月,在月光下格外明亮,给人温暖。我不禁遐想:这座古老的桥是否在诉说着它的前世今生,遗留下一个个美妙的梦呢?

"哇,灯光秀,好美!"行人的惊呼把我的注意力又拉回到了河面。看,那柔美的灯光,静静地泻在小河里。河水在灯光的照射下变换出不同的颜色:一会儿,河水变成蓝色,布满着星星点点,仿佛绚丽的星空;一会儿又变成绿色,宛若翡翠;一会儿又呈现出红色,像一道彩霞铺在河面上。河面波光粼粼,偶见一叶乌篷船从河面悠悠划过,我的思绪也荡漾在温存的河水里。

慢慢地沿着古朴的石砖走下桥,漫步古镇小巷,倘若有些走累了,典雅的咖啡店或者清幽的小吃店便是最佳的歇息地。倚窗而坐,顺着升腾着的流苏般的咖啡热气,我们足以精心感受小镇特有的淳朴和惬意。我最喜欢和妈妈一起步入一家有文艺气息的咖啡店。那里是我们心照不宣的默契,是我们工作学习之余适度放松、抽离的好地方。不同于别处的热闹喧哗,这里给人的感觉是不急不躁,平静之中自有情绪涌动。我喜欢在这样一个美好的夜晚,和妈妈倚坐在窗前,默默地看着咖啡师调制出一杯杯令人微醺的咖啡,静静地听着店内音乐人弹奏的娓娓道来的民谣,仔细打量着窗外的一景一物。窗外美妙女子的高跟鞋和青褐色的石板小路相碰撞,发出"咚咚"声,和店内的音乐声融为一体,是那么自然、那么和谐。古镇里似乎每个地方都井井有条,每个行人都那么悠然自得。你看他们嘴角微微扬起的欣喜模样……

我和妈妈喝完咖啡聊完天走出咖啡馆,涌入人群,沿着古镇小巷继续往前走,高高低低的石板又把我们引向了新的拐角。石板颜色大多青中带黑,尘封在历史里的故事弥漫着潮湿的气息,我仿佛听到了轻轻的敲击声,仿佛看到了岁月的年轮。走着走着,不经意间,一丝细雨从清风中飘来。"下雨了。"妈妈说。是的,可能是雨姑娘太过温柔了，人们的好心情似乎丝毫不受影响，继续不慌不忙、谈笑风生地散步。细丝般的雨飘下来，伴着丝丝微风，舒服极了。我觉得这些细雨好像小精灵，它们打在屋檐上发出和谐的音乐声，落在小坑里，溅起朵朵美丽的小花。"妈妈，你看，下雨天的小河在灯光的笼罩下更有一番韵味呢。"我惊叹道。烟雨蒙蒙，河水里冒出一层层薄薄的雾气，似乎有人为它披上了一层薄面纱，神秘莫测。这雾气加上闪闪灯光，柔和而美丽。此情此景，如诗、如画、如梦、如幻，一时恍惚，让我分不清天上人间。

"卖臭豆腐了，卖臭豆腐了……"小贩的叫卖声把我的思绪从梦中抽离出来。臭豆腐可是我们绍兴的特色小吃。它闻着臭，吃着可香哩。"妈妈，我也要买臭豆腐吃。""好好，刚好也可以避避雨。"妈妈笑着说。我们来到臭豆腐店，店内已经有一支长龙般的队伍了。过了好一会儿，终于轮到我了，我对老板大声喊道："老板，来一碗臭豆腐。"老板亲切地说："好嘞。"看见老板把几块黑不溜秋的豆腐放进油里炸。很快，金灿灿的臭豆腐出锅了。"拿着，小心烫。"老板笑着把一碗热气腾腾的臭豆腐递给我。我轻轻咬了一口，香酥可口，外焦里嫩，这美味令人欲罢不能。

"雨停了，九点了。"妈妈说，"该回家了。"雨后的小镇更加纯净灵动，更有生命力了，在岁月的尘埃里盛开成一朵静心的莲花。我们迎着微风，听着鸟叫声……依依不舍地走出了古镇。

生活一半是诗意，一半是烟火。繁华处，市井处，坐标柯桥古镇，人间烟火，最抚人心。（2022年2月）

绍兴市柯桥区实验小学五（11）班　丁熠豪
指导老师：夏丽华

雪落古镇

疾风旧岁除，瑞雪丰年兆，2022年最后一场雪落在了柯桥古镇。对于南方娃来说，遇到了下雪尤其是有积雪真是一件特别稀罕的事情。这千载难逢的好时机当然不能错过，此刻"嘟嘟先生"陈老师就带着我们"雪中探古镇"，领略柯桥古镇的别样风光。

有人说，"一下雪，西安就变成了长安，南京就变成了金陵，杭州就变成了临安"。因为雪有一种魔力，它盖住了钢筋水泥，盖住了雾霾尘土，盖住了现世喧嚣。细雪落无声，一下雪，柯桥古镇就变成了宋词里的山阴故乡。

雪中的古镇是婉约的。走过长长窄窄的下市头直街，往空旷处望去，你就会看到黑、白两种颜色，黑亮亮的瓦片，白茫茫的雪。和北方相比，江南的风雪总是柔和的，屋檐下不见"寸管糖"，细雪还在下，檐上的雪却在慢慢融化了。一行行、一列列的黑瓦片露出来，和一块块的白雪叠在一起，又因那参差不齐的台门、马头墙，竟呈现出一种层峦叠嶂之感。没有山川的艳丽，只有黑与白在一起相辅相成，勾勒出一幅精致的线描画。"雪消已断虚檐溜，日暖初催百草生。"河边桥上长出的绿草，还有那一串串来不及取下的新春灯笼，让这幅黑白线描画充满了婉约之美。

雪中的古镇又是淡雅的。你可以在古镇中找一茶室坐下歇息，品一口温热清茶，看看门前细碎的雪花落入清澈的古运河中，慢慢感受着独属于雪天的闲逸；或是去哪家陶艺馆，一边观赏漫天细雪，一边捏一个属于你的陶俑，这是多么风雅浪漫的体验。

雪中的古镇也是豁达的。白雪掩盖的不仅是青砖石板，还有一段段厚重的历史。望着眼前白茫茫的一片，我顿觉所有烦恼尽消，不禁生出几分如陆游般"闲愁如飞雪，入酒即消融"的豁达之意。眺望古镇最高处——融光寺屋顶已被白雪覆盖了。这座初建于南宋的寺庙，屡有兴衰，仅在清代以后就遭遇了三次火灾。第一次在乾隆年间，第二次被太平军烧毁，第三次则在民国时期因附近纸店失火被严重毁坏。如今古刹现新貌，雪中的融光寺仿佛扫尽劫灰，让人暂忘苦痛的回忆，只留风景在柯桥。

游程的最后，我们跟随陈老师拾级而上，登上了融光桥。那长长的藤蔓，和着白雪，依然垂垂地掩盖在桥栏上，桥下流淌的就是古运河，一如千百前。"东望山阴何处是？往来一万三千里。"这里就是陆游诗词中，魂牵梦萦的故乡山阴啊。（2022年2月）

绍兴市柯桥区柯桥小学五（7）班　丁璐源
指导老师：陈建新

雪后的古镇

一连好几天的阴雨绵绵，雪精灵终于抓住了冬日的尾巴，悄悄地来到了柯桥这个南方古镇。清晨，一拉开窗帘，放眼望去，满目皆为璀璨而耀眼的白色所覆盖。匆匆地坐上车赶去学校，看着跳跃于车窗玻璃前的小小的雪花，心里莫名地激动着。

习惯性地被堵在了桥上，习惯性地把目光瞥向了窗外。银装素裹下的古镇，是如此素雅。雪花如一只只玉色的蝴蝶，在青砖黛瓦上，在飞檐长廊边，在碧绿的河面上，在红红的灯笼间……肆意地翩翩起舞。此刻的柯桥古镇，在雪的映衬下，更有一种说不出的美！

好在古镇与学校仅是一墙之隔，趁着雪未融化，陈老师带我们去了古镇。顺着学校后门的弄堂走进古镇，还未抬头，却先闻"滴滴答答"之声，原来是屋顶上的雪水融化了，顺着屋檐流下来滴在青石板上发出的声音啊！那声音犹如拨动琴弦后，散落在古镇中的音符，此起彼伏，甚是有趣！

往前走，顺着一条临水而建的青石小路，便来到了永丰桥旁。桥上铺着一层雪，尽管不是很厚，但踩上去，还是有一种酥酥的感觉。站在永丰桥上，向西望去，原本热闹的古镇翻轩长廊此刻有着另一番味道。雪给房檐盖上了一层薄棉被，给灯笼披上了层轻纱衣，给树木也戴上了雪白的头饰，所有的一切变得厚重而精美，犹如一幅静谧的水墨画。阁楼二层，见一木窗微开，莫不是有邻家秀女正在"小轩窗，正梳妆"。屋檐的雪水汩汩流下，流入原本如绿玉带一般的河中，河水便也带上了一丝乳白色的混浊。踩着快化了的雪缓缓走下桥去，伴着时有时无的滴答声，享受着这时古镇的静谧，继续向前走去。

漫步在古镇的青石板路上，此刻地面上的雪已经基本融化了。踏上了融光桥，走过了融光寺，又路过了平日里热闹非凡的酒肆茶楼。沿路的景致虽然略有不同，却又出奇地相似。雪，白了长河小桥，白了青砖木墙，白了青松红灯，似乎所有景致都静默，又似乎所有景致都在默默低语。这份景致，比那"千里冰封，万里雪飘"的北国风光多了一丝婉约、一抹柔情，给人带来了冬日里别样的安静与温暖。

时光飞逝，走着走着，竟又绕回了那个小弄堂。我恋恋不舍地回望一眼古镇，雪已化了多半，看来很快，属于冬日的那一抹白就要消失了，可我，却将那份永远的恬静婉约铭刻在心里。雪中的那个古镇，明年与你有约……（2022年2月）

绍兴市柯桥区柯桥小学五（7）班　沈　桐
指导老师：陈建新

魅力柯桥古镇

柯桥有许多网红打卡地。柯桥古镇是最近兴起的一个极具魅力的好去处。

经过五年多的修建与改造，2021年元旦，古镇揭开了神秘的面纱，正式对游人开放。建筑工人们精心打造的最美古镇正以她华丽的身姿向人们展示独特的魅力。

白天的柯桥古镇是宁静的、恬淡的、温柔的。江南水乡，河自然是处处可见。古镇内遍布河流，处处小桥流水，清澈的河水衬上黑瓦白墙，青石板铺成的小路弯弯曲曲，一条条小巷无尽延伸。这里没有高楼大厦，有的是半新半旧的宅院、古色古香的融光寺、依河而建的商铺……它们在阳光的照耀下，在茶馆酒肆传来的"咿咿呀呀"的越剧声中，静静地等待游人的到来。

若是在细雨蒙蒙的日子里，河面上氤氲一片。一棵棵千姿百态的树木静静地矗立在河岸，或枝丫旁逸斜出，或枝叶绿得逼人眼球，让人不由觉得此处亦有西湖的"水光潋滟晴方好，山色空蒙雨亦奇"。撑起一把油纸伞，信步在幽深的小巷，看那湿漉漉的石板青得发亮，听那廊檐下滴答滴答的雨声，竟让人产生了自己就是戴望舒笔下那位姑娘的错觉。

夜晚的古镇是梦幻的、热闹的、迷人的。夜幕降临，华灯初上。古镇的灯光陆陆续续地亮了起来。廊檐下一盏盏灯笼红了，草坪上的射灯亮了，喷泉广场上彩灯闪烁。融融的红光照亮了白墙青瓦，也倒映在水里，站在石桥顶俯瞰这两岸如梦似幻的街景，仿佛置身于梵高笔下流动的油画中。

古镇入口处的喷泉最是吸引人们的眼球。喷泉广场上人山人海，摩肩接踵。人们站在池边，聆听悠扬的音乐，欣赏时缓时急、时高时低的水柱在眼前不断变换。随着音乐节拍的变化，水柱时而成了朵朵艳丽的花儿，时而成了擎天柱直冲云霄。一阵微风吹来，吹散了的水雾在空中弥漫，落在游人的身上，逗得那些孩子"嘻嘻""哈哈""咯咯"地笑。

漫步河边，水面上飘来人工雾气。它们用朦胧的裙摆遮住了水面，神秘莫测。此时藏在河岸边的各种彩灯也亮了，变换着各种色彩，让人仿佛身处仙境。雾越来越浓，逐渐漫出河面，萦绕在我们身边。伸手触碰那彩色的光斑，便会泛起层层涟漪。这如梦如幻的境界，怎能不让人沉醉？

最热闹的当数河边的商铺。各种小玩意儿和绍兴美食诱惑着前来一饱眼福、口福的游人们。小孩子们更是欢喜，流连穿梭于此，不亦乐乎。黄酒布丁、茴香豆、臭豆腐……勾住了人们的脚。看，臭豆腐摊前人数可不少，队伍老长老长。滚烫的油锅里正翻滚着腌渍过的臭豆腐，熟了！熟了！捞起来，那金黄油亮的外表看着让人垂涎三尺！赶紧涂上甜的或者辣的酱，轻轻放入口中，一口咬下去，脆脆的外皮在口中咔咔作响，软软的汁水溢满唇间，让人欲罢不能。

朦胧月色中，灯火阑珊处，那些土生土长的老柯桥人穿行于古镇之中，必到之处便是那刻录着日月印记的三座古桥：宋代的柯桥、明代的融光桥、清代的永丰桥。它们巍峨挺拔，砌石厚重，古朴大气。石桥上郁郁葱葱的爬山虎和光溜溜的石板，见证着岁月的流逝。它们静静地横卧在水面上，日复一日，年复一年，看着运河之水缓缓流过；看着多少勤劳的绍兴人民，曾经划着小船，把黄酒、布匹、霉豆腐等源源不断地运往全国各地，运往五洲四海；看着无数的画家、摄影师、电影人在此撷景和采风写生……一艘乌篷飘忽而来，水面被小橹悠然搅动，倒映在水中的石桥、楼房、树影、人影……还有天上的一弯明月被不慌不忙地搅碎，碎成迷离的光点、炫目的花纹……

不论是在暖阳普照时，还是在月色朦胧下，只要走进柯桥古镇，你就会被她无穷的魅力折服！（2022年2月）

绍兴市柯桥区实验小学五（9）班　胡熊珈
指导老师：李雅芳

梦在古镇

清晨，走在家乡古镇的小巷里，暖阳热情地向我打着招呼，让心情瞬间洋溢着温度。"喵"，忽然，从胡同的另一边走来一只猫，它不怕生地蹭两下我的衣襟，让我抚摸……不经意间，思绪仿佛被打开了一扇大门，儿时的梦，都在这座古镇里。

记忆中，我小时候总是徘徊在一条幽深的巷子里。白墙黛瓦，一串串爬山虎悠然地沿墙而上，而邻里间的各个院子也没有高高的围墙，只有几丛形态迥异的野花点缀隔开，而花骨朵儿上，时不时飞来几只翩然起舞的蝴蝶。

每天一大早，河边都会传来妇女们洗衣的敲打声。听，这声音是多么悦耳，"吧嗒，吧嗒"富有节奏，这是劳动的声音，也是这古镇清晨所独有的一首音乐。庭院里传来老人们的寒暄声，住在河边的爷爷奶奶们，三五个聚在一起，晒着暖阳，不论是认识的还是不认识的，路过都要与对方聊上几句，或是问问家里的儿女，又或是谈谈这一季庄稼地里的收成，捧着暖手袋，再喝上几口茶，下几盘棋，多么悠闲惬意。他们的人生也许不够精彩，也许不够浪漫，但真实，触手可及。

古镇里，无论是小时候还是现在，想来最欢喜的，还是莫过于坐在乌篷船上，摇摇晃晃地畅游于大大小小的河道间。船从荡着层层涟漪的微波中驶来，温和地亲吻堤岸两边的麻石板，在河道中缓缓划行。而坐在船头戴着乌毡帽、穿着青色棉衣的老爷爷，嘴里哼着长久传承下来的绍兴莲花落，手中的木橹，咿咿呀呀地在水中来回搅动。原本倒映在水中的石桥、房屋、树木，还有天上的朵朵白云和飞鸟，都被这悠然自得的木橹搅碎，成为五彩斑斓的光影，迷离闪烁。

家乡的老台门和石板桥，饱经风霜，见证着历史的光阴。我脱去脚上的鞋，赤脚踏在古桥上，感受着光阴的蹉跎。我仿佛看见，一位身着旗袍的女子在江南细雨中姗姗而来，手中的油纸伞在微风中摇曳，斑驳的桥墩见证了多少朝代的兴盛，布满青苔的石级又见证了多少朝代的衰落。古桥，你是否依稀见到，羞涩的青年男女在桥上的刹那回眸？是否叹息，那不能长相厮守的遗憾？

江南的烟雨，是朦胧的，而我的梦在古镇，却是那么清晰，历历在目。白墙黑瓦，青石板的小路，把江南的韵味彰显到极致。老人们脸上洋溢着笑容，晒晒鱼干，发发煤炉，洗洗衣服，喝喝老酒，听听雨声，钓钓鱼……一切都是如此美好，家乡的古镇，愿你明日依旧如此美好！（2021年11月）

绍兴市柯桥区华舍小学五（3）班　严孙悦

指导老师：王红琴

悠悠古镇韵，切切家乡情

我从小生活在柯桥，对于柯桥的一草一木，一桥一河都有着浓厚的感情。自柯桥古镇开放以来，这里就成了我日常生活最喜欢游览的地方。今天就随我一起去古镇逛逛，撷取几个镜头，品味江南水乡独特的风韵吧。

镜头一：乌篷船里摇曳的岁月

当乌篷船摇曳着从远处的河道缓缓驶来，那便是柯桥古镇最美丽的风景。三丈有余的身板，半圆形、涂着桐油黑金的船篷，在阳光的照耀下闪烁着点点光芒。它是水乡流动的生命，自由地穿梭在古镇纵横交错的河道中。我曾无数次幻想，若能独乘一舟，或坐或卧，耳听潺潺流水之声，眼观两岸河道风光，那必是人间极美之事。你瞧，白墙黛瓦，流动在漾漾的水波之中，河面波光点点，如梦如幻，那不恰如诗人所说的"人在画中游"吗？

镜头二：味蕾里跳跃的时光

来到古镇，你不得不臣服于这里的美食。且不说南瓜花、臭豆腐这类地道小吃带来的诱惑有多么大，单是跟"黄酒"有关的小吃，就能让你大饱口福——黄酒布丁、黄酒奶茶、酒酿酸奶，哪个听了不让你垂涎三尺？黄昏时分，灯火阑珊，缓缓拉开了夜生活的序幕。此时，绍兴黄酒也在人们的欢声笑语中缓缓登场。"味甘、色清、气香、力醇"，这大抵就是绍兴酒在各类酒水中独领风骚的原因。年轻人饮绍兴酒，他们相信酒能带给他们美好的陶醉；老年人饮绍兴酒，自得一种惬意和舒坦；妇女们饮绍兴酒，面色红润有光泽；就连刚满周岁的孩童，都有长辈用筷头蘸蘸，早早地品味了绍兴酒的醇厚。

镜头三：悠悠古镇流动的故事

　　头戴凤冠，身着翟服，一位端庄清雅的女子正双手持香，恭敬肃穆地进行参拜。原来，这里正在举行中秋祭月仪式……像这样的非遗传承活动特别多，越剧、莲花落、绍兴摊簧大戏，以它们独特的魅力，也为广大居民和游客所喜爱。漫步古镇，你还会在墙上发现南宋诗人陆游的诗作——"梅市波光远，柯桥柳色新""遥想柯桥落帆处，隔江微火认渔村""柯桥梅市花俱好，且典春衣醉放颠"……诗人陆游仿佛穿越了时空的隧道，正向游人们倾情诉说柯桥的繁华与美好。

　　岁月长长，古镇悠悠。在古镇的河道边，聆听摇橹声"吱扭吱扭"的回响；远处，悠扬的戏曲声又袅绕着到了你的耳边；口里，是清香醇厚的黄酒奶茶……试问，这样的滋味怎能不让人感到无限惬意呢？我爱我的家乡柯桥，我爱柯桥古镇！（2022年2月）

绍兴市柯桥区实验小学五（4）班　郑周睿
指导老师：肖　芳

六 年 级

绝倭英雄姚长子

　　离柯桥老街约一公里处的柯岩街道永进村，有一座"姚先烈绝倭纪念碑"。从1937年立碑至今，它已经在这里默默肃立了85年。

　　今年五月的一天，陈老师带着我，前往姚先烈绝倭纪念碑瞻仰。纪念碑离学校很近，只有五六分钟的车程。从学校出发，到越州大道左转进入育才路，过104国道，行驶几百米到柯南大道左转，再行驶两三百米路，到了永津桥。站在桥上南望，五六十米外就是姚先烈绝倭纪念碑。纪念碑所在的地方，三面环水，河水清清，岸边树木青翠欲滴，南面有大片开阔的田野，不时有白鹭翻飞，景色十分宜人。只是，纪念碑处在乡野之中，感觉有些冷清。

陈老师之前已经来过一趟，因此轻车熟路。我们从正在修建的"绍兴抗倭主题公园"进入。公园大部分已经完工，我们快速浏览了公园内姚先烈和乡亲们抗倭的浮雕，就朝纪念碑走去。

快到纪念碑时，看见一幢比较低矮的平房，墙上写着"镇武殿"三字，还是绍兴市历史建筑。门关着，我透过缝隙向里面望了望，屋内是空的，有几根石头柱子，上面刻着对联，可惜因岁月的流逝而模糊不清了。

过了镇武殿，就到了姚先烈绝倭纪念碑前。

纪念碑掩映在松柏、杨柳和樟树的郁郁葱葱里。它高六七米，由碑身和平台两部分组成，碑底呈正方形。碑身坐北朝南，混凝土结构，上部正面隶书阴刻着"姚先烈绝倭纪念碑"八个大字，下半部正面嵌着一块石头，有线刻的姚长子的画像，只是经岁月的侵蚀，已经看不太清楚了。在纪念碑的正前方，种着八棵柏树，它们郁郁葱葱，已经有三四米高了。它们像忠诚的卫士，尽职地守候着姚先烈纪念碑。碑前有一束菊花，还有一坛绍兴老酒，想必不久前有人来此祭奠过。我想对姚先烈说一句："我们一直都没忘记您！永远记住您。"

在纪念碑的左前侧，立着一块石碑，石碑朝东，上面写着：

绍兴县重点文物保护单位

姚长子纪念碑

绍兴县人民政府

一九八七年七月二十四日公布

阮社乡人民政府立

我们绕到纪念碑的背面，发现背面的石碑上也刻着字，只是辨别有些吃力，仔细看，是一篇铭文——"义士绝倭义事铭"。

纪念碑的东后面，靠近河的地方也立着一块石碑，碑名即为"姚长子纪念碑"，碑文清晰可见：

姚长子纪念碑

姚长子纪念碑，坐北朝南，高6.5米，四方体，正面上部镌"姚先烈绝倭纪念碑"八个大字，隶书体，下部嵌一太湖石，线刻姚先烈半身像。碑阴记述明嘉靖甲寅（1554）姚公（又称姚长子）为绝倭寇后路而英勇殉难事迹，民国二十六年（1937）六月立。绍兴县文物保护单位。

姚长子（1522—1554），明绍兴山阴柯桥独山村人，出身于贫苦家庭，为人作佣，名字无考。因身材高大，故称"姚长子"。嘉靖年间，倭寇猖獗，时在沿海掳掠。嘉靖三十三年（1554），一伙倭寇由诸暨流窜绍兴柯桥，想经舟山逃到海上。姚长子正在劳作，见寇至即持稻叉只身与倭寇拼死搏斗，因寡不敌众被擒。倭寇"以藤贯其肩，迫其向导"，姚长子佯装带路，把倭寇引入四面环水的化人坛。化人坛乃是柯潭一个洲渚，只有南北两桥相通。此时，长子又以倭寇听不懂的当地方言密嘱村人："等我引寇进入绝境，速拆断两桥，我死无恨！"村人照嘱，断敌归路。倭寇中计后，怒而用刀将其剁成肉酱。待官兵与村民赶到，遂将被困200余名倭寇歼灭。

据《越中杂识》载：明末文学家张岱特地为姚长子撰写墓志铭，称颂其"醢一人，活千万人"，"仓卒之际，救死不暇"，以"全桑梓之乡"之爱民义举。乡人为纪念姚长子，将"化人坛"改名为"绝倭涂"，前后两桥分别命名为"得胜桥"和"万安桥"，并在"绝倭涂"上建祠祭祀。纪念碑不仅是后人祭奠先烈的地方，更是一座承载着民族正气的历史丰碑。

读罢碑文，一位高大的平民英雄展现在我眼前，让我肃然起敬。刚才路过的镇武殿，会不会就是当年乡人为祭祀他而建的祠呢？

我跟着陈老师绕着纪念碑走了一圈，然后朝西南方向走几步，就是姚长子纪念碑碑文中提到的万安桥。万安桥像古纤道似的，从远处看呈圆弧状，桥的中间有八个石狮子，桥栏上写着"万安桥"三个大字。走过万安桥，经过一小片田野，在一条小河的河岸边有一座亭子，名曰"望碑亭"，顾名思义就是望着纪念碑了。亭子中木椅，游累了可以休息。

我们从原路返回，经过姚先烈纪念碑，再次瞻仰了纪念碑。我想，姚先烈舍己为民的精神必将永垂不朽，万古长青。柯桥区人民政府在此处建造了"绍兴抗倭主题公园"，不久的将来，这里一定会热闹起来，英雄不会再孤单了。（2022年5月）

绍兴市柯桥区柯桥小学六（1）班　王钰琪
指导老师：陈建新

古镇钟表匠

春节刚过,古镇上许多店铺尚未开门,远远望去,街上的茶馆里,围坐着三三两两前来喝茶闲聊的茶客。街边的小饭馆里倒是开始热气腾腾了,饭店老板应该正在为迎接新一年的生计开始忙碌着了。再抬眼望,前方商铺旗子上黄底红字的四个大字"钟表维修"映入眼帘,看样子古镇上的钟表匠也早早开工了。刚准备俯身欣赏路边麦芽糖摊贩捏好的小糖人,突然天空飘起了小雨,我便小跑来到了钟表维修铺的屋檐下躲雨。

(一)

"您好,我能在这儿躲一会儿雨吗?"我气喘吁吁地问道。

"可以,可以。"钟表匠师傅头也没抬地回复了我一句。

我透过维修柜台的玻璃窗望过去,发现他正在认真地维修着一块手表。他用左手的拇指和中指上下两头紧紧地按住了不锈钢的表盘,右手拿着镊子,娴熟地把表芯里的零部件一个一个地组装进去,好像每一个齿轮、每一根指针都早已刻在了他的脑海里一样。随着表底盖被拧紧,他拿起桌上的吹气球,呼呼地正反吹着手表的两侧,再翻到表的正面,哈了两口热气,用清洁布擦拭干净。随后,他低下头,抬起眼帘,右手稍稍向下拨了一下鼻梁上一副非常老式的眼镜,看了一眼左手手腕上手表里的时间,再拧动一下手里那块手表的指针。没过一会儿,他露出了满意的笑容。我想,这块手表应该是被修理好了吧。

"来来来,你到里面坐一会儿吧。刚过立春,外面还很冷。"师傅终于抬起头来,看到我在屋檐下站着,跟我打起了招呼。他喊道:"小刘,拿木板凳出来!"话音刚落,从店铺后面的隔间里出来一位30岁出头的年轻师傅,拿着一条小板凳给我。我赶紧回应道:"谢谢师傅!"这春寒料峭,确实让我觉得特别冷,眼瞅着这小雨绵绵的样子,似乎一时半会儿停不了,于是便进屋坐了下来,跟师傅攀谈了起来。"师傅,我看您刚才修手表的时候,头都没有抬起来,好认真的样子。"我其实有点好奇,为什么不能一边聊天,一边修理呢?"这块表呢,是轻纺城里一个外国客人的手表。昨天,是我春节后第一天开门,他就送过来了,说过年的时候不小心摔了一下,之后时间就一直不准。希望在元宵节前修好它,因为马上要跟他谈生意的一个客人对时间观念看得很重,他需要这块手表帮助他管理好时间。其实,修手表,在拆卸的时候就要非常注意手表的组装结构。不同的品牌、款式的手表会有不同的设计。这是一块进口手表,所以我格外地留意。"师傅抿了一口茶,耐心地跟我讲解着。

师傅姓张,曾经是一名机修工人,在工厂里帮忙维修大机器。20世纪90年代以后,人们的生活条件得到了改善,手表从以前的奢侈品,变成了很多人都能戴得起的生活用品。从那时起,时钟、手表维修匠便成了市场上急需的技术工种,于是师傅从1992年开始拜师学艺,至今已经有整整30年的维修经验了。"30年哪!"我惊叹道。师傅哈哈地笑道:"我今年已经58岁了,眼睛已经花得快不行了。我从修第一块国产上海牌手表起,已经数不清到底修过多少块手表了。从刚开始的国产手表,到后来的进口手表,我都修过。老话说得好:'师傅领进门,修行靠个人。'每一块手表除了设计不一样,组织结构不一样,它出问题的原因、出问题的状况都是完全不同的,所以努力学习材料、机械、电子等各方面知识,才能在实际维修操作中有的放矢。""有过没修好的手表吗?""有过,当然有过。第一次修电子表的时候,因为当初没有电子学的知识,客人拿回去之后,过了三天就退回来让我重新修理。"刚说完,张师傅的手机响了起来。

(二)

"晚上回来吃饭吗?"手机里隐约地传出了声音。

"回来的,回来的,萱萱她们不是今晚过来吃饭嘛。"张师傅答道,幸福的样子俨然写在了脸上。

原来是张师傅的妻子打来电话,萱萱是他的外孙女,说是晚上女儿一家人来家里吃饭,趁着开年还没忙起来就再聚聚。说到这里,张师傅自豪地补充了一句:"这个钟表铺承载着我们家的希望。"我似懂非懂地回应了一声:"噢。"我若有所思地望着张师傅,似乎希望他能讲解下这句话背后的深意。"哈哈,你还小,我女儿跟你一般大小的时候,也是这样大眼瞪小眼地望着我。我在这边修理手表,她会在另一边做作业。从小到大,学习都很认真,后来上大学,再到读研究生,说学的是什么AI,人工智能,说要用机器人把我这个钟表匠的工作代替掉。于是我笑笑,她也笑笑。至少到现在我还没有被替掉。要知道,我女儿她上大学的学费、生活费都是她口中要被机器人代替的这个钟表匠一针、一盖、一表地修理出来的。"

张师傅沉思了许久,说道:"其实,我也知道现在的科技水平发展迅速,手表的品种也越来越多。譬如现在手表能打电话了，能测试心率了，能告诉你地理位置了，等等。这都是我们传统钟表匠没办法去掌握的知识和能力了。我也在想如果有一天，这些手表坏了，钟表匠们可能要去抢电子电器工程师们的饭碗了。"这时，我也大概猜到了张师傅沉思许久的意义所在。他曾经经历过从传统机械表到电子表的产品迭代，自己通过学习与坚持，不断克服困难和挑战，适应新需求。但是，当智能手表的时代来临时，怎样才能够坚守好这方阵地，这对他们这些老钟表匠来说，的确是一道难过的坎。

"你看到小刘了吧，刚才给你拿凳子的那个师傅。"张师傅又开始跟我聊了起来，"他是我的徒弟，职业院校电子工程本科毕业后，一直跟着我在学习钟表维修，已经第6个年头了。他在后面的隔间里'捣鼓'他的新的电子测试系统和数字化客服平台。我非常支持他！一方面，他希望把客户的需求、产品的类别、配件的管理和手表的产地等通过登记录入系统，让他可以更好地分析问题，提出一些质量管控的建议；另一方面，他希望把所学的知识和技能应用于实际工作中，在维修智能手表的时候能派上大用场。我觉得非常好，也希望能够在未来，做好新时代的钟表匠。"突然间，我感觉张师傅的眼里充满了光：是热爱，也是坚守；是传承，也是创新。

（三）

"老张，你快帮我看一下，我这个手表好像秒针不动了。"

突然，店铺门口跑进来一个阿姨，看样子应该是旁边店铺的街坊邻居。

"新年好！来，给我，让我帮你看看。"老张熟练地接过手表，检查了起来。

阿姨见我在这里躲雨，于是跟我攀谈了起来。

原来这个手表是阿姨年轻时她先生送给她的，那时候手表还是个稀罕物，她先生攒了好几个月的工资，才买了这块手表。虽然手表现在总是时不时地闹点"小毛病"，但是阿姨一直没舍得扔，因为张师傅总能让它"药到病除"。"老张师傅帮我修这手表不知道是第几次了。有时候想想，正是有了像他一样的钟表匠，才能让这些老物件能够继续使用，让我们的情感寄托可以得到延续。"阿姨一边感叹，一边望向张师傅。这时候张师傅早已经用工具打开了手表，正在检查、拆卸着机芯。

"还有，上次我们社区组织中秋节志愿者义务服务活动，张师傅和他徒弟两个人分工合作，把老人们的旧时钟、年轻人的机械表、孩子们的电子表都维修得妥妥帖帖的。当时队伍排得很长，街坊们都不好意思了。"阿姨补充道。我佩服地点了点头，回头望了眼张师傅，只见他嘴角露出了丝丝笑意。

没过多久，张师傅便把手表修好了，递回给了阿姨。"修好了，记得手表不能再下水了，要不然真的要生锈了。"张师傅打趣地跟阿姨说道。大家刹那间哈哈大笑了起来。突然间，我感觉钟表铺里温暖了许多。

天色渐渐暗了下来，我望向门外，雨也停了，于是跟张师傅道别，起身回家。走在古镇的街道上，回头望去，钟表店铺门口的"钟表维修"的旗子在春风里飘扬着，格外地显眼。（2022年3月）

绍兴市柯桥区柯桥小学六（5）班　沈颐诺
指导老师：林　丽

妈妈眼中的柯桥古镇

站在古镇的融光桥上，乌篷船，星星点点，悠悠的摇橹声，一下子将记忆拉回了过去。

"百年柯小，人文笛扬。"始建于清光绪二十八年（1902年）的柯桥小学，前身系高迁学堂。如果说，古镇是柯桥的缩影，那么柯小，便是古镇缩影上一颗闪亮的明珠。它是知识的摇篮，多少代柯桥人在这里启蒙文化，留下他们美好的童年回忆。时代变迁，柯小和古镇一样，越发古朴，却又蕴藏着新生的力量。

二十多年前，妈妈读的也是柯桥小学。妈妈说，印象最深刻的，是教室对面的古亭。秋天刚入学的妈妈，坐在教室里，闻着亭子里桂花飘香，沁人心脾。下课了，学生们就飞也似的跑向亭子玩。古亭里面有小池塘，外面有假山，是同学们最爱的地方。秋天的语文课堂，正好讲到小橘灯这篇课文，同学们在老师引人入胜的讲解下，又闻到亭子里橘子树上发出的香味，不禁垂涎三尺。下课后，同学们便纷纷去摘橘子了。印象中的柯小，有很多圆形的拱门，是江南园林的风格，一步一景，教学楼，有一排是瓦片屋顶的平房，操场也是沙石的。课间，操场上传来女生跳皮筋的欢声笑语和男生追追跑跑的打闹声，好不热闹。

时光变迁，瓦片平房变成了三层的教学楼。如今的操场，已经换上了新貌，变成了现代化的塑胶跑道，操场中间铺上了仿真草皮。不变的，依旧是每一代柯小人的童年欢笑声；不变的，依旧是教室里传出的琅琅书声；不变的，依旧是历届柯小老师对柯小学子的谆谆教导。柯小培育了一代又一代柯桥人，把他们领进知识的大门，教他们立人之本，也为柯桥的发展输送了一批又一批人才。

柯小的后门正通向古镇，古镇老街正是以前柯小学生放学的必经之路。循着妈妈的回忆，我们重走了妈妈儿时的放学之路。校门出来，便是一条青石板路，这是下市头直街。如今，这条主巷道也是古镇入口的中心要道。这条路是以往最热闹最繁华也最受学生欢迎的一条路。一放学，这里便挤满了成群结队的小学生，熙熙攘攘，仿佛赶集一般。路的两边，商铺林立。有卖各种小吃的，如臭豆腐、萝卜丝饼、炸年糕等；有各种文具店，里面各种新奇的文具、玩具，总是吸引着学生流连忘返。妈妈也是每天放学就要去逛那家最大的文具店。如今，当年那家文具店已经变成了古镇的"桃花坞酒馆"。

还有一处最令妈妈印象深刻的是画糖饼摊。画糖人的摊位前，总是人头攒动，挤得水泄不通。这个类似抽奖，给个几毛钱就能转一次大转盘，转到什么图案，就当场给你画什么图案。所以，全场气氛时而紧张，时而高亢，大家都在呐喊最大的图案：龙！如今，这里依然是画糖饼的摊位。

古镇的老街，充满了妈妈儿时快乐的回忆，放学时光总是那么美好悠长，无忧无虑，仿佛有用不完的时光。逛完各类小店，便要走过融光桥。虽然几十年过去，但这桥却丝毫没有改变，每一块石头，连同桥边的那棵大树，桥石缝里长出来的杂草植物，都是记忆里的模样。只是古树更高了，寄生植物更多了，而石桥的台阶，更光滑了。这座桥，是多少柯小人求学的必经之路啊，承载了多少人的童年回忆！

河岸两边，还有一些老台门。妈妈说，她以前很多同学就住在里面。踏进老台门，依稀还有一些老人住在里面，烟火气息不减。

不远处，还有一座柯东桥，也是柯桥古镇以前繁华的地方，那里以前车水马龙，川流不息，见证了柯桥的经济腾飞。如今时代变迁，柯东桥改造成了廊桥，雕梁画栋，成了古镇一道亮丽的景观。

漫步在古镇的街头巷尾，品味着古镇的青瓦白墙、石桥古运河、老台门旧弄堂、拼板木门和雕花木窗，恍然间有古今交错之感，令人感慨万千！古镇给柯桥人民保留住了最珍贵的回忆，也激励着我们继续勇往直前，开创未来。（2021年11月）

绍兴市柯桥区柯桥小学六（4）班　朱古力

指导老师：唐燕琴

悠悠古镇，温情依旧

柯桥古镇是爸爸的出生地。小时候爸爸每次带着我路过的时候都会感叹，这里以前可是柯桥最繁华的地方。一条寂静的长河，沿河两排寂寞的房子从我眼前掠过，是我对老柯桥唯一的印象。

如今，柯桥古镇焕发了新的生机和活力。重建后的柯桥古镇，夜景十分迷人。站在高处俯瞰，各类沿河的建筑发着亮光，水面上飘浮着轻薄的雾气；迷离昏黄的灯光和白色水雾交织在一起，如同仙境一般。

小桥、流水、人家是绍兴的建筑风格，有水就会有桥。柯桥古镇，水流纵横交错，穿插在一起，编织成一张大网，将古镇分成了许多网格，各式各样的桥将这些网格勾连在一起。最有名的要算融光桥了，它没有经过任何改造和雕琢，还是爸爸小时候的模样。桥身两侧的藤蔓郁郁葱葱，一直从桥头延伸到桥尾。这是一座有生命的桥，上边的藤蔓以桥为框架，不断向着四面八方生长，变为自己的领地。无论是在过去还是现在，它们一直伴着古桥，在那里繁衍生息。

这融光桥也是古镇内唯一一座没有灯光的桥，旁的桥，或多或少都用了灯光灯带。它却不一样，从头到尾没有一点灯光，只有旧时的长石板像以前一样光滑，打磨着游人的脚底。

朴实的融光桥很美，带灯光的新桥亦很美。圆形的拱桥，沿着桥栏安上一排灯带，倒影映在水中。恍惚之间，那小桥和它的倒影融为一体，成了一只巨大的眸子，凝视着这美丽的古镇。这时，一阵风吹过，微波漾漾，桥的倒影和水光让人迷离……

远处还有一排喷泉，夜晚，五彩的灯光亮起，水从喷泉口喷涌而出，正好落到了旁边的灯上。那颜色由红渐变到紫，仿佛晶莹的五彩玉石。这喷出来的水，前半程还紧密相连，而到了后半程就逐渐扩散，在彩灯的照耀下，又像满天的七彩花瓣迎风飘扬。

古桥周围的房子，从头到尾无不渗出古朴的气息。屋顶黑灰的瓦片，与下边的白墙形成了鲜明的对比。白墙的中央偶尔还镶进一块石刻的花窗，就像一幅淡淡的中国画，好看极了。

古镇的街巷东来西去、南来北往，整齐有序。爸爸说他以前上幼儿园的时候，如果是晴天就直接走大路，所谓大路就是前一排房子和后一排房子之间的小巷子；每逢雨天，他走的便是沿河的长廊，听雨声叮咚，看雨点在水面画出一圈圈小圆晕……

我们沿着河边的翻轩长廊边走边谈。爸爸妈妈的回忆让古镇更加鲜活，也充满着温情。

小时候，妈妈跟太奶奶一起去配药，买完药后在老街沿河的馄饨店歇脚。还不懂事的妈妈直勾勾地盯着别人碗里的馄饨，可太奶奶身上已没有几个钱了，不够再买一碗馄饨。太奶奶为难地跟邻座的大娘说："侬个大妈，我用钱跟你匀半碗馄饨，好吗？"大娘说："小孩要吃嘛，你早点说啊，这样我就不吃了。"说罢就用手把馄饨推过来，再三说不要钱。每当妈妈带我来古镇走走，就会把这个故事一遍遍地讲给我听。

爸爸也有故事埋藏在记忆中。小时候的爸爸跟着太爷爷一起去古镇，经过"大桥"（融光桥）。太爷爷看见桥头有一个跟爸爸年纪差不多的小孩在要饭，马上走去包子铺买了个肉包子。爸爸本以为是买给他的，兴冲冲地迎了上去，但太爷爷却把包子给了那个小孩。这件事爸爸一直都记忆犹新。

这里以前有一个照相馆，这里之前是个卫生院，这里是冷饮店……爸爸妈妈就像古镇的导游，指指点点，如数家珍。跟着他们的脚步，听着他们的故事，老柯桥的画卷在我眼前鲜活起来：斗转星移，物是人非，但温情依旧。（2022年2月）

绍兴市柯桥区实验小学六（5）班　缪溢泽
指导老师：丁凤琴

探寻季家台门

柯桥古镇经过五年多的建设，以华丽的身姿向人们展示了她独特的魅力。双休日，我走进古镇，开始了我的探究之旅。

古镇之美在台门。走进柯桥古镇，我就发现了一个特别的建筑——季家台门。虽然我无缘进去，可是在外面看看也是别有一番韵味的。老季家台门已经被重新修整过了，所以显得富丽堂皇。两边的白墙上用行书写着两个大大的"福"字，原木色的屋檐上铺着漆黑漆黑的瓦片，屋檐下的门框里安着两扇深褐色的大门，大门上装着一对深黄色的铜圆环。在门上，圆环底部相对应的位置嵌入了两枚同样是深黄色的铜钉，这就是古时候的"门铃"。大门的旁边还有两扇小小的耳门，我想它们可能是用来给一些地位比较卑微的人进出的吧。

走进大门，我突然发现在大门门框顶部内侧的石头上，雕刻着两个龙头。这两条龙都瞪着大大的眼睛，紧紧地咬着中间的那颗珠子，好像在争抢着这颗圆珠。咦，这个图案为什么要雕刻在门框上面呢？是根据每户人家地位的高低，来雕刻不同的图案呢，还是根据每户人家的富有程度来选择图案？看来要去网上好好考证一番。

寻寻觅觅了一会儿后，我在离育才路的古镇入口处不远的地方找到了新季家台门。新季家台门显然没有被大规模地修整过，比起老季家台门来，这里显得有点儿破旧了，白墙上已经出现了一道道裂缝，木门上也布满了"皱纹"。门框顶部的内侧同样雕刻着双龙戏珠的图案，门框上方用隶书镌刻着"蘧庐"两个醒目的大字。旁边还有一个小门，也是比较旧的。但是这个小门的门框内侧雕的不是双龙戏珠，而是两头威风凛凛的卷毛雄狮。它们也是在抢一颗圆圆的珠子，这个图案又寓意着什么呢？在小门旁边那一块石头上，镌刻着"蘧庐界"三个字。其他的字我都认识，唯独"蘧"这个字我不认识，而且也不理解意思。后来上网查了查，才知道这个字念qú，是古代驿传中供人休息的房子，也就是旅店的意思。

两座季家台门都建造于晚清年间，它们的后面就是古老而又宽阔的大运河。在中华人民共和国成立以前，新季家台门曾是柯桥镇上唯一的一家纺织企业——福缘兴袜厂的所在地，中华人民共和国成立后，成了柯桥区公所所在地。而老季家台门，中华人民共和国成立后一直是柯桥镇镇委所在地。两处季家台门，见证着柯桥古镇的昨天，也将见证它的今天和明天。（2022年2月）

绍兴市柯桥区实验小学六（5）班　邵昕儿
指导老师：丁凤琴

湖南爷爷爱上了绍兴乌毡帽

我的爷爷是地地道道的湖南人,大学毕业的爸爸来绍兴工作后与我妈妈成了家,爷爷奶奶在我哥哥出生前一个月也来到了绍兴。这一住,近二十年了。

家门口的古镇开放了,这可实在方便了我们这一带的老百姓。一个深秋的周末,妈妈提醒我,再过一周就是爷爷的生日了,问我要不要给他准备个礼物。我一时想不出可以送的物品,于是妈妈提出陪我去古镇找找。古镇上的商品琳琅满目,在经过一家老年用品小店时,我驻足了一会儿,热情好客的店主招呼我:"小朋友,进来看看,要不要买点东西送给爷爷奶奶或者外公外婆?"

店主先后向我推荐了拐杖、鞋子、按摩器等物品,这些东西不是爷爷已经有了,就是价格超过了我的购买能力(妈妈让我拿自己攒的钱给爷爷买礼物)。见我快要走出门时,店主问:"要不要买顶乌毡帽啊?老年人都喜欢的,这毡帽防风防雨又保暖,还兼具储物功能。"在他的推荐下,我买下一顶做工精良的乌毡帽。它内外乌黑,圆顶,卷边,前段呈现畚斗形。

在爷爷生日那天早餐时,我把乌毡帽送给了爷爷。

爷爷笑着说:"谢谢我的孙女儿,这是你们老绍兴人戴的帽子。我是湖南人,还是给外公吧!"

听爷爷这么说,我有点失落地说:"谁说乌毡帽只有绍兴人戴的?"

"爸,您不也是绍兴人吗,都住二十年了!"在一旁的妈妈给我帮腔。

"好好好,那我收下就是,难为小孙女一片心意,谢谢啦!"看他收起来放进了柜子,我算是乐和了一下。

某日,妈妈邀请了外公一家来家里吃晚饭。中饭后,闲不住的爷爷要去小区北面的河边钓鱼,说是要钓条新鲜的大鲫鱼给爱吃鱼的亲家公吃,奶奶在一边笑着说:"你钓的鱼,我们这晚餐能吃得上吗?"原来,是奶奶在笑话爷爷虽然爱钓鱼却极少钓到鱼的事。

果然如奶奶所料,大半个下午过去了,爷爷一条鱼也没钓到,但这不影响我们的晚餐桌上仍旧有一条美味的大鲫鱼。只可惜爷爷被风吹得时间长了，着了凉，吃饭的时候已经开始流清涕，还有点头痛了。

晚餐时，爷爷拿了乌毡帽出来，戴在头上，对着我说："香香，你看，你送给我的帽子我戴过了哦，但为了让帽子发挥最大的功用，现在我把这结实的帽子送给我的亲家公了，你可不能拦阻我！"

外公笑着说："我家里已经有两顶了，你留着戴。这毡帽冬可保暖夏可遮阳，不仅防风而且耐雨，四季可用。卷边可以根据需要翻折，卷边上还可以储藏小物品，零钱、棉签、牙线、香烟、打火机，非常方便。你刚才要是戴着这毡帽去钓鱼，就不会着凉了，要知道，身体的热量有70%是从头顶上逃走的。"呵，原来外公还学会把我告诉他的科学知识活学活用了。"哦，有这么好用吗，那我就自己用了，不送你了！"爷爷一笑，皱纹都开了花。

我紧接着讲了一个发明乌毡帽的传说：当年一个猎人上山打猎时打伤了一只老虎，他一路追着受伤的老虎到了老虎洞里，发现洞里有一张毛茸茸的毯子，于是卷起毛毯连同老虎一并带回了家。回家后把毛毯做成了帽子，发现这毡帽非常实用，于是就把做毡帽的方法传播开去了。

爷爷和外公都属虎，听了我这个关于乌毡帽的传说，笑开了，都说以后就戴乌毡帽，不要当那只受伤的老虎。

这个冬季，爷爷很多时间都戴着那顶我送给他的乌毡帽。他去散步时戴着，去逛街时戴着，去钓鱼时也戴着，见到熟人就说，这是我孙女儿送给我的礼物。我们家人都笑话他，这下，你也是绍兴人了吧！爷爷说，我呀，当绍兴人二十年了，可惜呀，这才刚知道乌毡帽的好。

乌毡帽是绍兴独特的民间常用帽。它冬经风雨夏遮阳，四季可用。其制作精细，牢固耐磨，厚实硬邦，湿之即干，经济实惠，尤其为农民们所喜欢。改革开放前，绍兴一带中老年男人，几乎都戴着一顶乌毡帽。那么乌毡帽是如何制作的呢？首先选用当年春天剪下的湖羊毛，将羊毛里面的杂质挑选干净后，加水放上一夜。用弹棉花的方式将羊毛弹成絮状，然后将弹好的羊毛均匀地摊在竹垫上。铺好后喷水将蓬松的羊毛压倒，并用竹垫卷起来，扎紧。两人用同一只脚向一个方向同时用力捻。将帽子的大致形状捻出来，完成后再重复上面"捻"的工序。接着再将帽子中间扯开，做成饺子状。再在滚烫的开水里揉搓，将其中的脏物揉出来。揉搓干净后，还要在太阳下暴晒几天。最后晒干的毡帽用特殊的模具定型。边上冒出来的细羊毛有点扎人，要用小火烤掉。然后再把烤好的毡帽染色。再次定型、晒干后，乌毡帽就做好了。

明张岱《夜航船》载："秦汉始效羌人制为毡帽。"明会稽人曾石卿亦有"鹅黄蚕茧燕毡帽"之句。清光绪二十五年（1899），潘尚升从绍兴袍渎搬入城区西营，开设潘万盛毡帽店，年产毡帽约2000顶。1940年，毡帽益盛。戴乌毡帽成为绍兴当地汉族男人的一个鲜明标志。

我还跟爷爷说，我们绍兴人聪明，我们绍兴文化博大精深，能吸引来自五湖四海的人们留下来，不管男女老少，爷爷您也逃不掉！（2022年3月）

绍兴市柯桥区柯桥小学六（4）班　谷相宜
指导老师：唐燕琴

水乡精灵乌篷船

我的家乡柯桥是一座历史悠久的江南小镇，乌篷船是柯桥的"代言人"之一。

据历史记载：从春秋到隋唐五代，乌篷船是捕鱼用具，正是绍兴的造船史掀开了整部绍兴经济史；从宋元明清到民国，乌篷船就成了重要的交通工具。柯桥是一座水乡，乌篷船就自然而然地成了主要的交通工具；直到中华人民共和国成立后，乌篷船在柯桥有了名气，是文化旅游的标志，是各地游客都赞不绝口的绍兴"三乌之一"。

从爸爸口中得知，在他小时候，陆路不发达，人们到集市采购东西时全靠乌篷船。下雨时，船上的篷可以拉上，防止淋湿；天晴时，可以把篷收拢，晒晒太阳。因为船上的竹篷被漆成黑色，乌篷船因此得名。

今年春节，我和家人一起去了柯桥古镇，我怀着好奇的心情登上了乌篷船。船身上雕刻着花纹和图案，船头雕刻着虎头，它像在微笑，颇为滑稽。船夫的划船方式也与众不同：他的脚灵巧地蹬着桨，手也握着一把桨，那是用来控制方向的。

桨开始有节奏地划动，小船也缓缓地前行，一下子，古镇的风景尽收眼底，别有一番风味：桥边是一条热闹的街市，不时传来一阵阵吆喝声；各家店铺都挂着红灯笼，贴着春联；两岸的垂柳在微风中摇曳，像是在和我们微笑点头；阵阵酱鸭、腊肠的浓香扑鼻而来，让我们心旷神怡。有趣的是，船夫会在极窄的船舷上放一碟茴香豆之类的下酒菜，右手拿一杯小酒，好像他不是在划船，倒像是在和我们一起欣赏风景呢！看看窗外，桨轻轻拨动水面，泛起阵阵涟漪，清风徐来，吹到我们的脸庞上，顿时感觉神清气爽，此刻真想唱一首儿时的歌："让我们荡起双桨，小船儿推开波浪……"

乌篷船是柯桥的精灵，更是柯桥的一道亮丽的风景。每当一叶小小的乌篷船，轻轻地行驶在运河上，慢慢地穿过古桥，悠然地穿行在古镇的河道上时，这种情景，怎一个"美"字了得！（2021年12月）

中国轻纺城小学六（11）班　赵思诚
指导老师：汤红燕

乌篷船划出幸福生活

绍兴有三乌：乌篷船、乌毡帽、乌干菜。乌篷船是具有水乡特点的交通工具。柯桥古镇依靠萧绍运河，运河上乌篷船往来穿梭，吸引着许多游人乘坐体验。

古代的文人墨客在看见乌篷船时忍不住惊叹，惊叹它的美丽，惊叹它的独特，留下了千古流传的绝美佳句。"飘然篷艇东归客，尽日相看忆楚乡。"是诗人温庭筠在南湖看见乌篷船后触景生情，思念起了家乡。"轻舟八尺，低篷三扇，占断苹洲烟雨。"是爱国诗人陆游借乌篷以表自己的高洁，表达对朝廷的不满。而李珣却借"缆却扁舟篷底睡"，表现出钓翁的悠闲生活和自己对乡村生活的向往。

我的家乡是柯岩街道余渚村，原来是属于柯桥镇的。村公园里也停着一艘乌篷船，乌篷船见证了改革开放后的村庄发展，见证了村民们用勤劳双手创造的美好家园，在绿树的掩映之下，有着"福船余渚"的美称。

改革开放前，余渚虽然处于江南水乡，但村里发展全靠农业，大部分人以种田为生，靠天吃饭。听我爷爷说，他们那个时候，经常闹饥荒，有了上顿没下顿，年轻力壮的男人只好把乌篷船划到附近的河里，去摸鱼捕虾扒螺蛳，再到柯桥老街的集市上换取油米，维持家用。

到20世纪90年代，随着经济贸易的发展，村民们便燃起了致富的梦想。原来划乌篷船的小船户头将船划到柯桥老街，做起了布匹生意。接着又陆续上岸，在中国轻纺城开门市部，招待八方来客，挖到了第一桶金。2001年中国加入世界贸易组织，原来的小船户头们抓住了这个千载难逢的机遇，背靠着柯桥完整的贸易产业，建立了从织布、印染、贸易一条龙服务，成立了外贸公司。他们利用自己的勤劳与智慧，把纺织品卖到了世界各地，为国家赚取外汇的同时，资本积累呈几何级递增，实现了发家致富。现在又利用淘宝网做网上生意，利用抖音、快手直播带货，使柯桥的纺织品产业越做越大，越做越好。

曾经的房子破旧不堪，墙面杂草丛生，下雨时还会漏水，风大时屋顶还会被掀起来。村民们也只能开三轮车，费时又费力。小溪里的水也异常混浊，满是垃圾。但现在，一切都好起来了，村里盖起了一栋栋别墅，村民们开起了汽车，小溪也变清澈了。大妈们在村公园里跳广场舞，大爷们在棋牌室里下棋、打牌、喝茶，小伙子们在篮球场里打篮球，孩子们则在娱乐区里追逐玩闹。漫步村内，楼高、路净、水清、灯明，路旁河边，房屋前后，绿树成荫，鸟语花香，一派生机勃勃。

乌篷船划啊划，划进了古镇，划出了希望，划出了富裕，划出了幸福。（2022年2月）

绍兴市柯桥区柯桥小学六（5）班　唐子涵
指导老师：林　丽

永丰桥

我生在江南，长在江南。我美丽的家乡柯桥，就是典型的江南水乡，素有"东方威尼斯"之美称。所谓"小桥流水人家"，我们柯桥又怎少得了水，离得开桥呢！因水建桥，以桥得名。柯桥的桥，真是三步一桥，两步一景，数不胜数，星罗棋布，然古桥悠悠，尤为柯桥古镇的桥最是瞩目。

一条古运河，横亘镇东西，从东官塘到西官塘……一条古柯水，穿越镇南北，从上市头到下市头……这便有了柯桥古镇里面的三桥四水。人们仰望融光桥的高大雄伟，深陷其桥身青藤的风情，再而慕名柯桥的动人传说，沉浸其久远的历史，而我却独独对不显山不露水的永丰桥情有独钟，感触颇深。

永丰桥又名日晖桥，位于西官塘和管墅直江交汇处东侧，紧邻于绿意盎然的融光桥，其又与隔河相对的柯桥默默凝视，遥遥相望。建于清代同治二年（1863）。永丰桥为单孔马蹄形石拱桥，桥全长12.80米，桥宽3.40米，桥高4.70米，孔高4.00米，跨径4.30米。两桥台以条石错缝叠砌而成，桥西置石台阶19级。桥东边11级台阶下又置了一个石平台，再转而向南北两面各分设5级和7级石台阶。桥平面图为独特的"T"字形。拱券以六组石板五纵四联分节并列砌筑。桥面两侧置石质实体栏板，栏板外侧刻有"永丰桥"三字桥名。四角置方形望柱，柱头雕刻线条图饰。西北侧的桥墩石块上"清同治二年清和月吉立"等字样依稀可辨。

确实，综上所述，面前的永丰桥既不高大，也不豪华，感觉没有一丝可以拿出来值得炫耀的地方。它就是那样静静地卧在两岸之间，从头到尾，平凡而又实惠。然而每每我来到古镇，踩过永丰桥上坑坑洼洼的旧石板，仿佛走在了满是时间的痕迹上。耳入永丰桥下流水潺潺，摇橹声声，便陶醉在透着青春跳跃的韵律中，让我不由自主地思绪纷飞，神游千里……

是啊，永丰桥，平凡的桥，却有不平凡的意义。老桥诞生之日起，便肩负起了其毕生的使命和责任。无论风吹雨打，还是严寒酷暑，它总是从容自若地站在那里。它在那里，默默坚守，无悔奉献。它在那里，守护好了自己的分寸之地，也撑出了一片爱的天地。它在那里，看罢千帆过尽，依旧处之泰然，于淡泊中平和自在，于平凡中感悟美妙。任凭时光随河流淌，唯它屹立其中，这边风景独好。

桥如此，人也如此，做人亦如此。人生在世，平凡者居多，虽平凡但不能平庸。平庸之人，安于现状；平凡之人，拥有梦想。我们要不卑不亢，不怨不尤，不骄不馁，不急不躁，向着自己的目标，向着自己梦想，一步一个脚印，笃定前行。（2022年2月）

绍兴市柯桥区柯桥小学六（7）班　陈轶楠
指导老师：许国琴

永丰桥的记忆

　　是一个阴天，我又来到了……哦，不，准确来说是我第一次来到这个焕然一新的柯桥古镇。

　　走过彩带飘扬的长廊，我来到了印象最深刻的那座桥——永丰桥。

　　永丰桥在柯水南侧，又名日晖桥，与融光桥、柯桥相守相望。它建于清同治年间，在众多绍兴的桥梁中，它并不算高大，也并不算豪华。桥上有方头长系石2根，拱券为纵联分节并列砌筑，栏板上阳刻"永丰桥"三个楷体字。西北侧的桥墩石块上"清同治二年清和月吉立"等字样依稀可辨。它周边有四通八达的水网，有连片的雨廊，有悠长的老街，真正构成了一幅完整版的江南小桥流水图。

　　在古镇改造之前，当你站在永丰桥上，视线可以抵达老柯桥的任何一个地方。向西望去，紧连永丰桥的是一条百米长的翻轩长廊，那青瓦下的长廊一面朝运河，一面傍依民居；向东望去，是连接两岸边熙熙攘攘的街市的融光桥；目光向北，穿过老桥和水街，可以直达柯水的尽头，那是古镇通向繁华外界的地方；向南，则可以看到最老式的江南民居，雨廊下摆着几张老旧的木式条凳，条凳上坐着老柯桥人，或独自观景，或对坐下棋，或喝酒聊天。

　　回到桥上，桥面青苔色的雨痕渗下来，渗进旁边的灰青色的石砖里；一些杂小的草从石缝中钻出来，在清风中呼吸；低头看脚踩在石阶坑洼的地方，它的边沿是光滑的，石级的坡面是斜的。"哎哟！"还记得我在这里摔过一跤。

　　"哈哈，听说咱们这儿过几年就要换新啦！到时候就不会摔了！小朋友，你今年几岁了啊——"

　　"我五岁了！"

　　"五岁这么高啦？你的豆浆。"那个在路边摆摊的老奶奶笑着说。

　　我当时也想：是啊，什么时候翻新能轮到我们这儿呢？这里太滑了。

　　已故著名旅美画家陈逸飞在1984年来到永丰桥，创作了《水乡·桥》这一油画名作。画面是以黑白为基调，画的两旁是依河而立的翻轩楼，粉墙黛瓦，沧桑而优雅，从容而不迫，一艘乌篷小船自近向远，朝前划去；清澈的河面上被船夫的船桨掀起阵阵涟漪，而远处就是一座半圆形的石拱桥，若隐若现，似有似无。桥，是整张画的中心和主题。这幅画在2021年的时候被嘉德拍卖行拍到493万元，现为私人藏品。

柯桥老街于1991年被命名为全省首批18个省级历史文化街区之一，第一轮街区保护规划于2008年编制完成。为保护柯桥历史文化街区文化遗产，继承和发扬优秀的历史文化传统，改善街区环境，展示街区历史文化，柯桥区人民政府于2014年年底全面启动了街区的保护和改造工作。

就这样，永丰桥可以说是进入了它这一生的"换脸"阶段。

2021年元旦，柯桥古镇以它全新的面貌迎接四面八方的游客。我思绪万千，抬起头看着这个"生面孔"。

南边的江南民居如今变成了一家家还在装修的店铺，东面的融光桥感觉不再是熙熙攘攘的主要地方了，它的西南面的一块广场，才是人流最多的地方。

桥面许是被清洗过了吧，青青的苔藓似乎被清理掉了，露出它原来的底色——灰青色。桥端还有些不知道是油漆还是什么白色的装修残留的粉末。桥旁边也全都是白面的墙，棕榈色的木头阁楼，乌黑色的、整齐的瓦片屋顶。总之，周围的一切都变得干净了。

对于初到这里的人，感觉是令人舒适的。夜晚，永丰桥是人们通往两边街市的桥梁，十分热闹；白天，又是一位孤独的卫河人，再也没有了五年前质朴的欢乐，取而代之是街边嘈杂的音乐声。

时代在进步，我们周围的一切都在随之改变，快节奏的生活中，旧的东西随时被打破更新，但与此同时我们却更怀念那失去的世外桃源。如今的柯桥古桥虽已焕发了新的活力，但感觉总归是缺少了点什么。古城保护和新城改造如何兼顾，是一个时代课题。作为一个古镇变迁的见证者，我想是不是留下老柯镇人会更接地气一些？毕竟烟火气才是一座古镇最淳朴的底色与灵气，炊烟袅袅、桨声欸乃更添一份水乡韵味。

（2022年2月）

绍兴市柯桥区柯桥小学六（5）班　夏乐怡
指导老师：林　丽

寺 桥

寺桥，是一座被人遗忘的桥。

绍兴素有"桥乡"之称，而古柯桥内又是绍兴桥最多的乡镇之一。古镇众多的石桥，组成不可多得的奇观。在不足400米长的柯水河上平行排列着五座东西向的石桥：公路桥、红木桥、公济桥、寺桥、柯桥。而位于融光寺之前的那座桥，就是寺桥。

寺桥原位于柯桥急水弄老街大街口，连接急水弄西岸融光寺，因寺得名，由寺庙出资建造。寺桥是融光寺重要的组成部分。从建筑布局来说，桥一般都位于寺庙的前端；从传统风水角度来看，寺庙前有寺河，桥就是普度众生。寺桥不仅是连接融光寺与街道的关口，也象征着不同的人生选择。一旦跨过这座桥，就象征着新的人生的开始，要忘记之前的一切。而且一旦踏上了就不能回头，要直面自己的命运。

早在万历《绍兴府志》"祭祀志"所附的《柯桥图》中，就已出现寺桥的身影，寺桥之尊荣名副其实。总体结构为单孔石梁平桥，总体桥位较低，且桥体为实体。桥坡较短，桥面较长，正因为这样，寺桥总体看上去有些呆板，就像坐落在河上。因此，寺桥也有"沉睡的桥"之称。其台阶十分方整，不像别的桥的台阶凹陷很多，两面的实体形石栏更是矮得出奇，站在桥上，颇有"桥水一体"的感觉。

寺桥也是柯桥的经济中心、文化中心。

早在寺桥的初建年代，它就是进行贸易的重要关口，来贸易的人摩肩接踵，常把入口挤得水泄不通。柯桥有"东方威尼斯"的美称，当时的交通工具也主要是船，船上的人前呼后拥，掉进水里也是常有的事。当时寺桥的繁华真令人难以想象。

寺桥两边是贸易市场，从宋代到清代，店铺上的图案都是水墨画风。贸易的都是我们江南水乡的特产，其中茶叶最为著名，当时卖的茶叶，不像现在的那么碎，都是刚刚长出嫩芽的，颗颗都很完整、饱满、色泽晶莹剔透，绿色中稍稍带有一点黄。手感软而实，嫩而富有一点弹性，每一颗都焕发着勃勃的生机。泡在水里，似乎连水都有了生机。喝入口中刚开始有点苦，仔细品味后又感到一点甜，口感清新而又甘醇。这种茶叶只有在江南这一带才能买到，是爱喝茶的人必抢的茶叶。

到了民国时期，贸易市场更加壮大了。售卖的东西也是五花八门：酒肉、干果、茶叶、衣服、药草、蔬菜水果、家具……大寺前是表演的地方，这里经常表演绍兴的戏曲，偶尔也会有人来讲国学等。附近的酒店都是不一般地豪华，菜肴应有尽有，还免费配上名贵的茶叶，有的饭店里面还有旅馆。每个店的老板都下了血本，赚钱是其次，最重要的是撑起柯桥古镇"巨镇"这一称号大旗。

最著名的，还要数紧邻寺桥的茶馆。茶馆的面积不算太大，靠东一排花格窗可以看到寺桥的全貌。窗上的花纹与寺桥相映衬，别有一番美感。茶馆里有许多花瓶，年代十分久远。茶叶品种俱全，吸引了许多茶客来品茶。二层为平民的去处，三层为文人的去处，档次也有高低。说书的人都穿着灰色的长衫，说书时语气悠缓，时而有停顿，说得生动传神。喝茶的人听着听着就入神了。

寺桥的历史与融光寺息息相关。融光寺（俗称大寺）旧址系宋代古刹灵秘院，其寺址坐落在现融光桥西南，急水弄西岸，即今柯桥剧院及四周之地。

融光寺前身灵秘院，系僧智性于宋绍兴六年（1136年）创办，开始只结茅（草舍）一厦，后日益增葺，智性得到绍兴府的允准，挂安昌乡灵秘废院的匾额及编著制员额，智性90余岁还能领导院事。宋淳熙十六年（1189年）九月有准尚书礼部符甲乙主持，经150余年至元朝末年院毁，明洪武十四年（1381年）僧海印重建。明英宗正统十二年（1447年）诏从侍郎王佑言赐经一藏，购重屋贮之，并赐融光寺额，才正式称融光寺。

明万历年间，大学士王应遴得金藏筑造藏经楼，融光寺已成为规模壮丽、远近闻名的大寺。从清《康熙山阴县志》（山川志之二）"柯桥图"中可以看出，融光寺在融光桥西南面，山门、大殿气势雄伟，藏经楼耸立在寺的西南。据新发现的光绪十三年间国月竖的勒石记载，融光寺系明代古刹，咸丰辛酉尽遭燹殿，经僧徒构木荣巢，建造大殿，旧寺重新。融光寺在清咸丰辛酉（1861年）又遭火灾以后，直到光绪十一年（1885年）才再次修复。

融光寺历经四毁四建，800余年的历史，现只留下了一个破损的大石础和一块原山门弥勒佛的石板废弃在沿河的道地上，仿佛在向世人诉说融光寺的兴衰历史。

寺桥，经历了年代的风风雨雨，却依然举世闻名。可是，好景不长，柯水河本身就很窄，且当时寺桥又是名胜之地，河道狭小、船只拥堵、水流不通、水位急涨这些问题层出不穷。早在寺桥的初建，就有人发现了这一重大隐患。但是，根本没有人敢提出这一个违背民心的问题。当时的寺桥难以想象地繁华。拆除寺桥，就相当于切断了柯桥的一个重要的经济来源，而且整个柯桥古镇景区可能会因为寺桥被拆而不再有名，从此销声匿迹。而这些还只是其次，如果真的拆桥，融光寺的文化也会因此被毁，虽然可以将文物保存，但以当时的技术还不足以将文物保存完善。而这一些古镇的老居民也会因此十分不满。尤其是融光寺的传人，一定召集民心反抗政府，这样损失可就不止一座桥了。

这个问题一直拖到了1976年，连接寺桥的有一条河叫"急水弄"，其宽不到15米。正是这样一条河，有着"老街的灵魂"之称，也是柯桥最具有代表性的一条河。在明朝时期，这条河长达230米。而到了1976年，这条河每逢上游下雨，街河水流湍急，大家都称街河为"急水弄"。自上而下的船只，船夫必须站立船头，手握撑杆，口中高喊"当心，勿可来哉"，以防与运河中行船相撞。上流水急，与运河交汇后，泛起阵阵水波、无数漩涡，一群群的鱼儿在急水浪花中冲浪嬉戏。每逢雨水时节，两岸多是打网的、挟网的、扳网的、引（诱）鱼的、戳（刺）鱼的人群，一派鱼跃人欢的情景。而随着春雨的越积越多，这条古运河的水位也越来越高，这条河也渐渐地不再能打鱼，这也是寺桥被拆的一个重要原因。

寺桥的被拆，是许多人心中难以抹去的记忆。但是"天若有情天亦老，人间正道是沧桑"。县政府迁址后，2004年，为保护、建设柯桥历史文化街区，对柯桥古镇进行修建，而寺桥也顺势在2020年重建。

在重建的过程中，工人们先看了看寺桥的原貌，然后用大条搭好梁。用的材料都是长条的石块，总体桥位提高了很多，桥墩也从实体改为了柱式。阶梯的两边增加了斜坡。而为了增加桥的承重，柱子中间增加了几块横放的石块。桥底还放了几根抽水管，在晚上还会发光。桥面上的石头中间平两边略有凹陷，一看就很有年代感，站在桥上，可以一览整条河的美景，颇有重获新生的感觉。重建后的寺桥，无论是在结构还是在外观上都更趋合理和完美，既体现出寺桥深厚的文化底蕴，也十分富有创新和美感。

寺桥，是柯桥古镇的历史见证。（2022年2月）

绍兴市柯桥区柯桥小学六（7）班　卢柯名

指导老师：许国琴

柯东桥

江南水乡，风光旖旎，站在桥上往下望，看见的便是这么风景优美的一幅画。桥在柯桥东侧，因此得名——柯东桥。

柯东桥始建于1984年，才建成了三十几年，但它这三十几年，经历却有些曲折。现在的这座桥是2004年拆除重建的，你或许会疑惑，为什么要拆了它呢？那是因为当年的柯东桥桥身出现多处裂缝，成了一座危桥，政府才决定下令拆除重建。不然如今见到的，就是一座岌岌可危的老桥了。

柯东桥建设的时候，柯桥正处于高度发展的前期，老柯桥人不免担心柯桥本身的格局被改变，但随之而来的是狂喜，因为这象征着柯桥这个城市，开始被人关注，开始发展了。次年九月，柯东桥竣工，当时的人们也许没有想到，这座桥将是柯桥的一座名桥。

柯东桥位于柯桥东侧的轮船码头旁的古运河上。古运河，人称官塘，官塘又分东塘与西塘。在东官塘上岸，曾立一碑，名"义虎碑"，说的是在清朝时有一对兄弟，一日，哥哥去河边后失踪，弟弟便去找，最后发现哥哥被老虎压于身下，弟弟情急之下将头伸入虎口，谁知这老虎好似被他们的兄弟情深而感动，转身离去。后人为了称赞弟弟为哥哥奋不顾身的情谊，特立此碑。

在1993年时，柯东桥因笛扬路的发展，桥上越发拥挤，于是，政府下令，在桥边增加3米的人行道。现在的柯东桥，宽16米，长106米，上部为古建筑，桥西为4座观亭，桥南桥北设12米高的望楼，沿桥台阶共29级，桥上104根柱子支撑着上方的古建筑，古色古香，美观端庄，颇有中国味。

柯东桥是一座廊桥，是古代劳动人民智慧的结晶，具有极高的科学、文化、艺术价值，是珍贵的世界文化遗产。现在的柯东桥美丽又不失大气，是柯桥的标志性建筑。柯东桥南端，手机超市鳞次栉比；柯东桥北端，一条休闲又繁华的步行街热闹非凡，人群络绎不绝。在远处，还有一座红色的拱形钢架桥——轻纺大桥，那是现代化城市的象征，而柯东桥则是古代中国的传承。向西边望去，你就能看到一座披挂着绿色藤蔓的古桥，那，便是融光桥。爸爸朋友曾说过，以前只有一座融光桥，无论到哪都要经过那一座桥，之后才建起了柯东桥。这么说，融光桥也算是"前辈"了。再看向河中，如果运气好，便能看到几艘乌篷船停在河沿边。

在2017年，柯东桥上新增了一副对联"碧水扬帆畅达五湖四海，长虹声彩喜迎万客千商"表达了当年柯桥万商云集，一派繁荣的商业景象。而对联乃我国传统文化之一，所以这副对联还有宣传中国传统文化的作用。

我去过柯东桥，身边大多数人也都去过。我第一次看见它时才五岁，那时的我，被它震撼到了：原来桥，可以这么好看，可以和建筑结合起来。

每到夜幕降临，柯东桥绝对是欣赏柯桥夜景的好地方，彩灯勾画出高大建筑的轮廓，街道人声鼎沸，路边的灯装饰着夜空，步行街两旁，明亮的橱窗、多彩的广告、孩童的嬉笑声，为本就鲜活的步行街增加了不少魅力。古镇，柯桥的一个新景点，那里的夜景也好看，但平视和俯视的感觉总归不一样：古镇的河面上烟雾缭绕，小巷中张灯结彩，河上还有着音乐喷泉，连屋檐都装着灯带，这些在平地也能看到；但在桥上看，以高的角度去看，总会发现一些小细节，比如那四处照的照灯，虽然我并不是很了解这有什么用。

依稀记得姑姑说，以前的柯东桥还很乱，到处都是乞讨的乞丐与胡乱停放的车，是政府将旧桥改为这么一座宏伟气派而又古色古香的廊桥。现在的桥上没有了乞丐，没有了乱停的车，花草树木处处可见，人们的素质变好了，柯东桥才变成了如今这般美丽的样子。

柯东桥下的运河举行过赛龙舟。那日，锣鼓震天响，两三条龙舟互相追赶，岸上的人们热情欢呼，舟上的人们汗如雨下，他们热情洒脱，充满生机。

现在我们站在阁楼上，向远处望去，一座座高楼拔地而起，运河上两三只乌篷船摇摇晃晃，虽说柯桥变了很多，但仍然保留着以前的气息。以前那窄窄的小马路变长了，变宽了，变得热闹了，一些老人坐在竹椅上怀念着曾经，但令人怀念的，到底是曾经的柯桥，还是他们的童年？

如今，柯桥成了亚洲的最大现代化纺织品集散中心，柯东桥也陪伴了柯桥三十多年岁月，以后也会陪伴柯桥更久。（2022年2月）

绍兴市柯桥区柯桥小学六（1）班　黄　莹
指导老师：钱春霞

游柯亭公园

柯亭，古地名，又名高迁亭和千秋亭，是一座汉代的驿亭，至今已有1800多年历史了。现位于绍兴市柯桥区柯桥街道柯亭社区南首、柯东桥东面四五百米处，紧邻着浙东运河。

沿着大运河北岸由西向东探寻柯亭，先映入眼帘的是河边的三艘水泥做的乌篷船模型。这三艘船大体是黑色的，船上有三个独立的半圆篷，篷上两个可移动的篷用黄色点缀，让人不禁想起"以船为车，以楫为马"时柯桥水埠"千支撑杆"的繁忙景象。

往前走，只见一条蜿蜒曲折的小河，河水清澈见底，河上架着一座单孔石拱桥，它有个好听的名字"银莲桥"，与百米外运河之上的"渡月桥"遥相呼应，彼此有惺惺相惜的感觉。过了银莲桥，有个木制单层小凉亭，小巧精致，让人联想起古时文人骚客在亭子里饮酒作诗的情景。

过了渡月桥，一座高大的雕像屹立眼前，身后写着四个大字——旷世逸才。他是东汉后期的文学家、书法家和音乐家蔡邕。

穿过蔡邕身后，柯亭就在眼前。正门朝河，临河立着一块大牌坊，正面的上面刻着书法家王冬龄题写的横批——笛韵千秋。两边柱子上刻着寿新仁撰写的、由著名书法家郭子书写的对联："奇响发龙吟良才自有知音赏，名亭留胜迹翠笛长歌越水情"。背面，横批是书法家车广荫书写的"遗韵流风"，柱子上刻着书法家喻革良书写的姚继祖的诗句："一亭明月无声照，千古游人仰面思"。

柯亭分为两层，亭子中间有四根大圆柱子，每层四个飞檐。特别是到了晚上，两层飞檐被灯光照得金碧辉煌，大有大鹏展翅的浩然之气。每个角有三根柱子支撑着，十二根柱子围成一圈，柱子之间有横板连接，扶栏包围，可供游人坐在上面休息。登上三步台阶，进入大门，一楼空间较大，左边有一个通往二楼的木楼，没有特别之处。沿着楼梯上了二楼，里面的空间不大，四面各有八扇小窗，所有的门窗都有精雕细琢的图案。在没有电灯的年代，这种设计，足以让阳光透进来，又不失私密。亭子的顶部像一把用竹条编织而成的纸伞，顶下是六根很粗的木头组合成的一个六边形。六边形下又有四根粗梁织成一个四边形，牢牢地把亭顶支起来。从外面看，仿佛是给亭子戴上了一顶斗笠。

　　柯亭的两旁被走廊包围，廊墙上各有三幅精美的连环画，是在石头上雕刻而成的。柯亭的左前方有水榭，有船廊，让人仿佛看见千百年前此处的辉煌。在柯亭的后面生长着一堆竹子，竹叶郁郁葱葱，充满着生机与活力。而柯亭的竹子，与亭前站立的蔡邕，有着一段流传至今的故事。正史所记，汉末蔡邕避难会稽，宿于柯亭，仰观椽竹，知有奇音，因取为笛。从此，柯亭笛越音越语，名扬天下。就连当年乾隆南巡时，舟过其地，赋诗一首："陈留精博物，椽竹得奇遭。昔已思边让，今兼传伏滔。琴同识焦爨，剑比出洪涛。汉史无能续，千秋恨董逃。"足见柯亭的壮丽。此诗由今人书写在一块石碑上，嵌在柯亭左边走廊的墙上，而乾隆皇帝题柯亭诗的石碑估计早已淹没在历史的长河中，无迹可寻了。

　　而今，柯亭已成为柯桥区（原为绍兴县）重点文物保护单位，游人徜徉其间，得休闲之幽趣。瞻望运河，念古人疏凿之功，仰视亭椽，怀昔贤知音之雅韵，当益增爱国爱乡之情。（2022年2月）

绍兴市柯桥区柯桥小学六（1）班　陈柯颖
指导老师：钱春霞

古镇的青石板

　　细雨中的青石板是最有意境的，它承载着江南如水般清嘉悠长的岁月，诉说着古镇如雨般连绵哀婉悱恻的惆怅。

　　块块不起眼的青石板平躺在古镇的路面上，泛着淡淡的青绿色，残旧粗砺的表面散布着斑驳的痕迹，被岁月冲刷得一层层剥落下来。

　　雨敲在上面滴答作响，浸湿了缝隙里的泥土，加深了青石板的颜色，让它更加呈现出通透光洁的质地。路边残破的瓦房屋檐下滴落断断续续长条的雨，也一缕缕地浇到青石板上，溅出星点一样的水珠，跌落在细小的坑洼、缝隙里，又渐渐凝聚在一起。整座古镇就沐浴在清脆悠扬的雨声里，凉丝丝的雨点里，漫天的烟霭中。雨丝洋洋地飘洒下来，似乎世界都清静了下来，只留下雨的微微脆响，不停地在耳畔徘徊。

青石板一块块垒砌搭起一座石桥，石块搭成的石级稍有些陡，分出十几块的石板梯子，一梯又分出几小块，脚踏上去凹凸不平。长长的桥身爬上不计其数的木莲藤蔓，一片片一层层地积叠交错、覆盖缭绕，织成一张镂空的藤蔓网。远处望过去绿油油的一大片，风一吹就飘拂起来，如同掀起一阵阵青翠的波浪。

古巷里我仿佛看到有个打一柄油纸伞的、丁香一般的姑娘，婉丽娴静地踱步在烟雨中、青石上。那身影在暗淡的环境下格外显现出不一样的明艳亮眼。她沿着悠长的小巷一直这么慢慢地走着，慢慢地徘徊着直到巷子的尽头，消失不见，走进最深邃神秘的雨雾深处，走进江南那个轻缓缓悠荡荡、缭绕着烟雾的梦乡里。

江南的韵致，是如梦一样的婉转悠扬，是处处考究的精致灵巧，如青石板那样微小素净，暗淡并不引人注目。它历经了风雨的摧折，坚韧中却予人一种柔美之感，随意中又捎带一股古朴的韵味。青石板的素雅质朴携带着水乡的秀出灵动，为江南柔美的风光增添几分秀丽的颜色，替古镇倾诉了回忆里最深的江南情怀。

细雨中的青石板是最纯正的，它伴随着柯桥古镇共同存在了千百年。在古镇的青石板上，你是否也会等待一场朦胧的烟雨？（2021年12月）

绍兴市柯桥区柯桥小学六（1）班　莫芷妍
指导老师：钱春霞

历代名匾馆

匾，在《现代汉语词典》中解义为：上面题着作为标记或表示赞扬文字的长方形木牌（也有用绸布做成的）。牌匾不仅是指示标志，而且是文化的标志，甚至是文化身份的标志。它广泛应用于宫殿、牌坊、寺庙、商号、民宅等建筑的显赫位置，向人们传达皇权、文化、人物、信仰、商业等信息。匾有"夜阑卧听风吹雨，铁马冰河入梦来"的壮烈，有"春色满园关不住，一枝红杏出墙来"的柔美，也有"千磨万击还坚劲，任尔东西南北风"的坚贞。

今天，我走进柯桥古镇，走进"历代名匾馆"，聆听它们的故事。历代名匾馆坐落于古镇中心，在融光寺背后，占地面积约为400平方米，分上下两层，一楼悬挂各类匾，二楼不仅有各种匾，还有一个读书吧。馆内，共有140余块匾，上自明朝祝枝山写的"中议第"，下至民国时期各类名家写的匾。这些匾分为六大类：颂德贺岁、褒奖励志、祝寿庆喜、府第馆堂、孝贞节义、叙事崇仰。所有的匾都挺过了艰苦的日子，却挺不出岁月的手掌心。每一张匾都有被磨损的痕迹，厚厚的木头上，堆积了许多灰。

我踩着青石板，从融光寺北侧进入了历代名匾馆。这座看起来陈旧、平淡却熠熠生辉的屋子却十分引人注目。推开半开的沉重大门，映入眼帘的便是王守仁题写的"树滋堂"三个大字。

王守仁，1472年—1529年，字伯安，出生于余姚，自号阳明子，人称"阳明先生"。

此匾阳刻行楷，红底黑字，宽196厘米，高72厘米。"树"，为树立、建立之意；"滋"，指栽培。《离骚》有"余既滋兰之九畹兮，又树蕙之百亩"。屈原把兰花、蕙草喻为君子、人才，以此抒发作者培养、教育贤才的志向。王守仁为一代名师，取其"树滋"两字为堂名，语出于此，亦寓意深厚。

这三字，有"不破楼兰终不还"的方刚血气，有"玉碗盛来琥珀光"的缠绵。这"树"真如一株婀娜妩媚的娇弱杨柳，在风中舞动着柔软的枝条，拂过水面，泛起层层涟漪，在煦日春光里。这"滋"字，如润泽万物的雨露一般，三点水旁给人一种十分缓慢的感悟，右边部分刚强笔挺，如郑板桥的竹，细而不屈，枝繁叶茂。这"堂"字，如《红楼梦》中的鸳鸯剑，两面银光一闪，凉飕飕的，寒气逼人。这个字虽说看起来圆溜溜的，可是在王守仁的笔下，它却笔笔出锋芒，如战场上，有"视死如归"的坚定无比。

匾额的下款工工整整地写着"王守仁书"，笔力遒劲，字体舒展，整体看起来又紧凑。

上款虽然已经被磨平了，却让我们懂得太多太多。

也许这块匾被埋在土地之下几百个春夏秋冬，无人知晓；也许这块匾常年与风、草、动物为伴，悠然自得。挖掘出来时，它已经风化，残缺了，但我却依稀看到当年王阳明写它时的那份心境。

清朝爱国名将林则徐写的"四序堂"悬挂于一楼正堂以南。"四序"即先后四代。"四序堂"是当年为庆贺"四代同堂"而题书的厅堂匾，"四序"包括祖孙三代及太祖。它曾散落于闽南农舍，后经一番周折，才让它静悬于"历代名匾馆"。

这两块匾都在诉说着古代孝道为先、重视人才的社会理念。

匾之为物，既有较高的历史、科学、艺术价值，又具备高品位的展示、观赏和收藏价值。优秀的文化犹如金色的秋天，它永远赐予我们灿烂的辉煌。（2022年8月）

绍兴市柯桥区柯桥小学六（4）班　桑哲铭
指导老师：唐燕琴

小马路的"前世今生"

柯桥最早的繁华商业区当数笛扬路步行街了，我们柯桥老百姓也亲切地叫它"小马路"。非常幸运的是，我们学校就在小马路边上，站在教室外的走廊上，我们便能够看到小马路上鳞次栉比的商店。

"小马路"的名称中虽有"马路"二字，但它最初的长度却只有短短200米，宽度更是不足2米，故而称之为"小马路"。因为比起那些宽阔的大马路来，它实在是太短小了。别看"小马路"只是一条小路，但它却像一座桥梁，连接着几个时代的变迁。它的身下流淌着2500多年历史的浙东运河，它的南边连接着川流不息的104国道，它的西边是著名的柯桥古镇核心区域，而它的北边则是日益兴旺的柯桥主城区。它的前后左右，形成了设施齐备、经营品种最多的纺织品集散中心，成为中国规模最大，也是亚洲最大的轻纺专业市场。

在几十年前吧，小马路还只是一条位于老柯桥东面的小泥路，北连大沙滩轮船码头，中央直伸一块青石板，两旁泥土填筑，只有一些厂房、作坊、收购站，后面是密密麻麻的民居。听老一辈的人说，在民国初期，许多外地的文人墨客或达官贵人想游柯岩，从东官塘轮船码头上岸，马路从这里开始，朝南到宋文盛酱园后门，转弯向西经园渡至佛花庵，再转弯朝南经老鹤渡、潘坊坞后翻过柯山傅家坞就到了柯岩。也有人说，在以前，小马路的建设就是为了方便人们去柯岩。

虽说当时的小马路只是一条小路，可它也是当时柯桥交通最便利的地方。我的外公也曾是小马路边的河岸码头的船夫，听他说，当时的交通远没有现在那么发达，没有那么多私家车，人们大多是乘船出行。小马路北边就有一个石砌河岸，许多乘着轮船的旅客总会在这个码头上岸。船夫们用绍兴人所独有的手脚并用的划船方式，在欸乃的桨声中，迎送来往柯桥的商人、游客。小船慢而悠，很安全，也可以看见两岸许多美丽的景致。无论是乌篷船、埠船，抑或是那一叶扁舟，都缓缓行驶在水面之上，给人一种诗情画意。

后来小马路上人流密集了起来，到了1984年，老柯桥人骑自行车以至开汽车的人已经不少了，南北交通单靠融光桥已经很不适应了。于是在当时的绍兴县第七届人民代表大会第一次会议上，柯桥的人大代表们积极建议推动下，启动了小马路的改造工程。1985年9月，由政府、企业、个人共同出资的柯东桥建成了。此桥桥面长57米，宽8米，跨径36米。桥北落坡处设平台再折向东、西两个方向下桥。桥下嵌有一块捐资碑，刻着捐款人的姓名和数额。此桥建成，大大方便了运河两岸居民的往来。与此同时，柯桥已经如同一条巨龙腾空而起，霎时间万商云集、柯水流金，中国第一个专业轻纺市场在小马路的东侧诞生。但是几年下来，强大的人流物流车流，让柯东桥难以承受。1991年，柯东桥拓宽到15米，桥坡向北延伸，称为笛扬路。随着小马路的日益繁华，柯东桥又承受不了过往人流和车辆的负荷。2003年，绍兴县政府对鉴湖路以南的笛扬路段改建为商业步行街，柯东桥再次重建为廊桥，2004年10月1日竣工并投入使用。重建后的柯东桥是一座高大气派、古色古香的廊桥。廊桥为5孔石拱桥，桥面中间为毛面花岗石铺成的道路，供车辆通行，两侧为花岗石和木材修筑的人行连廊，连廊平台、台阶相间，两边置有木质廊椅。中间桥面长104.20米，南、北连接处宽14.75米；桥南左右连廊落坡处设观光平台，再折向东、西石台阶下桥；桥北左右连廊落坡处设观光平台，再折向东、西石台阶下桥。廊桥东、西两侧阁楼正中上方有"柯东桥"匾各一块。桥上另有12块桥匾和12副桥联，均由书法名家撰写。整个廊桥错落有致，气势恢宏。柯东桥成为小马路上最有文化、最有气势、最具观赏价值的一座大桥。

从此，小马路成了柯桥向北挺进的主通道。此时，在小马路的东南方，绍兴县工人文化馆、柯桥电影院等一批现代文化的娱乐场所开始出现，所以人们也说——柯东桥的建造，为柯桥商业发展打开了新天地。到了20世纪90年代，小马路正式被赋予了笛扬路的称号，它也再次被扩宽至20米，长度向北延伸600米，成了繁华笛扬路的起点，为城市腹地的"开疆辟土"打头阵，以惊人的速度，一路向北扩张，穿越了104国道、万商路、港越路、鉴湖路、山阴路、云集路、群贤路……我们的柯桥小马路，也完成了它的华丽转身，奏响了一曲柯桥现代都市版的交响乐，被人们誉为柯桥的"南京路"。

直至2022年，我们的柯桥小马路仍旧一片盛景，越发美丽、繁华了。街中心花草、树木、景观灯相映成趣，路边的一家家小店生意兴隆，热闹非凡，两侧的居民楼也灯火通明，路边也多了几家手机店、宾馆、影城。一位位外国客商也闻名而来，也算是为我们的柯桥小马路增添了不一样的情趣。走在街上，不管是烧烤摊的香气阵阵，各种饰品店的琳琅满目，还是广场舞大妈的热情，成群结队的市民熙熙攘攘——都是我们柯桥小马路具有标志性的存在。每到夜晚，小马路总会呈现一片热闹的景象，它的美名也是我们柯桥的另一个标记。如今，柯东桥也变得焕然一新，它翘角飞檐，高大巍峨，行走其间也感觉到古意盎然，有一种世俗禅林的氛围，仿佛一位上了年纪的老者在向路人静静地述说着前尘往事，体现着柯桥独特的文化底蕴，也为柯桥增添了一份独特的壮丽景致。

从小马路到笛扬路，从小路变成商业街，小马路长盛不衰，它见证了一个个时代的变迁，它就是我们家乡柯桥巨变的一个缩影，是我们时代前进的丰碑，是我们柯桥赫赫有名的商业街。今天的小马路，也依旧繁华，吸引着各地的旅客、商贩……见证着一代代新柯桥人的成长和变革。

它就是笛扬路的前身，也是我们柯桥巨变的一个缩影。20世纪80年代初，柯桥小马路不但为柯桥的经济发展立下过汗马功劳，更为后来的中国轻纺城奠定了坚实的基础。（2022年7月）

绍兴市柯桥区柯桥小学六（五）班　章子言
指导老师：林　丽

柯桥小学

柯桥小学地处柯桥笛扬路步行街，与千年古镇、柯亭古迹，以及繁华的中国轻纺城东升路市场抱团而居。柯桥小学前身系高迁学堂，始建于清光绪二十八年（1902年）。百年风雨，世纪辉煌！

——摘自百度资料

（一）

走进百年名校柯桥小学，历史的厚重感触手可及，也滋长着生生不息的浪漫诗意。大门外，隐约可见的笼式足球场变得清晰起来。球场的铁丝门前，种着几棵大树，它们有着一定的间隔，让球场不显得单调。走进球场，这里不是特别大，显得气势不够，不比那些大型足球场。但这里却可以让我们看到柯小的足球队员们拼搏的身影，他们在这里肆意奔跑，积极拼抢，挥洒汗水。在这里，他们快速成长，在各项比赛中取得了优异的成绩，为学校赢得了诸多荣誉。我静静地看着周围的一切。突然，一束太阳光照射进来，这里一片金色，熠熠生辉。迎着和煦的春风，在金色的笼罩下，我走进了一号教学楼。

（二）

　　走进一号教学楼，正值初春时节，我沐浴着春风，细品微风拂过的清凉。我踩上未扫净的树叶，发出沙沙的响声。前面就是古亭，古亭用桐木而制，左右两侧写着"风吹檀竹成万代一笛，火爆桐木制百世名琴"，大概是为了纪念蔡中郎。踏入古亭，感觉这里不仅有大自然的气息，还带着古色古香。"大自然的气息"是指在古亭的石凳下钻出来的小植物，为古亭增加了色彩，"古色古香"是指在支撑着古亭房檐的几对方形桐木，上面刻着几副对联："桃李不言成蹊径，蕙兰有香溢户窗。""文以载道，艺乃育人。""千载传蔡邕笛声声声入耳，百年树时代新人人人成材。"我想，这应该是前人刻下的吧，字字醒目，每句都写出了柯桥小学的教育良好。这就是古亭的中央。在这左边是熙僖池，右边是朗琅亭，熙僖池和朗琅亭其实都是池子，里面养着可爱的小金鱼，为池水增添了几分生机。在朗琅亭池后的古墙外，栽种了四棵大树，每当风来临时，它们便会随风摇曳，沙沙作响……

（三）

　　走出一号教学楼，与一号教学楼相隔很近的是梧桐树主题公园，来柯小，这里非逛不可。无论在什么季节，这里皆是一番诗意。在石板上有着一张石桌和三个石凳。虽然现在并非最好的观赏时节，但每到秋天来临，一阵风袭来，火红的枫叶脱离树枝，在空中翩翩起舞，丝丝秋意沁人心脾。风的声音不绝于耳，让人听起来很舒服。只有巴掌大的红树叶，却彰显了梧桐树主题公园的美丽秋色与秋的无比热情。另外这墙上也贴着许多名人的介绍，如鲁迅、茅盾、冰心、林清玄等，动静结合让人觉得这里是神圣的。

（四）

　　绕过梧桐树主题公园，便是偌大的操场，塑胶跑道传承着运动精神，运动健将们在这里一次又一次地战胜自己。而在运动之外，这里是我们的"秘密基地"……

柯小，好似一本古书，记载着几代人的成长，我爱这里，爱这里的一点一滴……
（2022年2月）

绍兴市柯桥区柯桥小学六（2）班　张诗娴

指导老师：严伟玉

"三桥四水"漫时光

柯桥，一个历史悠久的江南小镇，是我土生土长的地方，它是水之乡，也是桥之乡，素有"东方威尼斯"之称。

岁月匆匆，波光明灭，唯有古朴的一座座石桥静静地卧在水上，将时光变慢，仿佛一位位老人，诉说着自古以来的一个个故事。

柯桥古镇，河道纵横，台门密布，石板铺就的小巷穿插其间，骑楼和翻轩长廊依水而建，东西流向的浙东古运河和南北流向的柯水在这里呈十字交融，三座古朴的石桥——融光桥、柯桥、永丰桥，跨越历史长河，牢牢地托起"三桥四水"里一代代人的生活。融光桥是三座桥中最大的一座，踏上那一块块年迈的石板，柯水上沿河排列开去的大大小小或方或圆或长或短的小石桥逐渐映入眼帘。站在桥上，块块斑驳的石板，厚重且沉重。抚摸这些石块，仿佛听见历史在和人对话，仔细听，它在向你倾诉历代绍兴文人的家国情怀，它在向你喃语近代画家们的水墨丹青。古桥，曾把多少人马渡过对岸，如一位老人，弓着腰，俯身凝望水中的人影、鱼影、月影，岁月悠悠，波光聚散……著名画家吴冠中先生曾多次在融光桥下，用一张纸、几支笔，将融光桥和整个古镇画入纸中，其中《忆柯桥》之作最富水乡漫时光之神韵。

三座桥中最老的莫过于柯桥了，它的原身建于宋代，是一座平的石板桥，因在柯水之上，故名"柯桥"。现在的柯桥经过重建，已经改成拱桥了。坐在桥栏上，望向整个老街，只见河中的水纹像鱼鳞一般散开去。在河的远端，不时荡漾进几艘乌篷船。落日映衬下，老船夫、乌毡帽、乌篷船散发着金光从时光中划来，在"咿呀"的橹声和旖旎的水波中，缓缓驶来，悠然而去，消失在绿波荡漾之中。南宋陆游曾在此唱响"遥想柯桥落帆处，隔江微火认渔村"的诗句。伫立桥头，你仿佛看到那个忧国忧民的诗人泼墨挥毫，无声倾诉着心头报国无门的憾恨。

　　永丰桥也是一座名桥，栏板上刻有"永丰桥"三字。桥墩石块上之前刻有"清同治二年清和月吉立"的字样，标志着它的问世之日，可惜如今看不到了。将身轻轻倚靠石桥，双手扶在石栏上，你向两岸望去，会看见蜿蜒曲折长廊中，店铺林立，行人穿梭，偶见几位老人哼着小调，提着鸟笼悠闲地走着。你闭眼深吸，会觉氤氲的水汽里夹着阵阵酒香扑面而来。你侧耳细听，长廊尽头的凉亭里响起水乡人温柔缠绵、轻灵动人的越剧，你会觉得日子也在这绵长的唱腔里被拉扯得很长很慢。

　　如果你想在现代文明中品尝慢生活，请来这"三桥四水"的古镇，回味历史对我们的厚爱，以及水乡人对生活的热爱。（2021年11月）

绍兴市柯桥区鉴湖小学六（2）班　季欣瑜
指导老师：薛丽芳

醉美悠悠柯桥

　　刘禹锡曾写道："自古逢秋悲寂寥，我言秋日胜春朝。"确实，秋风扫过金黄的银杏，与落红的乌桕互相点缀，处处皆是风景。而秋之韵味，莫过于柯桥古镇的粉墙黛瓦、石桥水巷和在风中摇曳的片片黄叶。

　　千年的历史让柯桥这座水乡古镇充满着一种与生俱来的古朴魅力。古镇内水系发达，浙东古运河与柯水十字交汇，形成了整个古镇的中心。在这里，宋代的柯桥、明代的融光桥、清代的永丰桥，将古运河与柯水这两条河流划分为四个区域，形成了著名的"三桥四水"景观。

　　沿着"三桥四水"漫步，从这里原汁原味的建筑布局——"一河两街""前店后坊""埠头密布"，可以看出古镇曾经的传统商业场景。漫步到融光桥上驻停下来，可以鸟瞰"三桥四水"全貌。举目远眺仿佛看到形形色色的古人从这里穿过，他们戴着头巾，披着布衫，穿着布鞋。有的手里拎着布袋，有的胳膊上挎着竹篮，有的肩上扛着麻袋等等，往各自的目的地走去，或是在船埠头停下来等待着船只停靠。又仿佛听到乌篷船船桨划拨河水的声音，紧接着就是各种吆喝叫卖声，那声音听起来那么亲切，好像时间从来没有改变过这里一样……

夕阳渐渐西下，一阵秋风扫过，河畔边柳树上的叶片越来越少，而游人越来越多，我也跟着人群下了融光桥往北面的巷道走去。古镇因水成街，千帆过尽，悠然矗立在这的古朴巷子，仿佛就是珍藏在城市里的一张张老旧发黄的黑白照片。斗转星移，时光穿梭，它见证了多少热闹和繁华、追逐和梦想、美好和温情，见证了多少悲欢离合、荣辱成败……

我也有梦想，我也来过这里，柯桥古镇是不是也在见证我的梦想？低着头踩在古老的青石板上，胡思乱想着，思绪又被嘈杂声打破了。原来前面有家店铺排满了人，很是热闹。我也凑了过去，人没挤进去，牌子倒是看到了，是一家冰激凌店。大家在排队买一款关于柯桥古镇的网红雪糕，我也好奇地排起队。终于买到了网红雪糕，我沿着柯水边找了一个长廊，坐在长廊里的美人靠上。我小心翼翼地拆开雪糕包装，露出了雪糕的真面目：样子很可爱，接近正方形的雪糕块上拓上了一个完整的"融光桥"图案，很是逼真；我都舍不得咬下去，刚开始只是用舌头慢慢地舔着它，最终还是抵不过它甜美的诱惑，大口大口地吃起来了。它让我更深刻地记住了"融光桥"，记住了"三桥四水"，记住了柯桥古镇。

天色渐渐暗淡下来了，华灯初上，古镇的轮廓越发清晰，五彩的灯光将房屋、古桥、巷道和水岸线勾勒得像一幅幅水墨画一样。水岸边两侧的雾森系统平行于水面向河中央喷洒，然后在河中央与水面碰撞之后往空中升起并散开，让人有种腾云驾雾的缥缈感。我想："舟行碧波上，人在画中游"也不过如此吧。远处的动感灯光照在水面上空，通过雾森的流动扩散，让人不知道是灯光在动还是雾森在动，或是人的心情在动吧？是震撼，是惊喜，是感慨……

城市需要发展，文化需要传承，如今的柯桥古镇在历经多年的修缮更新后又焕发出新的生机。重新开放的柯桥古镇以原有的古镇布局为底色，加入适合现代生活需求的时尚元素，在延续历史文脉的同时，又注入了现代生活的气息和活力，成为新的"城市客厅"。醉美悠悠柯桥，大爱魅力古镇！（2022年2月）

绍兴市柯桥区实验小学六（5）班　钱政轩
指导老师：丁凤琴

绍兴臭豆腐

臭豆腐顾名思义，也就是臭的豆腐。如果你觉得因为它臭，导致人们不待见它，那就大错特错了。

臭豆腐在鼎盛时期，乾隆皇帝挥笔为它题下"青方"二字，慈禧太后将它列入御膳小菜名单，由此可见臭豆腐魅力之大以及它深厚的文化底蕴。

臭豆腐又香又臭，臭得让人退避三舍，香得让人垂涎欲滴。让各路食客想吃又不敢吃，内心颇为矛盾。

可是它的臭与香究竟来自何处？

那香物，是灰色的，闻起来有一股菜香味，整体上讲有点像豆汁，色与味也是。而那臭物，有如一股下水沟味，臭气熏天，上面浮有一层厚厚的泡沫，拨开它，下面是灰绿色的液体，不禁让人眉头紧蹙。

两种不同的汁水，却都是用苋菜梗"炼"制而成。香的那种是新卤，臭的那种则是被放置了两到三年的陈卤。须将新卤和陈卤按一定比例融合，再将切好的嫩豆腐放入其中，密封发酵。接着根据这几日的温度选择臭豆腐的"出场时间"，夏天大抵两天左右，而冬天则需四到五天。等它再次现世时，身上会多一层绿色的泡沫包裹，虽然豆腐的体积变化不大，但摸上去却酥软了些，最后只需将它清洗一番即可。

经过一道道工序腌制的臭豆腐，终于被放入油锅之中，臭豆腐在不断冒出气泡的油中上下翻动，像在泡温泉，看起来十分享受。师傅在放入臭豆腐的40秒后大火转小火，于1分50秒时将臭豆腐捞出。臭豆腐的香气迎面扑来，蹿入我的鼻腔，徘徊其间，久久无法散去。臭豆腐的表面是一层金黄酥脆的外皮。一口下去，我能感受到牙齿咬破它的外皮，再深入其中，内部的嫩豆腐在进入我嘴中的一刹那分散开，豆香充斥于口腔之中，口感着实细腻。换一块表皮更加金黄的臭豆腐，一口下去，我能清楚听到它所发出的声响，更加酥脆，流出来的卤汁竟不会显得一点儿干涩。再搭配上小店的秘制酱料，口感更是提升一个档次。一盒臭豆腐下肚，我不仅没有失去一丝战斗力，反而更加增添了大快朵颐的豪情壮志。

刚刚有个人吃臭豆腐时，他说那味道直直冲入他的鼻中，其间上蹿下跳，霸道得不得了，妄想让他的大脑任由臭味摆布。惹得他心烦意乱，甚至恶心得他想吐。那人的脸也由青变为紫，他坚决不肯再吃这"污秽之物"。他在朋友的开导下，鼓起勇气，夹起那臭豆腐。那人的手忍不住地抖动，臭豆腐也险些掉下来。终于，他小心、谨慎地咬了豆腐的一角，不知为何，这臭豆腐与先前给他留下的印象浑然不同：出奇地香！出奇地美味！一筷子连着一筷子，大盘的臭豆腐，在眨眼间消失不见，仿佛从未出现过，只是空气中还留着它的体香。

生活中的那些劳动者、奉献者，他们虽没有光鲜亮丽的外表，打扮得一点也不体面，甚至可以清楚地看见汗水还挂在他们的脸上。但是他们是最值得我们尊敬的人，他们干着我们不愿意干的脏活、累活，换来的是一片整洁和美好。他们为人们的幸福生活而努力着，奉献着。

汗水，是他们劳动最好的见证。闻着臭，实则香。（2022年2月）

绍兴市柯桥区柯桥小学六（3）班　章思绮

指导老师：袁　青

"臭"名远扬的美食

柯桥古镇有许多名片，臭豆腐就是其中的一张。

臭豆腐不仅仅是一种食品，更是一种生活，一种文化，它与古色古香的古镇更配。

一到周末，我会和爸爸妈妈、姐姐一起去新修缮的柯桥古镇游玩。整个古镇青瓦白墙，窄街水巷，石桥参差，有着浓浓的水乡风貌。夜晚，古镇还有灯光秀，河岸、树枝上、屋檐边都闪着霓虹，整个古镇被灯光包裹了，美轮美奂。街上开着各种各样的店铺，有手工艺品店，有花草店，还有各种特色的饭店，装修的风格都是古色古香的，与古镇融为了一体。游客熙熙攘攘，有的驻足拍照，有的购买小商品，有的和亲人在风格独特的饭店里吃饭，热闹极了！

突然，一阵熟悉的味道钻进了我的鼻子里——是臭豆腐。我左看看，右找找，果然在一个靠后的转角处有一家特色小吃店，臭豆腐就在其中。真是不见其影，先闻其

"臭"啊。我闻着味道跑上前去，迫不及待地买了一份，猛咬了一口，外皮的酥、内里的软、甜酱的甜，和着独特的香味在口中蔓延开来，真令人陶醉啊！边逛古镇，边吃着臭豆腐，我的脑海中浮现这样一句话：臭豆腐和古镇更配哦！

据老爷爷说，臭豆腐的制作已经是一门独特的老手艺了。老爷爷先把嫩豆腐用特殊的汁腌好入味，再下油锅炸，碰到油，豆腐块的表面就会起小泡泡，再不停地翻滚，待白色转变成金黄色，诱人的臭味便弥漫开来。捞起，浇上一些辣椒酱、芝麻酱、蒜汁、香菜、小葱、姜末，吃起来脆嫩酥软，味道香浓，让人欲罢不能。

记得我第一次吃臭豆腐就是在柯桥古镇的老街上。那天，我和妈妈走在街上，突然闻到一阵臭味，这气味臭中带香，引人不由趋步前往。作为一个新柯桥人，我对臭豆腐独特的气味可谓一见钟情。之后，我便经常在柯桥的街头巷尾寻找它的踪迹，品尝着它的味道。

臭豆腐的来历也不同凡响。后来我查资料得知，柯桥的臭豆腐是有着丰富文化底蕴的，距今已有近千年的历史了，其最风光的时代可追溯到清朝。康熙皇帝一日在吃了王致和臭豆腐后豪情大发挥笔题下"青方"二字，使得臭豆腐立即名扬天下。

据说臭豆腐已被列入绍兴市级非物质文化遗产项目名录，它和柯桥古镇一起成了一个独特的文化符号。臭豆腐，一张让人喜欢的古镇名片！（2021年11月）

绍兴市柯桥区鉴湖小学六（1）班　林小多
指导老师：宋国琴

十碗头：舌尖上的柯桥

提到柯桥，想必大家都能想到"十碗头"。"十碗头"，十全十美、完完备备，碗碗各有特色，每一道都有正宗的柯桥味。在柯桥民间，逢年过节、贵客到来，主人家会以"十碗头"殷勤招待，玉盘珍馐、秀色可餐，正是正宗的水乡味道，所谓"舌尖上的柯桥"。

对于寻常人家，吃"十碗头"的时候大多是吃年夜饭的那个除夕夜。到快过年的时候，小孩子记不住日子，总会问大人："什么时候才到除夕，什么时候才可以吃到'十碗头'？"而大人也因为临近除夕而十分忙碌，含混说："好好等着，乖。"等到家里的大人准备好时，也就意味着除夕到来了，可以吃年夜饭啦。可能每一家的"十碗头"有些细小的差异，但每一家都绝不会怠慢：主妇在厨间欢喜地忙碌，家中的小娃娃则在一旁眨着水汪汪的大眼睛痴痴地看着，甚至口水都快淌下来了。即使是最平常的食材，也因为这个特别的夜晚变得"楚楚动人"。这是一年中最美味的团聚，也注定是一顿百感交集的晚餐。"十碗头"将对来年的盼头和对家人的爱一并融合。大家伙忙碌了一整年，终于可以在这个时候好好坐下来喝口温酒、吃口好肉。家，生命开始的地方，除夕夜迎接远归的游子、疲惫的旅人，在同一屋檐下，他们生火、做饭，用食物凝聚家庭，慰藉家人。平淡无奇的锅碗瓢盆里，盛满了中国式的人生，更折射出中国式伦理。人们成长、相爱、别离、团聚。家常美味，也是人生百味。

让我们一起看看这"十碗头"有什么——

首先映入我们眼帘的是一碗冷盘：糟鸡。这道菜所需的材料有：上好的鸡肉、醇香的白酒、香糟、少许盐和味精。这糟鸡必须提前准备，因为还得用密封的罐口将之放置一整天。当然，如果你不太喜欢糟鸡，茴香豆、卤香干等美味菜品也是一个绝佳的选择。

紧接着上的菜就是热盘了：小炒，用肉丝加香干丝、茭白丝，或菜梗丝、黄芽韭菜等翻炒至熟，上撒蛋丝葱花，一碗香喷喷的小炒就完成啦！用筷子夹一筷子，送入嘴中，这黄黄绿绿不仅好看，菜丝的清香配上肉丝的嫩滑，实乃人间至味！

小炒和糟鸡还没吃完，这不，就又上了一道"绍三鲜"，可真是让人目不暇接啊！这三鲜里面的食材十分丰富，匠心独运：菜梗、白菜叶、黑木耳、鱼丸、肉丸、鸡蛋丝、蛋饺、鲜虾……真可谓是"荤素搭配，营养美味"啊！做完的三鲜不可以随意摆盘，要将肉丸等主要食材放在中间，上面再点缀上一些鸡蛋丝和葱花，色、香、味三全，让人食欲大增。舀一勺，尝一尝：鱼丸滑嫩爽口，一点不腥；肉丸很有韧劲，口感饱满；蛋饺层次分明，里面包含足足的馅料；黑木耳脆生生的，酥脆爽口；大虾十分鲜嫩，肉汁四溢；白菜也不似平常的清淡无味，变得晶莹剔透，美味极致。

第四碗是东坡肉。这道菜大家应该耳熟能详，是北宋时期的文学家兼书画家，更是美食家的苏轼所发明的。苏东坡流放黄州，俸禄断绝，因为缺钱，买不起羊肉，只能买来猪肉，亲自下厨。这道美味其实是歪打正着：苏东坡的家属在烧肉时将"连酒一起送"听成了"连酒一起烧"。没想到这一点点的错误竟让东坡肉变得更加美味，甚至铸就了流传千古的美味佳肴。正如他留下的那首短歌："净洗铛，少著水，柴头鼋烟焰不起。待他自熟莫催他，火候足时他自美……"把锅洗净，少添些水，把猪肉放锅里，小火慢炖，别急着起锅，火候到了，肉自然美味。具体而言，锅中放入水和五花肉，水沸后将五花肉捞出洗净；砂锅中垫入大葱、生姜，再放入八角；将五花肉切成小方块，放入香葱，整齐地排放在砂锅中；依次放入老抽、生抽、花雕酒少许、冰糖两块，水盖过五花肉；大火煮开、小火慢炖，将五花肉翻面后，再煮入剩余的花雕酒，焖煮20分钟即可。这东坡肉啊，入口香糯，肥而不腻，还带着一丝酒香，甚至酥碎而形不烂。新鲜出炉的东坡肉，方方正正、块垒分明，每一块都闪着红光，如玉石切面、似玛瑙雕成；夹一块放在舌尖，霎时间仿佛味蕾都发出了一声满足的喟叹。

下一碗是炒时件，用鸡肫、鸡肝、茭白为主料，翻炒至熟即可，这道菜不仅只是佳肴，更是"补心"的食疗。食谱有云，其对于改善病人的症状很有功效。这道菜色泽淡红，吃起来鲜嫩爽脆，像是在你舌尖起舞一般，令人为之倾倒、着迷。

再下一碗就是炒肉皮，用适量的茭白和胶菜，略炒后加入肉皮，用油汤烧熟，便可以出锅了。

第七碗是扣鸡，用八块鸡肉皮朝底，肉朝上，再放上"白鲞肉"数块，在笼底蒸熟，变成了这一道"扣鸡"。这道菜常常位列各家月子餐食、青少年必备加餐食谱，由此，其极高的营养价值，可见一斑。白鲞扣鸡香味远飘，鲜味满口，是那种无需味精、自然而然来的海味，嫩嫩的鸡肉有着白鲞的味道，二者相互融合；葱香加料酒，清淡慈姑混入了脆滑的口感，又有鸡汤的香味混在其中，蒸得仅有的汤汁显得十分浓郁。对于来自沿海地区的人来说，那是小时候家的味道，是漂泊远方的人味蕾深处的记忆——真可谓是山珍海味！

第八碗是炒什锦，用八个字来概括就是"肫脆肝嫩，鲜香美味"。这道菜的主料是鸡肫和鸡肝，辅之木耳、玉兰片和油菜。这道菜的奇妙之处就在于蔬菜的清爽正好中和了鸡肫和鸡肝带来的腻味，使人食之意犹未尽。

第九碗是扣肉。扣肉其实和东坡肉没太大的区别，我认为唯一的区别就在于：扣肉的肉质更加细软绵密、软糯可口，而东坡肉则是富有弹性的。

最后一碗是醋鱼。这对于无醋不欢的我来说可是山珍海味！将刮过鱼丸的鱼头鱼肚切成块放上一点姜末在油锅里煎熟，紧接着用上生粉、酱油、米醋一揉，再放上黄芽韭菜就成了。

这"十碗头"不仅有着那独特的美味，还蕴含着丰富的营养，再加上那独具一格的观赏性，让"十碗头"不仅仅成了饭桌上的佳肴，一道一道让人眼花缭乱，应接不暇，还成了绍兴人心里的一种象征。"长江绕郭知鱼美，好竹连山觉笋香。"人如其食，食物总是与人联系在一起。水乡的孩子，记忆与基因里总是烙印着水乡的味道。那些生动鲜活、令人垂涎的美食背后，反映了人们生活环境和生活态度的亲身经历。无论走到哪里，水乡的孩子总记得家乡的味道。

"十碗头"象征着幸福，象征着富强。在以前那个兵荒马乱、家破人亡的年代，别说吃"十碗头"了，人们连吃都吃不饱。我不禁幡然醒悟：吃到"十碗头"是我的福气，是过去的年代多少孩子都梦寐以求的幸福。我应该珍惜当下，更应该感谢祖国对我的庇护，让我在这么好的环境下好好学习，健康成长，并且可以美滋滋地吃到这美味的"十碗头"。（2022年2月）

绍兴市柯桥区柯桥小学六（5）班　唐振依
指导老师：林　丽

霉苋菜梗

随着柯桥古镇的重新开放，黑白相间的老房子，白墙黑瓦，无一不显示历史的韵味。沿街的餐馆里，向游客展示一道道绍兴本地的特色菜，有美味的臭豆腐，有甜蜜的扯白糖……还有一道菜，一段一段的，臭气熏天，但味道非常美味，它就是——霉苋菜梗。

首先，我们得把苋菜的叶子扒下，留下长长的菜秆子，也就是茎。将菜秆子上的污泥洗去，切成一寸左右的一段段菜梗，切好的菜秆子泡在水里24小时，等到水中出现气泡时捞出。把水沥干，撒入适量的盐，搅拌均匀，放入坛子内，压紧。放上几根毛霉，或浇上一碗苋菜梗的老卤，盖上坛盖，倒上半碗水进行密封。苋菜梗在这一层金钟罩内无声无息地发生着变化。在这个过程中要注意的是：首先，浸泡要使苋菜梗吃饱水，不能留有空气；其次，要将坛子放在朝南的屋檐下，确保通风和温度；再次，盐要把控好，否则苋菜梗会酸掉。第五天，打开坛盖，一股臭味扑入鼻子，夹出几段，蒸一蒸，然后浇上香油，就成了一碗美味的霉苋菜梗了。吃上一口白米饭，再夹一段霉苋菜梗，将霉苋菜送到嘴里，"咽"的一声饭已吞下肚，不用说，家乡菜的味道有多好。

有一次，我禁不住嘴馋，打开封了几年的老坛子，夹了几段，放入蒸锅，当天晚上，我们吃了多汁的苋菜梗火锅。开头，我还只是吃几小口，感觉没啥滋味，后来吃着吃着，我越来越觉得好吃。筷子勺子依旧在桌子上翩翩起舞，吃得实在吃不下了，才停下。外公说："有霉苋菜梗，我多吃了一大碗饭。"妈妈说："有霉苋菜梗，吃饭特别爽口。"

关于霉苋菜梗还有一个流传甚广的故事呢！春秋时期，越王勾践夫妇入吴为奴隶，那时越国已经国贫民穷。有一个老人，在蕺山上采得一把野苋菜，嫩的茎叶已吃光了，又老又硬的秆子一时无法蒸熟，扔了又浪费可惜，便将它们放进陶罐里，以后再蒸。不料几天以后，罐里竟发出阵阵臭香。老人再蒸，竟然一蒸即熟，老人夹了一段尝了尝，味道远远超出了茎叶。百姓知道后，纷纷效仿，流传至今，成了我们绍兴的一特色。

我们绍兴除了霉苋菜梗，还有臭豆腐、霉豆腐、霉干菜等等。它们凝聚了我们祖先智慧的结晶，同时希望我们能记住，并传承祖先的这一份技艺，使这种"非物质文化遗产"发扬光大。（2022年2月）

绍兴市柯桥区柯桥小学六（2）班　沈鸣夏
指导老师：严伟玉

古镇腐乳

我的家乡柯桥是一个历史悠久享有盛誉的桥乡、水乡。在柯桥古镇可以吃到风味醇厚的黄酒、令人垂涎欲滴的香肠、外脆里嫩的臭豆腐……但这里的腐乳更受大家的欢迎。

古镇的四月，烟雨蒙蒙，天上的雨一直似下非下，似有似无。这样的天气使古镇的青石板上的水珠似乎怎么也无法抹去。街边的木墙一直那样地潮湿，时不时还会渗出一些小水珠。阴霾潮湿天虽令人食欲大减，却为制作腐乳创造了绝佳的环境。于是家家的餐桌上都会出现这一道菜。

这个时候，古镇的奶奶们就会挑选一些品相上乘的黄豆。然后人工严格地筛选、风选，去杂去残。之后再经过浸泡、冲洗、磨煮、滤渣、点浆、压坯、划坯成型等几个步骤，制成一块块色泽洁白，嫩滑而有弹性的豆腐。再将豆腐分别放入竹笼中，依次喷撒上毛菌种。随着时间的推移，喜潮的毛菌在豆腐内外迅速生长，白色的豆腐变成黄褐色。若干天后，接下来就是豆腐的华丽变身。这时只需加盐腌制几日，最后加入些许绍兴推崇的黄酒，装坛发酵，静静地等豆腐变成腐乳。

这样做出的腐乳味道鲜美，咸而适口，不仅鲜味浓郁，还飘着淡淡的酒香。此时的腐乳可作为古镇居民日常的下饭菜，亦可作为招待客人的菜品，不仅全家人爱吃，客人品尝后无不啧啧称赞。

古镇的腐乳色香味俱全。它与粥和水泡饭可是绝配。人们取些许的腐乳，冲上开水，做成腐乳汤，味道也不错。更有时，腐乳可以作为作料放入菜肴里，还可以使菜肴更加鲜美。

腐乳作为绍兴的一大特色风味，源远流长。早在五世纪的魏代古籍中，就有"干豆腐加盐成熟后为腐乳"的记载。明代大医学家李时珍的《本草纲目》中也有记载："腐乳又名菽乳，以豆腐腌过加酒糟或酱制者，味咸甘心。"关于腐乳还有一个美丽的邂逅：据说绍兴从前有一个人，买了一块豆腐，放在橱柜中，忘记了做成菜。过了几天，他无意之间发现了这块发霉的豆腐竟然发酵得香气扑鼻。正好家里有老酒，于是淋上些，一尝居然味道鲜美，腐乳就在这个美丽的邂逅中诞生了。而且，明朝嘉靖年间，腐乳就远销海外，早早地给国家创造了外汇收入。

柯桥四月清晨，来到古镇，倚坐在古桥脚下的竹椅上，伴随着烟雨蒙蒙的景色，此时盛上一碗白粥，再加一小碟腐乳，不正是身处喧嚣的大都市人们追求的恬静的生活吗？（2022年4月）

绍兴市柯桥区柯桥小学六（3）班　孟惠希
指导老师：袁　青

古镇畅游

城市的喧嚣凌乱了我们的脚步，城市的灯火迷失了我们的眼睛，许多人开始寻觅一个安静的角落，于是这个沉睡许久的古镇成了人们重拾记忆的地方。

——题记

映着火红的霞光，我们一家步行前往柯桥古镇。

站在融光桥上，只见绸缎般的小河伸向远方，一座座小桥在它身上横跨。河水清澈得可以看到鱼虾在水下嬉戏，好不快活！

夜幕悄悄降临，一阵凉爽的水雾迎面扑来，喷出来的水花宛如一个个淘气的小娃娃，只要你一不留神，就悄悄地蹿进你的衣袖里，凉丝丝的，舒服极了。冷雾均匀分散在射线上，形成一片"云海"，灯光晕染，更显出几分神秘。

往里走，就是下市头直街，各具特色的店铺吸引了不少游人驻足停留。过了石灰桥，只见一家店铺前人头攒动，仔细一看，招牌上写着"绍兴臭豆腐"五个大字。空气中也弥漫着它独有的味道——臭中带香，让我垂涎欲滴。我飞步前往，等了好久终于轮到我了。走近一瞧，锅里的油热乎乎的，白白胖胖的臭豆腐下锅啦，它们先是像潜水员一样潜入油锅底，接着如一只只螃蟹吐着泡泡，过了一会儿就上下翻腾着。直到表皮变脆，两面金黄，里面呈真空状便悠闲地浮上来。店家用极熟练的手势捞出，沥油，涂上特色甜面酱。我接过手来，迫不及待地咬上一口，脆中有嫩，咸甜参半，味道好极了！游人们边走边吃，整个古镇尽是那诱人的香味。相传在清代，有个叫王致和的人，他进京赶考却名落孙山，决定复考，不料身上的盘缠没带足，只好卖起了豆腐。有一次豆腐没卖出，他舍不得丢掉，就用盐腌在缸内。后来他因为太忙了，忘记了这件事。等他想起来时，豆腐已经发出恶臭，他不想浪费，突发奇想，把豆腐炸了一番，没想到这样的豆腐不仅色泽金黄，吃起来还很香。于是臭豆腐传遍整个中国，流传至今。

柯桥古镇，你与周围喧闹的场面格格不入，你是布上托起的一粒明珠，你如纹路清晰的脉络伸向历史的深处。我怀着清澈明净的心畅游在你的怀里。（2021年11月）

绍兴市柯桥区华舍小学六（1）班　叶霖凯
指导老师：秦冬丽

青青石板路，悠悠古镇情

常听爸爸提起，在他小时候来柯桥需要坐船，船行到了融光桥一带，也就到了柯桥。与融光桥相邻的一座小桥并不起眼，但柯桥因它而得名。如今，柯桥古镇经过开发建设，这一带依然保留着当年的样貌，柯水、长廊、古桥、老台门，让每一位来到这里的游客，既能品味那段历史，又能感受柯桥古镇全新的魅力。

虽然柯桥古镇离家比较近，但一直没时间好好地去感受。十一假期到了，在爸爸的提议下，我们全家一起行动，来了一次特别的柯桥古镇夜游。

夜幕降临，一天的暑气渐渐消退，空气已不再那么燥热，迎着微风，我们一家行走在古镇东入口的石板路上，向着记忆中的融光桥方向前行。傍晚的古镇在灯光的照耀下，与白天无二，白色的墙、黑色的瓦、青色的石板路，给古镇增添了古朴之感。四周的游客三五成群，有说有笑地穿行在并不宽敞的小巷里，感受古镇热闹的市井文化。小巷两边的商铺早已挂出了招牌，招呼客人上门：有些是卖特色小吃的，如臭豆腐、五香豆干、油炸萝卜丝饼等；有些是租赁服装道具的，如汉服、民国服装、油纸伞等；还有些是卖特色产品的，如霉干菜、笋干、蒲扇等。各种叫卖声让古镇散发着浓浓的生活气息。

顺着人流，走过长长的小巷，我们的视野渐渐开阔起来，融光桥已在不远处。融光桥为单孔石拱桥，始建于宋代，重修于明清，拱券内顶嵌龙门石三块，其上深雕盘龙图案，栩栩如生。桥拱内设纤道路，两端凿有吸水兽头，怒目圆睁，咧嘴卷舌。桥面护以素面实体栏板，桥栏外沿常年葱绿的藤萝缠绕下垂，宛似桥帘，饱含情趣。我们快步向前，只见游人如织，鱼贯而行，喧闹异常。突然水面上驶来一艘小船，艄公以竹竿撑船，而船上似有人在演出，为占得最佳观赏位置，我们挤过人群，匆匆上桥。

行至桥中央，放眼望去，整个古镇尽收眼底。柯水三桥呈"品"字形排列，把被河水十字交叉分割的四地紧密相连，形似纽带。依河傍水的长廊流光溢彩，如同两条巨龙，映带左右。白墙青瓦的民居、店铺鳞次栉比，与水、路、桥融为一体，是江南水乡"小桥流水人家"的绝妙写照。熙攘的人群爆发出阵阵喝彩声，把我的视线迅速拉回桥下水面。只见岸边的水雾系统启动了，灯光不断变换，映射着如梦似幻的河面。这时，小船在艄公巧妙的操作下，灵活转向，船上穿着戏服的演员正在表演越剧片段，清亮的唱词透过喧杂声传到耳边，是那么清晰响亮。渐渐地，表演已至尾声，小船也越行越远，缓缓消失在灯光幽暗处。

如此美景，我立马要求爸爸拍照保存，这是上一辈人的家乡记忆，也是我们这一代人应该保留的家乡传承。看过了精彩的演出，爸爸又讲起了他关于柯桥古镇的往事："到了融光桥，才算是到了柯桥，这边的房子原来是粮管所，你太外公当年带着我摇着船来这里卖谷子。那边原来是家小吃店，肉丝面味道相当好……"听着爸爸细致的讲解，又看看热闹的古镇，我仿佛身临其境，一下子穿越回三十年前，载着谷子，摇着船，怀揣着好奇与渴望，跟随大人们前往粮管所……

快乐的时光总是短暂的，在夜色渐浓中，我们已逛完了古镇。回望灯影斑驳间的柯桥古镇，千年风貌依旧不减当年。在月夜的星光下，在记忆的齿轮中，在游人们的欢声笑语间，继续散发着独属于它的熠熠光辉。（2021年11月）

绍兴市柯桥区鉴湖小学六（5）班　马乐天

指导老师：宋宜弘

一盏清茶

一叶野舟，两三雨落，七八繁星，烟雨行舟，江南何在？

我曾出生在那么一个水乡，地方不大，却也人来人往。此地南三里有山名为柯，山下有水潺潺，古称柯水。因为柯水流经此镇注入浙东运河，镇上有桥，在柯水之上，故名柯桥。柯桥，便是我乡。

这天天气很好。天白得清明，风很柔，湿润的气息直往我的身上蹿。我与一友同往柯桥古镇游玩。

说是古镇，似乎本应是地处偏僻，沉默恬静的，但这柯桥古镇却处在闹市旁，每天早晨叫醒它的，不是嘹亮的鸡啼，而是镇外柏油马路上唱着"甜蜜蜜"的洒水车，尘土一扬，风也似的吹进了古镇，激起一阵又一阵旷古的回声。于是，古镇便醒了。

初入古镇，入眼是一片黛瓦白墙，映着贯穿古镇的那条河流的粼粼波光。河边杉树林立，向水而生，昨日恰逢是霜降，远冬的寒气孤零零地挂在些许干枯的枝丫上，平添一分清冷韵味。我沿着石板路向前走，不久便入了一条长街。长街临河，街上许多店铺都已经开了张，街边苔藓在晨光熹微中熠熠生辉，卖发糕的铺子里升起一缕一缕的炊烟，白茫茫的水汽模糊了灶边老妇的脸。隔着水汽，我却看得分明，她在笑，在笑什么呢？我好像是知道的。山清水秀，炊烟袅袅，柯桥古镇在烟火气中醒来，凉风一吹，杂草翻飞，我不禁心头一震，由衷地叹道："真是岁月静好啊！"

不远处便是融光桥，隶属绍兴古桥群。桥身由巨石砌成，单个弧形的拱连接两岸，桥上两排矮矮的石墙，无甚雕饰，只有石墙上附着的仍旧青翠的草木，我叫不出它的名字，但这丝毫不妨碍它根系的蔓延，深深地扎进石缝里，汲取土壤深处的养料，在这世间生出自己的一番天地。

再往前走，行至一处深巷。巷口有一间老屋，斑驳的木门大敞。老屋看着约莫十来个平方，却摆得满满当当，各式扇子展开在柜台上，门口角落里贴墙摆着一个玻璃木头柜，柜后佝偻着一个身影。

是个老头儿。

满头乌黑的头发，黑发中夹杂着些许白线，晕着光看像是根根金丝，鼻梁上架着一副细边儿眼镜。镜架处垂下来一根银链子，顺着老头儿的肩头滑到胸前白衬衫的口袋里，连着什么东西，两只枯瘦的手有力地抓着张报纸，一双眼凑得极近，眯缝中审视着那张报纸。若不是那双手上积年的老年斑，还真会觉得这是一位身强体壮，处于黄金时期，正为事业努力奋斗的中年人。

他见我和友人来，倒没像众多生意人那般笑着揽客，只是和蔼地看着我们："小姑娘，王星记扇子，要不要买一把啊？"我尴尬地笑道："不了，只是看看。"老头儿倒也不恼："哦。随便看吧，但是不要乱动。""好，谢谢。"我没有走，鬼使神差地留了下来看这些蕴满书卷气的折扇。每一把折扇做工都十分精良，要是细闻，还会闻到一股淡雅的木香。扇或以宣纸，或以罗绸等覆面，扇面上有装饰精美的工笔画，也有泼墨写意的山水画，满满一屋子扇子，竟是鲜有重复的图样。我不禁想到：那些被汗青遗忘却满腹经纶，恣意风流，手持一把泼墨折扇的才子，或许是存在的。

告别扇铺，就已临近晌午了。我与友人找到一家小饭馆，点了一碟酱鸭肉和霉干菜。鸭肉咸香，肉质有种独特的嚼劲儿。霉干菜味极鲜，搭配一碗白米饭，简直可以称得上是"佳肴"，回甘无穷。源于菜蔬的薄脆感入了酱油后有了一层似是面皮的稳重，很是下饭。午后，我与友人在河边散步，不知不觉中，夜幕就已降临。

入夜，整个古镇都躁动起来了。

白日里清净安稳的古镇被镀满了光，新兴的事物悄然闯入了这座古镇的牌坊。河道两旁装着霓虹灯，花花绿绿的灯光将河水也照得五彩斑斓。河上升起一阵又一阵袅袅的白雾，将这黛瓦白墙半掩着，迷蒙白雾里，一艘乌篷船从远处驶来，荡起丝丝清波，也带起一阵连天的细风。雾气渐渐消弭，似幻似真，倒像是仙境。陆放翁曾言："移船过古埭，水面涵星疏。"真是半分都不假。

游人如织，古镇也成了闹市。这里到处都弥漫着臭豆腐的香气，还有糖南瓜的甜味。

大人在一旁喝着平水日铸茶唠嗑说笑，小孩吃着香甜的米糕，气氛逐渐升温，在初冬的夜风中变得滚烫。一切都是那么好，那么恰如其分。似乎那些不被看好的，竭力避免的，默默无闻的，缄默不语的，都在此刻得到了慰藉。

夜已深，街边草木露珠浓重，人流早已散去，余热未散的街道变得空荡荡。抬头是一片月明星稀，笼罩着这座古镇，寺庙里不再传出诵经的钟声。柯桥古镇，像是冬日里的一盏清茶，淡然却又不失孩子气，在江南百景中沉沉睡去。

但，何处是江南呢？

遍地的苔藓都在应答我。（2021年11月）

绍兴市柯桥区华舍小学六（4）班　曹安怡
指导老师：凌幼芳

指尖上的艺术——剪纸

"咔嚓，咔嚓……"剪刀与纸的摩擦声，伴着微风，在古镇的每一个角落飘荡。一张普普通通的彩纸，一把普普通通的剪刀，可以创造出那一张张惟妙惟肖的艺术品，使人眼前一亮。

我们有幸在老师的带领下，走进了位于柯桥古镇的非物质文化馆，体验了非物质文化遗产——剪纸。

老师手中的那把剪刀，显得那样灵活，好似能听懂她的指令。老师一边剪一边转动纸张，老鼠那细细长长的尾巴便被剪了出来，对折一下，老鼠肚子上的花纹便镂空了。看起来毫不费力！最后一刀落下，一只活灵活现的老鼠便被摆在了桌上，真好看！这是一只刚刚饱餐一顿的老鼠，挺着一个大大的肚子，手还捂着嘴巴，像是回味着刚才的美食。可这剪刀在我手上，却变得笨拙不堪。虽已经有了底稿，但还是剪得歪歪扭扭不成样子。不知过了多久，一个略显粗糙的平安符在我的手中诞生了。

在接下来的参观中，我了解到剪纸出自劳动人民之手，内容广泛、题材多样，花鸟、鱼虫、禽兽、戏曲人物、神话人物无所不包。一张张彩纸经他们剪剪刻刻，一只只伶俐的飞鸟、一个个乖巧的小动物、一朵朵充满魅力的花儿便呈现在我们眼前，让人叹为观止。

时间过得真快，转眼就结束了这次参观，短暂的时光却让我收获了许多书本中学不到的知识，我们要传承非物质文化遗产，让人们了解历史，留住"活着的文化"，让它世代相传！（2021年6月）

绍兴市柯桥区柯桥小学六（5）班　方蕾杰
指导老师：马春野

梦江南，江南梦

我梦中的柯桥，是从石桥下的藤蔓开始的，一桥洞，一道影。柯水缓缓，摇橹欸乃，把两岸街道串联到怀里。

柯桥古镇就在船只来往间，将宁静与朴素送给了这座小城。

柯桥古镇是浙东古运河沿线重镇，古时称为笛里，两千多年的风霜令它变得残破不堪，又会有谁知道，此地是老柯桥最核心、最热闹的地方呢？当时每年农历九月十二日举办的城隍庙会，沿河两岸往往人山人海，河道上挤满了乌篷船、水泥船，停靠在岸边，撑杆如林，极为壮观。

周日晚上，怀揣着对柯桥古镇的悠悠向往，我和妈妈如约而至。柯桥古镇的夜晚，大概是从梦境里走出来的。被烟雾笼罩的温柔，灯影婆娑里的灵动，给古镇带来了最梦幻的遐想。在灯火闪烁间，我只想永远陶醉其间。一踏入柯桥古镇，这里虽没有周庄、乌镇的繁杂喧闹，但更具有江南水乡的风韵，难怪常有人感叹"江南水乡美如画"。清清的柯水上，弥漫着薄薄的云雾，宛若人间仙境，真是美极了！岸边的彩灯使云雾变得五光十色，叫人异常欢喜。

夜里的柯桥古镇在灯光的照耀下依旧是黑瓦白墙。微风轻拂，水面上泛起层层波纹，老街幽巷在月光下静静地遥望着。旧店变新铺，古瓶酿新酒，但青石板小巷里的习习穿堂风，与老台门旁的粉墙黛瓦，仍在执着地守候着……走着走着，我们来到了融光桥。融光桥桥栏外常年青藤缠绕，即使冬天，也能在青藤上看到丝丝绿意。妈妈和我说，融光桥在嘉泰的《会稽志》有记载："蔡邕避难江南，宿柯亭之馆，取屋椽为笛。"可见这座小桥也是历史悠久呢！走过了古朴的融光桥，便是瑰丽的融光寺，融光寺在水边，静静地、严肃地屹立着，以它自己的方式守护着这座千年古镇。在融光寺大门边，我还遇到了画糖画的阿姨，她可真是心灵手巧！只见她那拿着糖浆勺子的手，在一块白砖上荡来荡去，便画出了一只可爱、美丽的孔雀，活灵活现。我央求妈妈给我买一个，最终，妈妈拗不过我说："买吧，买吧。"我高兴极了，一蹦三尺高。

手拿糖画，和妈妈继续逛着古镇，不经意间瞥见水边的码头，于是，我和妈妈坐上了乌篷船，开启了水中漫游之旅。乌篷船上缠挂着的灯，仿佛夜空中那一闪一闪的金星。四周袅袅的云烟，还有波光粼粼的倒影，刹那间，好似穿越千年，踏入蓬莱之境。依水而建的长廊璀璨耀眼；小桥流水潺潺，古色古香，别具韵味；水边的小铺子精致迷人，小灯在铺子上闪烁着金色的光芒，引人注目又令人心生喜爱……我静静地看着水中缓缓摇曳的倒影，心头不禁涌上一股热流，原来，千年古镇仍在散发着它的魅力啊！

夜渐深，游人已散，我们也启程回家。踏着斑驳的青石板路，抬头望一眼弯月，月光温柔似流水般倾泻而下，好似将整座古镇轻轻地拢入怀中。再回首，真是好一幅江南水乡图！（2021年11月）

绍兴市柯桥区鉴湖小学六（5）班　叶　晴
指导老师：宋宜弘

赏古镇新颜，谱时代新篇

天边，晚霞绵延千里，粉中带着点紫色。霞光四散，照进了人们的窗。斜斜的树影，印在道路上，透着晚霞的光。红艳艳的落日，仿佛也不想消失了，定格在云上，映红了粼粼的微波。

柯桥古镇的河面上，"半江瑟瑟半江红"，宁静而又不失俏皮。渐往里走，夕阳躲进了云层之中，霞光也没那么耀眼了，两旁的古宅披上了橙红色的外衣，于岁月的厚重感中透着浓浓的暖意。缓步前行一阵，古宅檐下的灯光亮起来了，温馨又舒适。

枝丫繁多的树木，青翠欲滴。被灯光拉长的树影，别有一种错落有致的美感。远处融光桥上，游人如织。桥下大片的藤蔓垂下来，为古色古香的老桥增添了勃勃生机。古桥倒映在水面上，从侧面看去，暖色的灯光像月牙，圆弧的桥身和水面的倒影形成一个圆，美轮美奂。河上，清波漾漾，缥缈的烟雾若隐若现。耳边，古筝声声，悠扬的乐曲轻柔动人。真让人怀疑这是不是人间仙境！看着这青瓦白墙、窄街水巷、毡帽乌篷、石桥参差，我颇有感慨，忍不住学诗人吟诗一首：

小桥流水人家，古藤老树笼纱，华灯游人如画。

月上柳梢，赏玩人在檐下。

古镇的小窗户也很有意思。大多是外方内圆或外圆内方，里面装饰着中国古典花纹，有着浓厚的江南园林的气息。透过小窗，可以看到古镇的一树一木、一花一草，恰到好处，有一种朦胧的美感。冯家台门、季家合门……各种各样的古宅，大气端庄，掩映在青松翠柏中，气势恢宏，又典雅柔美。

柯桥古镇，还是一个现代商业化和古宅艺术的结合体。一串串灯笼下，柯桥的传统在这条老街传承。臭豆腐、扯白糖等各种各样的传统美食，令人欲罢不能。臭豆腐，不见其影，先闻其"臭"。吃一口，外皮的酥、内里的软、甜酱的甜，和着独特的香味在口中蔓延开来，令人直呼上瘾！扯白糖又硬又脆，一口咬下去，芝麻和白糖合成的甜香味嘴里迸发，回味无穷。在这条街旁边，我发现了一条更有意思的路，同样也是卖绍兴各种传统食品，这条路上会飘来地道的绍兴方言，"嘎结棍""来做嬉客哉"……各种各样的绍兴话让我感到十分亲切。

走到一座桥上，我发现对面有一堵老照片墙，一张张黑白照片引起了我的注意。有一张照片，是对融光桥的介绍：融光桥建于元末明初，于明代成化年间重修，是一座拥有七百到六百年左右历史的古桥。老照片上，一个从杭州而来的莲花落戏者，在柯桥收徒，带动了柯桥莲花落发展，人们甚至在河上搭戏台，这就是老一辈的"河台"。老照片上，呈现着柯桥人民水上交易的盛衰兴废。商人们在老街上卖布，弃船登岸；在柯桥轻纺城老街市，租店面卖布。1985年，柯桥建立了轻纺市场，逐渐繁华。我心中一动——古镇，见证了柯桥人民在党的领导下，靠着勤劳和智慧，把柯桥建设得美丽而富饶的历程！

彼时已是晚上，明晃晃的月亮当头照着，映在水中，本该宁静而又悠远，但是尽头的喷泉，像一条彩虹倾泻下来，流光溢彩，好不热闹。悠悠明月，熠熠星光，缓缓人流，我的心中激情涌动：柯桥古镇，一定会再谱时代新篇，以它的"颜值"与"实

力",成为城市发展的新名片!(2021年11月)

绍兴市柯桥区鉴湖小学六(1)班　何涵钰

指导老师:宋国琴

古镇,我心悦兮

　　古之圣贤,常游山玩水,而不亦乐乎。有人流连于"不到长城非好汉,屈指行程二万"那气势雄浑的万里长城,有人赞叹于"二十四桥明月夜,玉人何处教吹箫"那婉转优美的扬州小桥……而我则恋上了"蛾儿雪柳黄金缕,笑语盈盈暗香去"那缠绵的古镇。

　　幽幽万古皆如此,秋比松枝春比兰。入了深秋,别处的树木纷纷落花掉叶,只有古镇融光桥畔那棵不知历经多少风花雪月、历经多少个春夏秋冬的大松树,还是苍翠欲滴。它被树枝搀扶着,极目远眺,凝视远方。它像一位老兵,诚然还想再上战场,与敌人殊死搏斗,捍卫国土,守卫边疆。然,年迈的它,早已不能醉卧沙场,只能看着那些移植来的热血男儿,听它们述说战场上的人情冷暖。

　　"呼,呼呼……呼……"这是冰凉刺骨的秋风,它席卷着萧条的大地,显得格外凄凉。"落红不是无情物,化作春泥更护花",那一朵朵绿叶相衬的花,撒落在土壤中,分外妩媚。空中落下几滴沉重的水珠,砸得它那柔美、娇嫩的花瓣再溅开,那弱不禁风的花瓣被砸得变了形,像一只只小汤勺,舀起了人世间浮动的尘埃。相隔四五天,再到此处,四处张望,却总也不见几日前那满腹愁怨的红花了。只隐隐地看见几片干枯的叶子静静躺在松软的泥土上,脉络清晰可见,只是混杂着些许泥土,合着芳香,渐渐消失,消失。

　　古树独守,红花惨淡,烟雨迷蒙,古镇诉说着古老的沧桑。

　　从大漠孤烟,到烟雨江南,若是夜游古镇,古建筑更是惟妙惟肖。

　　信步走在青色的小道上,坑坑洼洼的石板路在宁静的夜晚,更显非凡。黑瓦白墙,在月夜中祥和、美好。头顶一轮皓月,脚下一块黑土,古镇幽美之极。屋顶的棱角上,两条龙口吐烈焰,怒目圆睁,它们俯视着每一个路过的行人,骄傲豪迈,延续了龙的血脉。

古镇不仅是永恒不落薪火相传的岁月经典，也是激扬的鼓点。

"哗哗……哗……"这是喷泉热情欢歌。水柱在灯光的陪伴下，忽高忽低，忽左忽右，变幻多姿，好看极了。一瞬间，一条水柱跟着节拍，往上冲，速度越来越快，水柱越来越高，仿佛要插入星河，再缓缓落下。

身边款款走来几位身着汉服的女子，从大唐到如今，汉服的身影无处不在，Y字领、长袖筒、精致的头饰……为古镇增添了古韵!

斑驳的墙壁上，投影机映着各式各样的图案，历史的变迁尽收眼底。当然，文人墨客的痕迹可见一斑，有励志的古诗"长风破浪会有时，直挂云帆济沧海"，有悠扬的古词"古道西风瘦马，夕阳西下，断肠人在天涯"，也有"横眉冷对千夫指，俯首甘为孺子牛"的人生信仰。

沿河岸慢行，一座座陡峭的石拱桥横跨河两岸，络绎不绝的人们在它们身上驻足逗留。

古老又年轻的桥梁，承载了多少人的喜怒，隐藏着多少人匆匆的脚印。已被踏得光滑的石板上，隐藏着古时恬静的美，也灌注着现代含蓄的美。

喷泉欢歌，投影多彩，人山人海，古镇诉说着现代的繁华!

古镇是扣人心弦、意境深深的天籁之音，古镇是熠熠生辉、光芒四射的璀璨明珠!每次见它，我心悦兮!（2022年3月）

绍兴市柯桥区柯桥小学六（4）班　桑哲铭
指导老师：唐燕琴

我为柯桥古镇点赞

佛曰："前世的五百次回眸，才换来今生的擦肩而过。"那么，我愿用今生的回眸无数，来换得来世能与江南相见，能漫在江南这吴侬软语中，能融在这水乡幽韵之中。在江南，在柯桥，在古镇。

——题记

五千年的日子里，神秘了多少江南旧事；五千年的日子里，包含了多少个春秋岁月；五千年的日子里，古老了神秘的江南。那个周六，我来到了柯桥古镇，一个古香古色、充满着江南水韵的水乡小镇。

　　悠悠漫步，走进古镇。最先映入眼帘的是一条小河，贯穿了整个古镇，河水碧绿，嫩似新芽，绿同翡翠，带着一丝江南特有的宁静。在河上，一条乌篷船正向这边驶来，船上一位戴着乌毡帽的老汉在撑船，船不时发出声响，响着响着便渐渐远去，向着水天相接的地方划去，只留下了一个清瘦身影与一串慢慢荡漾开来的水波。踏着青石板路，走在沿河的长廊中，长廊窄而长，曲而静，在石板间总可以看见一抹绿色，深棕色的门框、柱子都拥有着江南的风韵。沿着古镇中的窄街向里走，你看到的是一个青瓦墙的古镇风貌，镇中宅屋都是一律的白墙，一色的青瓦，木雕窗门，龙尾屋角。站在其中一幢屋前凝视着，屋顶黑如墨玉，屋角上都安有木雕龙尾，屋檐下是洁白如脂的石墙，黑色的门，青铜门环。在门前，也总会横一根或高或低的门槛又或摆几块石头台阶。这些都是那样端庄大方，使人不禁联想万分。

　　登上融光桥，我轻抚着那粗糙的桥石栏。桥是江南水乡中的梦，桥的文化在这里荡漾开来。古镇中的桥直中含着曲，刚硬中又带着几丝柔和，那曼妙的身姿一如少女的轻舞，那模样精巧至极。桥，石板块铺成的，石块间免不了会有点点间隙，在那间隙中总会冒出一点绿，正是这一抹绿，给桥增添了几分别样的诗意。桥上那凹凸不平的痕迹是岁月的沉淀，正向我们讲述着自己的故事……

　　走在青石板路上，悠闲地观望，忽地碰见绍兴特色——画糖人。画糖硬而脆，轻轻一咬便碎入嘴中，使得口中甜津津的，很受孩子们的欢迎。画糖的特别，不是"糖"，而是"画"，就算不买画糖，你也不妨站在一边看看它那别具一格的做法：画糖艺人总会在一个娃娃拳头大小的长柄勺中倒入大半勺糖浆，一边轻晃勺子，一边等待着画糖用的铁板一点点加热，等差不多了，便一斜勺子，将一根筷子粗细的糖"线"滴在铁板上，看似悠闲实则迅速地勾画出了图案，接着又快速地抖动手腕，让原本空洞的图案加上一层花边，让它变得生动可爱。最后趁着糖还没完全硬的时候为画糖穿上竹签，便耐心地等着糖完全被烤硬。如不是勤学苦练，那画糖人的手艺怎会如此巧妙熟练呢？

　　在往回走的路上，我举起了相机。"咔"，那点点碎阳，依依杨柳映照下的青瓦白墙被我记录了下来；烟雨蒙蒙，炊烟袅袅唤来的乌篷船被我记录了下来；桥上行人慢慢走，桥下小鱼儿悠悠而过的样子也被我记录了下来。与此同时，我想到了一张古老的照片，照片上许多商船拥拥挤挤，船上的人们都行色匆匆，相互做着生意，交换着物品，那时车少马少，而柯桥却又是枕水人家，水路便是生意人最好的选择。当时也不知是哪个有心人，拍下了这一幕，让现在的我们能重回当时的老绍兴，感受江南柯桥当时少见的热闹。柯桥，在历经短短几十年的发展，从水路生意到水乡古镇，它经历了一个华丽的转身，向我们展现了柯桥的魅力，我们为何不为柯桥说声"赞"呢？（2022年2月）

绍兴市柯桥区实验小学六（6）班　潘安琪
指导老师：俞晓萍

梅市波光远，柯桥柳色新

"梅市波光远，柯桥柳色新。百年情分熟，数酌笑言亲。沙上人争渡，街头妇卖薪。冬冬隔林鼓，岁暮赛江神。"这首陆游所做的《野人舍小饮》，生动形象地描绘了一幅江南市集图。古台门、乌篷船、乌毡帽……这些江南水乡活生生的写照都集中地保留在了柯桥古镇里。

在五彩斑斓的灯光下，走在恬静的柯桥古镇里，仿佛爱丽丝梦游仙境，那荷花状灯光的叶子像亭亭的舞女的裙，那叶子中点缀着些许白花，有袅娜地开着，有羞涩地打着朵儿的，正如一粒粒的明珠，又如碧天里的星星，还如刚出浴的美人。那稻谷状的小灯，仿佛真的一样，随着风摇曳身姿，不经意间散发着零星的光。再看那上下摇摆的射灯，越发衬得河水厚而不腻，那漾漾的柔波是如此恬静委婉。灯光与古镇，现代与古朴结合得是那样完美，那样引人遐思。

夜晚的古镇仍然人来人往，川流不息，但在古镇恬静的环境映衬下，一切都是那么安逸舒适，远离了一切喧嚣嘈杂。耳边又回荡起爷爷的话：以前咱们的柯桥古镇，可不像现在这么风光哩，那时候的人都比较穷，咱们这边都是赶集的，四边都是田地……眼前耀眼的路灯将我拉回现在，我抬头望着河面，波光粼粼，一时间竟不知道往哪看。

沿着一路璀璨的灯光，我走向神往已久的融光寺，随着灯光渐渐变暗，我的眼前浮现了它的身影，夜色中朦胧的赤墙黑瓦，更显磅礴大气，我仿佛一下子也被它的威压震慑住了，迟迟迈不开腿来。据说，融光寺还有一段有名的典故呢！1355年，刘伯温曾来此地作《横碧楼记》，写的便是融光寺前身灵秘院。这位明朝开国军师这样写道："凭之而觌，山之峙者苍然；俯之而瞩，水之流者渊然。"其中，这"山"便是柯岩，这"水"便是急水弄。800多年来，融光寺历经兴废，屡遭火焚，尤其是20世纪30年代遭遇的一场大火，几乎让它消失殆尽。到了1949年全部拆除。而如今，寺庙建筑群恢复了原貌，成了柯桥历史文化街区建筑的突出代表。融光寺作为岁月的见证者，几经沧桑，又将继续见证我们时代的新发展、新气象。

来到小巷的深处，放眼望去，仿佛回到20世纪80年代，一个老爷爷坐在一辆改装三轮车的后面，车上挂着一张牌子，写着简陋的"修表"两字。老爷爷不急不缓，开盖、检查、调试、封盖。动作是那样娴熟，面容是那样安逸，时不时还与周围的人唠嗑闲谈。原来老爷爷哪里是为了生计才出摊啊，人家可是拆迁大户，身家几百万呢，修表纯粹是个人爱好，发挥余热。我想：老爷爷这种精神不正是我们柯桥人身上蕴藏的生命不息、奋斗不止的精神吗？

不管柯桥如何发展变化，亘古不变的是柯桥的魅力与精神。它将我们所有柯桥人的心串联在一起，勾起我们无限的遐思，鼓励我们不断地奋斗前行。（2022年2月）

绍兴市柯桥区实验小学六（6）班　李晗希
指导老师：俞晓萍

数魅力古镇，还看柯桥

沿着浙东古运河，走进这座拥有近2000年历史的柯桥古镇，它显得宁静而古朴。沿着廊檐踏上悠长的青石板路，别具江南特色的砖木房屋鳞次栉比，错落有致地矗立在两旁。白墙青瓦，飞檐翘角，透着诗情画意，仿佛在诉说着多年前发生的如烟往事，这是一个有魅力的古镇。

古镇魅力在于"古"。在东汉时期，蔡邕因得罪权贵，在江南避祸时，曾取亭内竹椽为笛，留下了"柯亭之竹"的故事，由此改名为笛里。东晋称柯亭，南宋开始直至今日称为柯桥。

历来也有不少文人墨客歌咏柯桥。特别是我们绍兴的爱国诗人陆游，他写过很多关于柯桥的诗篇，如"柯桥道上山如画，早晚归舟听橹声""梅市波光远，柯桥柳色新"等诗句，见证了宋朝时柯桥的景况。《康熙南巡图》第九卷也印证了清代"金柯桥"的繁荣。柯桥古镇成为唯一一个康熙南巡图中标注的江南水乡古镇。

听爸爸说，小时候的古镇非常热闹，特别是在快过年的时候，大家都到这里买新衣备年货。商贩的吆喝声和人们的讨价还价声此起彼伏。听着爸爸的述说，我仿佛穿越时空隧道，眼前浮现出一片热闹的场景，挨挨挤挤的小摊数不胜数。大人忙着做生意，小孩穿梭在白墙黛瓦的老台门间嬉戏玩耍。赶集的人群更是摩肩接踵。不少人是坐船而来，停靠岸边的船只撑杆如林，极为壮观，故有"柯桥有千支撑杆"之说。

古镇魅力在于"桥"。江南水乡，水多，桥也多，桥是古镇的灵魂，是桥串起了那依河傍水的老屋。那一座座造型优美、风格迥异的石拱桥，就像一只只有力的臂膀，挽起了一个个商铺店家、酒肆茶楼。

这里最出名的石桥要数融光桥了。它在1987年就被绍兴县人民政府认定为绍兴县文物保护单位。在2013年5月，融光桥和八字桥等古桥一起进入"绍兴古桥群"，列入第7批全国重点文物保护单位。融光桥南北两桥台用条石错缝叠砌而成，桥拱全以七横六联并列分节砌筑而成。巍峨挺拔，砌石厚重，古朴大气，造型优美，为柯桥古镇增添了厚重的历史气息。桥上绿色藤蔓悬挂，郁郁葱葱，生机勃勃，别有一番韵味。浙东大运河流经融光桥，当年绍兴多少老酒茶叶，乘船通过融光桥走向全国各地。也有不少来自世界各地的游客、电影人、画家等时常驻足在此，一睹它的风采。

古镇魅力在于"夜景"。翻新后的古镇将现代元素融到了里面，古今结合，相得益彰。特别是夜晚的古镇更是美轮美奂。音乐喷泉成了一道亮丽的风景线，路过的人们总是驻足观赏，久久不肯离去。河畔两边霓虹灯流光溢彩，河面上烟雾缭绕，好似走进了仙境。梦起笛扬、霓光水巷、流光水塔、听橹夜航、千古胜景、晓月落庭、醉花陈酿等主题灯光秀更是衬托出夜古镇如梦如幻的美，让人陶醉在其中，流连忘返。

古镇魅力还在于"美食"。最经典的是绍兴臭豆腐，闻着臭吃着香。这是用特有的苋菜梗汁浸制、发酵过后的豆腐油炸制成，表皮金黄香脆，再蘸点辣椒酱、甜面酱，咬上一口酥嫩鲜香，令人垂涎三尺。

一个被誉为"柯桥老底片，城市新客厅"的千年古镇华丽归来了，它像一颗璀璨的明珠光芒四射，卓尔不群，为这座城市留下了记忆和故事，见证了城市的变迁，也传承了文化的基因。古镇柯桥，引无数游客竞折腰，俱往矣，数魅力古镇，还看柯桥。

（2022年2月）

绍兴市区柯桥区实验小学六（5）班　何思柏

指导老师：丁凤琴

美哉，柯桥古镇

柯桥古镇，典型的江南水乡，其之美，早有定论。

"今山阴三十里有柯桥，其下为柯水"，"柯水流经镇内街河，镇得名于桥，桥又得名于水"。如果说，水是古镇的主题，那融光桥便是古镇的神韵。它横跨在浙东古运河上，西侧便是南来北去的柯水。它和古柯桥，永丰桥一同形成了"三桥四水"的景观。

融光桥半圆形的石拱桥跨河而过，划出一道优美的弧线，投在清澈的河面上，清澈的水面摇曳着它影影绰绰的倩影，倩影伴着潋滟的水光，犹如让人置身画中，美轮美奂。拱桥两侧的栏杆上爬满了各种攀藤植物，绿得发亮的大叶子，嫩绿色的小叶子，重重叠叠，挨挨挤挤的，每片都是那么欣欣向荣，仿佛为大桥注入了无限活力和生机。那圆形的桥洞，方正的石块，拱形的桥身。一圆，一方，一拱，搭配得非常和谐，不禁让人惊叹古代工匠的鬼斧神工！

桥身下，还别有一番洞天。洞顶雕刻着三块盘龙图，上面笼着一层轻纱般的绿苔藓，古朴而悠远。这里的石块不似桥面那么光滑，表面凹凸不平，斑斑驳驳，灰中透黑，黑中透白，深深浅浅，交织在一起，几道粗细不一的藤蔓点缀其间。若你抬手一碰，风化的碎石便纷纷而落，好像在诉说着它曾经的辉煌。

拾级而上，那一块块光滑发亮的青石板，匀称得好像浑然天成，是那么气吞万里。行走其上，其宽广程度简直媲美如今的八车道，让人不由感叹曾经的街市是多么繁荣喧闹。

融光桥是古镇的宝桥，也是古镇的中心。沿河的古建筑手拉着手，肩并着肩，错落有致地排在一起。在阳光的照射下，在蓝天的映衬下，白的墙，黛的瓦，更加鲜明；木结构的排门和廊柱色泽更加饱满，更加油亮。小楼的窗户有开有合，时高时低，像一个个眨着眼的小星星，也像一个个旋转的黑洞，霎时让你坠入时空，来到千年前的古镇。

古镇，是一幅长长的画卷。站在桥上向东远眺，有"白玉长堤"之称的古纤道犹如一条舞动的飘带，轻轻地舞到天边，又舞到了天地之外。看，一只只白鹭在河面上自由地飞翔着，它们扑腾着翅膀，在河面上来回盘旋。它们时而俯冲向下，时而浮于水面，悠哉，悠哉。一艘艘货船，宛如一个个跳动的音符，轰鸣着驶向远方，舞动着一道道长长的浪花，为河面增加了一道美丽的风景线。

古镇，是一段悠悠的历史。在船埠头，沿着悠长悠长的青石板小路前行，一家家店铺鳞次栉比。瞧，那闪着金光的箍桶店里，老爷爷拿着香炉在不停地打磨，嘎吱嘎吱；还有一寸缂丝一寸金的非物质文化遗产；那闻着臭、吃着香的绍兴臭豆腐，让人垂涎三尺；那一幅幅闪着琥珀色光芒、造型各异的糖画让人迈不动步子；酒坊、茶馆、米行、钱庄、当铺，一间挨着一间，犹如演绎着一段古老的故事。

古镇之美，美在那份悠闲自在！那份内敛秀美！那份质朴自然！那份缱绻回忆！
（2021年11月）

绍兴市柯桥区鉴湖小学六（4）班　漏静怡
指导老师：蒋爱凤

古镇新貌

从停车场出来，我已置身古镇广场中了。

正值天幕黑去之时。天越来越黑，黑得似乎要沉沉睡去，整个古镇似乎要入眠了。"啪"，刹那间，随着清脆的一声响，整个古镇，千百万盏斑斓无比的彩灯同时亮起。古镇顿时苏醒了！五光十色照映着人头攒动；风带着甘甜的糖画香；雾与光交织在绵延曲折的小河道上，开始展现古镇灯光秀的风采。

水面上的灯光总是变幻莫测。时而，薄似膜的蓝宝石化作一层晶莹剔透的玻璃，叫人想上去走一走，看着镜中的倒影；时而，幽暗神秘的墨绿平铺在水面，绿光闪闪，好似深渊；时而，柔似绸的浅红色化作一匹柔软的锦缎，叫人想伸手摸一摸……"火树银花合,星桥铁锁开。暗尘随马去,明月逐人来。"我似乎可以看到千百年前那场灯火的盛会了,小桥流水明月佳人来,古镇在璀璨的灯光中如梦如幻,吸引着四方的游客。

大街小巷还有深弄堂的灯,也一点不输水上的。数百个长灯笼挂在那儿,有橙色的,有红色的,有黄色的,照亮了古朴的街道,连同水上的一起,映亮了半边黑透透的天。

一阵微风拂过,吹来臭豆腐和糖画香。卖糖画的那人现做,他一边拿着大勺,变戏法般画出一串串糖画,叫一个行云流水,一气呵成;又一边时不时抬起大汗淋漓的头,对着吃着糖画走过的游客热忱地频相问:"好勿好恰啊?"(绍兴方言,意即好不好吃啊?)要是得到游客的微微一点头或是一句普通的肯定,便马上眯起眼,咧开嘴,满面红光地大声说:"喏,伊啊勿好恰。我是安昌来的嘛,个糖啦,比别人家的都好恰!"

各大商场大红大紫的高雅的"奶茶店""咖啡馆",在这却只有寥寥几人,人呢?都操着口绍兴话,在隔壁柯桥风味小吃店,老板顾客挤在一起,热火朝天地谈论着家长里短呢!

柯桥,这个快节奏的经济发达城市,它生活中缺失的烟火气,都藏匿在了柯桥古镇的大街小巷中!(2021年12月)

中国轻纺城小学六(7)班　马绍平
指导老师:阮　琴

古镇韵味

妈妈告诉我,
柯桥古镇是她从小生活的地方——
小街很窄,很窄,
青石板路很长,很长,
碧绿的河水很清,很清;

沿河小街上涌动着人流，
河埠头妇女洗衣聊家常，
长廊上处处是孩子们嬉戏的身影……
如今的柯桥古镇，
是城市的新客厅——
青瓦白墙倒映在清澈的柔波里，
笛扬楼、季家台门焕然一新；
纵横交错的河道上，
乌篷船轻轻漂过，
欸乃声里漾起浅浅涟漪……
小桥流水人家，
是诗意盈盈的水墨江南，
是柯桥古镇独有的韵味。

（2021年5月）

绍兴市柯桥区柯桥小学六（1）班　高嘉雯

指导老师：罗玉娟

长相忆

斑驳的旧墙，
融化开了水墨。
黄昏里点燃彩霞，
亮着走过的青石板路。
一座座石桥，
架在古运河上。
河水吻过桥墩东去，
不留下一丝痕迹，

咿呀声里摇出了一叶叶乌篷船。

青石板走进暮色。

我在冷清的街头,

煮一杯清淡的茶,

独享古镇的韵味。

一条条小河,

一座座古桥,

一条条石板路,

一排排依河而建的长廊街,

成就了这个江南古镇。

我回忆她,怀念她——

这个烟雨中的梦里水乡。

虽历经岁月沧桑,

但她依然在我心头,

未曾忘却。

(2021年3月)

绍兴市柯桥区柯桥小学六(1)班　许司权
指导老师:罗玉娟

柯桥古镇,我曾经的家

柯桥古镇,是我曾经的家。在青瓦白墙、小桥流水的老街中,封存着我许多美好的记忆。

今年,柯桥古镇改造完成,让旧日辉煌的样貌重新绽放,而我要踏着这和煦的春风去追回从前的记忆。

午后的古镇,幽静、绵长。一走进古镇,映入眼帘的必定是融光桥了。这是一座石砌拱桥,桥身上长了许多苍翠的藤蔓。这挨挨挤挤的藤蔓因春天发出了许多新叶,翠色欲流，远看就像是桥上长出了绿色的瀑布。桥身上饱经风霜，都是多少年的风风雨雨洗礼后留下的痕迹。置身桥顶，听风缓缓吹过，桥洞下的藤蔓相互摩挲，轻柔作响，仿佛能听到几十年前桥上的吴侬软语。

桥边的人家依水而居，黛色的砖瓦配着古朴精致的小轩窗，看起来别有一番风韵……

串联着这一切的是一条柔美的河。河水碧绿，犹如一条碧绿丝滑的绸带，环绕在这古桥之间。清凌凌的河水，映着碧蓝碧蓝的天空，微风掠过河面，荡起层层涟漪。古韵悠悠，让人心旷神怡。

夜晚的古镇更加静谧诱人。平静的水面上起了朦胧的薄雾，湛蓝的灯光照着，仿佛置身于仙境中。典雅朴素的房屋勾上了金边，看起来更加柔和诗意了。走在夜晚的古镇中，让我感到了人在画中游一般的意境。

一条河，一座古桥，便能唤起柯桥人的回忆；一盏灯，一片仙雾，便能让古镇焕发新的光芒！（2021年3月）

绍兴市柯桥区柯桥小学六（1）班　王雨琦
指导老师：罗玉娟

灯梦幻，光闪耀

灯光下的柯桥古镇，宛如一颗璀璨的明珠，点缀于步行街旁。

每当夜幕降临，古镇的灯光秀就开始了。在彩灯之下，它又比那白日里的柯桥古镇又多了一份闲情雅趣，又多了一份美丽梦幻，又多了一份盎然活力！

古镇灯光秀分为梦起笛扬、霓光水巷、流光水塔、听橹夜航、千古胜景、庭前静柳、碧沼浮舟等七大主题。房屋、桥、流水、喷泉、游船……在灯光的照耀下，显得美轮美奂，古镇水乡风韵使游客久久陶醉于其中而不能自拔。

看碧波起处，仿佛是春日的和风拂过，令人顿生暖意；看白墙黑瓦，仿佛是唯美的园林突现，令人诗兴大发；看万丈喷泉，仿佛是通天的神器，直问银汉，令人壮志凌云。而那灯光，则无处不在，无处不激励和抚慰着观者的心灵。

古镇的房屋在灯光的照耀下越发显得幽静，显得亲切，显得朴素。这些房屋上自屋顶的每片黑色的、弯曲的瓦片，每一个做工精细的瓦当，下至基角下那排参差不齐的石头，大户门前那两只活灵活现的石狮子，无不在那温和的淡黄色的灯光下给游客以古镇的独特韵味。大家都能感受到灯光下的古镇的美丽。

灯光时时闪过水面，水面上白雾生起，烟云缭绕，缥缥缈缈，如梦幻仙境。河岸两边彩灯亮起，灯光穿过雾气，传给观者一股神秘的气息，水雾退去，灯光也随之暗去。河水、河岸、两边光滑的石板，似乎都换了一副模样，焕然一新了，甚至连人都会情不自禁地感到神清气爽。

古镇最耀眼的，毫无疑问是那绚丽缤纷的喷泉了：这喷泉时而冲天而上，大有直透云霄之势，时而又舒缓下来，变得柔和，水线相互交织，时而变成一幕水帘，时而织成一颗爱心，时而高低变化，恰似海中的波涛……看，其中一眼喷泉，一会儿喷出一串冲天而上的水柱，一会儿缓缓低下来，又喷向一边，与其他喷泉相互交织，融为一体，给人带来震撼和享受。一个全新的、绚丽无比的古镇呈现在了人们的眼前。

小桥流水、枯藤老树、黑瓦白墙……柯桥古镇的美景在那绚烂的灯光下，一齐交织在人们面前，大家又怎么能不陶醉其中呢？彩灯照映着柯桥古镇，让柯桥古镇的夜，变得比昼时更美丽，比昼时更灿烂，比昼时更多彩！

嘿，快看，随着喷泉的升高，古镇上五颜六色的聚光灯又一次交织在了一起，缓缓地、缓缓地指向天边。哦，这灯光该是载着我们的梦想，照向更远的地方，照向未来吧！

思绪万千，我又不禁回到了白墙黑瓦、小桥流水之间。这时，河岸旁的柳树树枝开始微微拂动。柳树似乎被这灯光赋予了生命，妩媚而又柔美。似乎是那刚换上新装的仙女，出现于我们的面前。

一艘小船从古镇的那边缓缓地行驶了过来。船，似乎也是这个古镇的灵魂所在。船，漂泊于古镇的每一个角落，带着游客遍游古镇，遍览古镇风光。船，代表着洒脱、悠闲和美好的水乡生活。船，无疑完全融入了那个美丽的水乡古镇，融入了人们的生活中。而这晚上的船，船头、船身、船尾，上自船上的乌篷，下及船舷，全身都带着美丽的灯光，这船就是梦想之舟，装载着我们的梦驶向水的尽头。橹声悠扬，久久地回荡在我的耳边。

古镇中，房屋、桥、流水、喷泉、游船、静柳、大小巷……随着灯光的不断变幻，一次又一次地变换着面孔，我们的眼，已经为这绚丽无比的灯光秀所迷住、所折服。

我们眼花缭乱，无暇顾及。古镇的灯光秀还在继续，还在变幻，而我们却在大饱眼福之后，仍如饥似渴。但也只能在眼花缭乱中恋恋不舍地离开了。我们所能期待的，只有下次再来古镇了。（2022年3月）

绍兴市柯桥区柯桥小学六（3）班　童卓涛
指导老师：袁　青

柯水悠悠，桥影重重

说起柯桥古镇，我对它的第一印象就是美：柯水悠悠，桥影重重，乌篷荡漾，吴语绵绵……无不彰显着老柯桥的独特魅力。

走进古镇，当然要逛一逛下市头直街。放眼望去，一把把油纸伞张开笑脸，高挂头顶，充满着诗情画意，好像对我们的到来表示满心欢迎。突然妈妈冒出来这样一句话"饭有冇切过？"我还以为在问我，心想：饭不是刚吃过吗？我有点丈二和尚摸不着头脑。刚想回答，只见妈妈一字一顿，有板有眼地说："来做嬉客哉，噶结棍。"我不知道妈妈为何突然说起了柯桥方言，只见妈妈抬手一指，我才恍然大悟，原来巷子两边悬挂着一句句有趣的柯桥方言。

走着走着，一件件漂亮的汉服和手工做的精致小饰品映入我的眼帘。手艺人凭借着自己灵巧的双手和精湛的技艺，编制出结实的竹篮子、迷你风车、精美的纸扇子，惹得游人驻足把玩。几位身着汉服的小姐姐，画一脸精致的妆容，手拿纸扇，漫步石桥，摇曳生姿，正如李白诗云："新妆荡新波，光景两奇绝。"

直街的尽头就是著名的"三桥四水"。宋代的柯桥、明代的融光桥、清代的永丰桥三足鼎立于浙东运河之上，将这悠悠柯水划分成四个区域，形成"三桥四水"的独特景致。

融光桥是老柯桥人心头抹不去的回忆。只见古桥上布满了生机勃勃的绿植，它们从石缝间长出来，日晒雨淋，却仍顽强地生长着，仿佛和桥融为一体，只想一睹这新客厅的英姿。踏上融光桥，它的桥身是由整块的青石板砌成。桥的朝北部分有27级台阶，朝南部分只有24级台阶，石板因人们常年的踩踏已经磨得有些光滑。它好像是饱经沧桑的老人，弯着腰弓着背，屹立在河上，默默地帮人们渡河，默默地坚守着古镇。

下了桥右转，我来到了柯桥，一棵茂盛的松树耸立在它身旁，像护桥战士，多么威风！从桥上往下望，广场上人头攒动，好不热闹。还有一些学生在写生呢。估计被这白墙黑瓦、小桥流水、毛毡乌篷所吸引了吧。只见一尾船从对面的永丰桥下慢悠悠地划过，好像从一张嘴巴中钻出来。船夫不紧不慢地划动船桨，倒映在水面上的石拱桥瞬间被木橹搅碎，成了彩色的光斑。

沿河走，一路种满绿植，用的"花盆"各不相同：有石槽、水缸、酒坛……妈妈说，这花盆满是回忆，每个柯桥人都特别熟悉，原来是生活用品，这让我大开眼界。柯桥古镇连井盖都充满活力，上面竟刻着各式各样的古建筑。不过没有画家吴冠中笔下的柯桥古镇来得灵动，有韵味。

这就是美丽的柯桥古镇，它是柯桥劳动人民的智慧结晶。古朴、自然、美丽大方，处处充满着水乡气息。（2021年11月）

绍兴市柯桥区华舍小学六（1）班　吴昕宜

指导老师：秦冬丽

古镇访友

"古城阴处饶古木，古城城下烟水绿。"蒙蒙烟雨，苍翠远山，几树桃花，几座古桥，我信步走在柯桥古镇里，身心舒畅来看看我的老朋友。

你好，融光桥！你那石头上的斑斑点点全是岁月的沧桑，青青藤条爬满了你健壮的身躯，你弓着背，几百年如一日地站立在这河上，你总是默默付出，方便了无数人通行，岁月悠悠，波光明灭，唯有你依然如旧！此刻，冷风拂过，缭乱了藤条，它似乎在与你谈心。从上往下看，古城风貌尽收眼底：白墙、黑瓦、碧水、蓝天……使人应接不暇，心旷神怡！

你好，古楼！你总是临水而建，黑瓦、白墙，清新又朴素，你宛如一幅浓墨浅彩的水墨画，氤氲着烟雨，更让人感受到你的温柔，我仿佛回到了外婆小时候。每当傍晚，那些邻里的男人们喝着绍兴老酒，大口吃肉；妇女们则听着绍兴莲花落，嗑着瓜子，和上几句；孩子们穿梭其间，追逐着嬉闹着，给古楼平添了许多热闹……

你好，木窗！你微微开着，像是在欢迎着我的到来。你脸上的装饰错落有致，木雕荷花相间其中，"出淤泥而不染"，像是先辈们时时刻刻提醒我们小辈做人的道理。定睛一看，黑色的瓦片下沿刻着的是一只只栩栩如生的蝙蝠，象征着"幸福"，是人们对美好生活的祝愿。我来到大门前，整排屋都是用木头建造而成，出门便是运河，河水静静地流淌着，在白墙的映衬下，江南水乡显得更加恬静！

你好，青石板！你历经2000多年的风雨洗礼，依然默默铺在地上，无论严寒酷暑，无论日晒雨淋，你从不唉声叹气！你每天都为人们出行带来便利，虽然你不起眼，但是你却是家乡人民脚踏实地的见证者，你见证了家乡人民的勤劳刻苦，见证了家乡的繁荣变化。我轻轻拍打下我的老朋友，似乎还能听到远古火山的澎湃；仔细观察，似乎还能看到历代兴衰变迁；轻轻抚摸，似乎还能感受到曾经战火的纷飞……

你好，小巷！你狭长，深邃，绵延不绝，犹如通向天际。走进小巷，听听细雨敲打路面的滴答声，看雨丝交织成的迷蒙一片，轻声哼一曲小调，撑一把油纸伞，偶尔摸一下墙上的砖头，感受丝丝清凉，感受是不是还有几个小孩在身边追逐，留下一串银铃般的笑声……

"古镇青山口，寒风落日时。"夕阳染红了古镇，我辞别了我的好友，带着一路好心情和好记忆回了家……（2022年2月）

绍兴市柯桥区柯桥小学六（4）班　吴羿霖
指导老师：唐燕琴

悠悠古镇行

"小桥、流水、古道、人家……"这些景物绘成了江南，构成了这个环绕在水乡中的小镇——柯桥。

柯桥，顾名思义，就是一座名为"柯"的桥。先有柯山，后流柯水，水上架桥，此为柯桥。水上运输，用船；陆上运输，过河便需搭桥。桥有各式各样的：有只用几块青石板铺成的，没有任何台阶的"平桥"；再有的，有青石板铺成的台阶，斜度不定，多少不定。青石板的质朴，更是述说着几分古朴与韵味。桥的"搭档"，一般都是河，古镇的桥却又找了新的伙伴——"灯"。桥与灯一起映于水上，形成了一轮金色的"满月"，更是增添了几丝神秘气息。更有甚者，将桥与楼结合，楼下有桥，桥下有水，水中映着桥与楼，相互倚靠，融为一体。

和桥一样，小道也是由青灰色的石板铺成，踩上去，还能发出"嘎吱嘎吱"声，似乎向人们述说着前尘往事。小道蜿蜒向前，如果着一身汉服，点缀上古代的装饰，执一把青油纸伞，在烟雨迷蒙天去往小道上走一走，仿若穿越了古今，随着每一块石板细细品读历史的沉淀。小道旁，近水处，有通向河面的台阶，那是妇女们的洗衣、淘米的地方。暂停脚步，蓦然回首，仿佛一个手挎洗衣篮的女子正与你擦肩而过，嫣然一笑。

小道不远处仍保留着旧时古宅，典型的江南屋子，建筑风格大多是粉墙黛瓦，在岁月的浸润下，构成了闲适安逸的景象，跨越悠悠历史，惊艳无数人的梦境。远远望去，一层一层的墙，一叠一叠的瓦，繁多却又清新。想必在那下起微雨的春日里，古镇若隐若现，还带上隐隐的柳绿和桃红，映着粉墙，就是一幅《江南烟雨图》。夜幕降临时，金色的灯带躲在檐下，从黛瓦下隐隐透出阵阵金光，还有绿的、粉的，和夜空相互点缀，更具颜色。黛瓦与天相连接，亮的是瓦上灯，亮的是天上星，美哉！

古镇最有特色的还是它的河，四通八达，贯穿全镇。有水，才能建成古镇，现在所保留下来的古镇一般都是古代繁华之地，所以才有许许多多的店铺和人家会选择聚居在此。古代陆路交通不甚发达，多采用水路。而中间的河，正是旧时的"马路"，可以想象，扬帆航行的货船、熙熙攘攘的客船，必定热闹非凡。

小河不仅是交通要道，更是一幅典型的江南水乡美景。夜幕降临，柯桥古镇亮起条条多彩的灯带、盏盏古色古香的灯笼，映照在水面，玉壶光转，星落成雨，别具一番风采。白天的粉墙黛瓦，此时已成彩墙黛瓦，加上些许雾气，让水面上的影子变得朦朦胧胧，远看，真如仙境一般。

装饰着现代元素的古镇是很热闹的。游客们三三两两，驻足赏景拍照。一阵风吹来，酒旗迎风招展，旗下的旺铺中，小二们的招呼声此起彼伏，游客们围坐在木质桌椅旁享用着绍兴水乡的传统美食——霉干菜扣肉、臭豆腐……香气四溢，弥漫着人间烟火气。店铺里卖的，也有各种器物，一把把折扇、一只只玉杯，旁边是店主亲手写成的介绍：它的来历、它的价格、它的材质、它的作用……为器物们增添了许多生气。络绎不绝的人们也是一样，亭台楼阁给人们增添了优雅，人们也给亭台楼阁提供了灵气。大到高墙大瓦、小到街头卖糖画的阿婆，每一样事物、每一个生灵，或大或小，都成了古镇中的美景。

古镇的古朴，为柯桥增添了几分优雅与神秘；现代的科技，也为古镇增添了无穷的活力和无限发展的可能。古镇不老，它不会停滞于一个时代，它会插上腾飞的翅膀，与梦同行！（2022年2月）

绍兴市柯桥区实验小学六（5）班　徐卢璐
指导老师：丁凤琴

古镇夜风光

在我的家乡柯桥，有一处地方历经千年风霜雪雨，有着深厚的历史文化积淀，纵横交错的石桥串起一条条蜿蜒曲折的河道，雕梁画栋的楼阁掩映在绿水环抱之中。这，便是柯桥古镇。

走进柯桥古镇，入目是古镇外围一圈黑白交会的老房子，白墙黑瓦，记录了历史的朴素韵味；沿街是酒坊、菜馆、茶楼，一家连着一家，展现着柯桥的烟火生气。来古镇的这一天，雨淅淅沥沥地下着，在这朦胧的细雨中，我踏入了这片润土。月上柳梢头，我的古镇之旅也开始了……

古镇的夜是热闹的。听！商人们正大声地吆喝着："这是明代宣德时期的青花瓷器，大多采用进口青料……"远处，一座三孔石拱桥横跨河面，桥身由石头堆砌而成，桥的两侧围栏上立着许多栩栩如生的小石头狮子，像一个个士兵保护着这座桥。长长的石拱桥上人山人海，人们摩肩接踵；各种各样的花草景观摆在商铺里；地摊上陈列着琳琅满目的纪念品，引得顾客频频驻足……一湾江水从石桥下缓缓淌过，犹如一条丝带装饰着朴实的古街。

古镇的夜是美味的。小河两侧，经营小吃的摊位数不胜数，各色美食琳琅满目，让人垂涎三尺。先"味"夺人的当然要数老绍兴特色的臭豆腐了，金黄的外壳，外焦里嫩，咬一口，汁水溢满唇间，令人回味无穷。甜品当是奶油小攀最为经典，绍兴本地人专属的美味"蛋挞"，咸香四溢、软糯可口，丝毫不逊色于"舶来品"。古镇的特色美食数不胜数，非得亲自来一趟，品尝一番不可！

　　古镇的夜是迷人的。月亮高悬，身披白色纱衣，娴静而安详，银盘似的脸透过柳树，投下温和的笑容。河道两岸灯火辉煌，或在草坪上以灯光点缀，或在近水步道上设水平台，置水上灯光装置，这可真是水巷披霓光、水塔溢流光，科技元素为古镇之夜增添了如梦如画的浪漫美。身处乌篷船中，穿过一桥又一桥，二胡琵琶的演奏声、歌者的演唱声、儿童的嬉闹声、游客的喝彩声……声声入耳，我的周身被河面乳白色的水汽萦绕，疑是身在梦境中。

　　远景缥缈，夜色微澜，左看是飞檐雕花、屋脊走廊的漂亮小楼，右看是桨声灯影、碧水环抱的旖旎风光，远处一条乌篷船正慢悠悠地驶入迷蒙的烟雨深处，社戏呀呀唱响，沿河飘出醇醇的女儿红香。华灯初上，古镇的夜晚月色流光。斯时，站在岸边，桂树芬芳四溢，让我的心中不由得泛起了一层微澜，这微澜漫过了黛瓦白墙下凹凸的青石板路面，漫过了刻录着经年日月印记的一座座古桥，也漫过了这座千年古镇文脉沉沉的历史底蕴。灯火阑珊，我在这朦胧月色中于古镇深处穿行，沉浸着、陶醉着……

　　在秋雨里，我愿撑一把纸伞，品一口女儿红，吃一碗臭豆腐，嗑上几粒茴香豆，坐在古镇的青石板凳上，靠着青砖乌柱，沉醉在柯桥古镇的仙境里，在这怦然心动中回味着几千年的沉淀……（2021年11月）

绍兴市柯桥区华舍小学六（6）班　张晟睿　杨　阳

指导老师：黄哲楠

古镇新貌，魅力柯桥

　　黑瓦白墙之间，透露出古镇悠长的历史；吆喝叫卖声中，代表着古镇经济的繁荣；小桥流水的景色，渲染出古镇的典雅与优美。

　　古镇不同于富丽堂皇的皇家宫殿，给人一种严肃的、高高在上之感；它也不同于那些矗立在一片璀璨之中的高楼大厦，传递出一种冷冰冰的感觉。相比之下，古镇的美，就宛如一位身穿一袭素雅旗袍的小家碧玉的姑娘，撑着油纸伞娇立在一片烟雨朦胧之中，正哼唱着吴侬小调。雨滴打在伞上，产生一种恬静的美、素雅的美、悠悠的美、永不过时的美。

桥，作为江南水乡一张独特的名片，纵横穿插在街道中。圆的桥洞、方的石块、弧形的桥背，形成一座座浑然天成的桥，挺立在一湾碧水间。水汽蒸腾，在昏黄的灯光的照耀下，桥石产生一片片影，投映下来，石的模样清晰了起来，一条条裂缝，一点点凹陷，一圈圈天然的石纹，无需精美的雕刻，只需大自然的雕琢，便是一种独特的美——美的是记忆，美的是岁月。

闲暇时，划一叶绍兴的乌篷船，穿梭在波光粼粼的水面上。每划一桨，水面便漾起一阵淡淡的波纹，晕染开来，滴落一粒粒晶莹的水珠，滋润你干枯的心田。随着悠扬的乐曲声，船沿岸漂流，岸边的灯光、房屋与人皆呈现在碧澈的水面上。经过涟漪的改造，灯光、房屋与人变得模糊了起来。光影斑驳间，一盏盏灯的长龙，时而在水流中游动，时而又升腾。房屋笔直的线条在水中又弯曲了，那简约而又不简单的一砖一瓦，或是檐边奇形怪状的小怪兽，似龙须似的翘边，纹案多样的花窗，点缀精致的一花一木，原本呈现出一派古典之美，可如今投映在水面，再加上宛如游龙的灯光的加持，就显得十分奇丽了。你乘舟徜徉于水面之上，如身处在梦境之中，沿岸的建筑向后移动，眼和心却停留在了岸边。

漫步在老街的青石板路上，脑海中不禁还原出老照片中当年的热闹画面：几十年前，古镇就是经济中心了。沿河的集市上人头攒动，人们都在争着抢购他们的生活所需。小摊上商品也一应俱全，日常所需的锅、碗、瓢、盆，颇具特色的笋干、火腿、腊鸭……一样也不少。摊主的吆喝声此起彼伏，吸引来一群群顾客。河边的船上，也不时传出叫卖声，戴着乌毡帽的老人从船里探出头来，鲜活的鱼虾在船舱里跳跃……时间指向2021年，昔日热闹的街市今犹在，只不过沿街店铺里，少了吆喝声，多了欢快的音乐。店里的商品比老照片中更琳琅满目，既有地方特产，也有漂亮汉服；既有手工作坊，也有网红商铺……顾客更是多了一份购物的从容与欢乐。古镇经过岁月的沉淀，又经过重新修缮和改建，显得更有活力了。

岁月更迭，当年的年轻人，现在早已是白发苍苍的老人了。看他们缓缓地走在古老的青石板上，听他们讲述那一个个奇丽动人的故事，眼泛泪光地赞叹着时代变化之快，我也不禁深深被感动了。

悠悠古镇，今朝更具魅力！（2022年2月）

绍兴市柯桥区实验小学六（5）班　袁满泽
指导老师：丁凤琴

解锁梦中的江南——柯桥古镇

深秋的早晨,空气中弥漫着甜润的露水气息。我和妈妈踏进了如今绍兴的网红景点——柯桥古镇,来寻找我梦里的江南:粉墙黛瓦,小桥流水,老街幽巷……

柯桥古镇是一幅浓墨浅彩的水墨画。漫步在青石板铺就的小路上,那些早已被磨得圆润光滑、高高低低、坑坑洼洼的青石板,仿佛在诉说着几百年前的故事。路的两侧是粉墙黛瓦的老式房屋,褐色的木门上刻着时光的刀痕,爬山虎从屋檐上挂下,像是一条流动在阳光下的绿瀑,充满了灵动之美。

柯桥古镇是一首不老的歌曲。午后的柯桥古镇那么安宁,似乎能听到老屋里秦时的纺织声,小巷里宋时的卖花声,廊棚下明清的遛鸟声……在人们追忆历史的时光倒叙中,更显得淡然如初,淳朴如初一样,用它悠久的历史和丰厚的人文景观继续涤荡和熏陶着时下物欲横流的躁动与喧嚣。

往南前行,我们看到一座五孔风雨廊桥——柯东桥,横跨在古运河上,阳光泼洒在河面上,不断斑驳着流动的河水,河面上波光粼粼。我们站在桥上,古镇的风光尽收眼底。廊桥的西面有一座石桥,那是建于明代的融光桥,妈妈告诉我融光桥已经有几百年的历史了,柯桥镇当年得名于桥。廊桥的南面是永丰桥,据说电影《阿Q正传》就在这里取景。我们拐入一条寂静的小巷,小巷里有一对头发花白的老夫妻。他们坐在微黄的竹凳上,正享受着温暖的阳光。他们告诉我们,他们曾经是这里的住户,古镇修缮之后他们从这里迁走了,但依然每天会来这里坐坐,因为这里留下了他们幸福人生的印记。的确,他们是这座古镇,不,是这座城市发展的参与者与见证者。

柯桥古镇还是一首温柔的诗。不知不觉中,已近黄昏,绚丽的晚霞在空中铺开斑斓的油画。走上石桥,伏在石栏上,看那碧波荡漾的水在夕阳的照耀下闪着点点银光。有游客在水边码头上下,有越剧在岸上锣鼓喧天地上演,有店家在叫卖绍兴特产臭豆腐、扯白糖。真是"桥下流水脉脉,桥上人间烟火"啊!

夜幕降临,古镇变得热闹起来了,人们从四面八方赶来这里散步。古镇的灯光秀也开场了:"梦起笛扬""霓光水巷""流光水塔""千古胜景"……在灯光的照射下,古镇的水乡韵味更足了。凉风习习，星月高挂，潺潺的水流伴着云雾缭绕，古典悠扬的琵琶声中整个古镇缓缓苏醒……让人有一种一秒穿越回千年前的感觉。

夜幕下，月光里，古镇的悠悠时光承载着许多美好的过往，质朴又温厚，犹如生活最真实的底色。漫步古镇，心变得澄明，岁月流逝的惊慌被消融得无影无形，内心多了一份宁静和柔软，这不正是我梦里的江南吗？（2021年11月）

绍兴市柯桥区鉴湖小学六（3）班　赵睿宸

指导老师：朱建锋

古镇掠影

白墙黑瓦青石板，烟雨长廊小石桥。改造后的柯桥古镇，仿佛是一位从久远年代走来的清丽女子，清新脱俗，却又风姿绰约。

踏在青石板的小路上，鞋与青褐色的石板相互碰撞，发出"咚咚"声，听起来恰似扬琴敲击而成的美妙音符。走着走着，不知不觉间，来到了融光桥脚下，这座古老而朴素的桥是古镇一个特别的存在。它建造于明朝年间，为单孔圆形石拱桥，南北两端用条石错缝叠砌而成，桥身略显斑驳，凹凸不平，侧边还有大片的爬山虎紧紧环绕，呈守护之姿。过了融光桥，才算是真正进入了古镇，河道两旁的矮房紧连成排，偶尔也错落有致。

穿过挂满油纸伞的小吃街，踩着印着各种古镇风貌图案的井盖，呡一口古镇特有的网红雪糕，从这头望到那头，长的、短的、陡的、平的，一座座小石桥架于河面之上，连接着河两岸的交通。古镇内有一座笛里广场，广场内的建筑是极为简约的现代风格，给人一种古今融合、中西合璧的视觉效果。

突然，一幢颇为气派的古楼撞进我的眼帘——笛扬楼。这幢古色古香的楼宇是老柯桥的"美食名片"。听妈妈说，以前的笛扬楼，一楼二楼是饭店，三楼是旅馆。那时去笛扬楼吃饭住宿的人极多。特别是二楼的冷饮，名噪一时。那时孩子们难得去柯桥玩一趟，一旦去了，必定要在笛扬楼里吃点冰镇绿豆汤、冰激凌之类的冷饮，对于他们来说，那是一种极高的享受了。有时候还能看到一些调皮的小孩，把吃得精光的冷饮碗倒扣在桌子上，拍拍肚皮，心满意足地扬长而去。现在，笛扬楼里入驻了"寻宝记"，拨动了笛扬楼的"时光开关"。这幢承载了许多老柯桥人独特情怀的笛扬楼又重现了昔日的繁华。三十年前，柯桥人涌入刚开业的笛扬楼，津津有味地喝着冰镇绿豆汤；三十年后，人们再度因"寻宝记"涌入笛扬楼，品尝正宗绍兴菜。

夜幕降临，古镇更加热闹。店铺门口人头攒动，臭豆腐、珍珠奶茶、冰激凌、汉堡包……一手臭豆腐，一手珍珠奶茶，已经成了游客逛古镇的标配。五彩的灯亮起来了，把笛扬楼映衬得好似一座缤纷城堡。河边的青石板缝里也亮着灯，每隔十秒变化一次，犹如一条五色的玉带，贯穿整个古镇。最烘托气氛的还数那水中的人工造雾机，远远望去，河面上烟雾缭绕，灯光不停变幻，美轮美奂。古镇仿佛一位花季少女，穿着华丽，又不失灵动细腻。而此时的我，仿佛置身于蓬莱仙境一般，洗涤思绪，沉醉其中。

柯桥古镇，一个有故事的古镇，处处尽显华丽，却又朴实沉淀，我想，这也许就是古镇的魅力所在吧。（2021年11月）

绍兴市柯桥区华舍小学六（3）班　周亿翰
指导老师：王　琴

柯桥古镇的美

"碧水贯街千万居，彩虹跨河十七桥。"来到柯桥古镇，我的脑子里就只剩下一个字：美！

融光桥是美的。它是古镇最古老的桥，长满青苔的桥身和斑驳的台阶更凸显了它的年代久远。踏上石级，来到桥的顶端，郁郁葱葱的藤蔓覆盖在桥身，倒挂下来生长着、蜿蜒着，是那么顽强。阳光像金粉一样洒在藤蔓上，也洒在桥边那棵参天的松树上。它是那么大，需要三个成年人才能将它抱住；它是那么高，直冲青天，已经超过了房屋。它像一位长者，守护着融光桥。"咦，你们看，这里有三幅龙的图案！"来到桥底，我惊喜地喊道。虽然图案不再清晰，但依然能看到传说中的双龙戏珠，龙图腾。我站在桥下，看着这拱桥，感慨古人真是太厉害了，它可是屹立了六百年的"老祖宗"啊！一艘小船从桥下的浙东大运河缓缓驶来，漾起了粼粼的波纹，漾啊漾，我仿佛也变成了波纹，和它们一起漾啊，漾啊。

　　古镇的夜也是美的。进入入口，映入眼帘的就是一条弯弯曲曲的河，河上有云，仿佛来到了仙境。千万盏灯笼一起亮了起来，点缀着白墙青瓦的古建筑，温暖又喜气。河上的云过几秒就会变色，就像一朵朵五颜六色的棉花糖。云上还有一座座亮闪闪的桥，仙气十足，十分漂亮。天空真明净，黛青色的天幕上只缀着一个月亮，像画上去似的。古镇的一切沐在奶油般的月光里，祥和又柔美。晚上比白天的人多好几倍。有的坐在椅子上看电影，有的在店铺里吃东西，还有的做抖音直播，真热闹。忽然，音乐声起，水上闪起了灯光，喷出了千变万化不同颜色的水柱，美不胜收，它们在水面上不停地变换着姿势，婀娜多姿地起舞，令人惊叹不已。我站在桥上看着这精妙绝伦的表演，久久不肯离去。七点整，河面四周出现了牛奶般的烟雾，它们在水上飘荡。在七彩的灯光下，烟雾似乎拥有了神奇的色彩，随着烟雾的飘动，变幻着各种形态。看着看着，我觉得我也拥有了神奇的力量，徜徉在清清的河面上……

　　古镇的美食更美，尤其是臭豆腐，别看它很臭，但吃起来真的让人回味无穷。用筷子夹起那金黄，还带点红的臭豆腐，将其送入嘴中。一口下去，那美味的汤汁，立即占满整个口腔，再加上那辣油的味道，更是锦上添花。再待细细品尝，那咸辣适中的味道，让人根本停不下来。沿街还有很多新开的餐厅也很美妙，既有古风的书香气息，也有现代的潮味儿。瞧，一张木头做的桌子旁边有一棵假的桃花树，粉嫩粉嫩的。头顶上还有一个灯笼，像是古时候的人手上提的小灯笼。古色古香的装修风格，营造了老字号的经典环境，让我情不自禁爱上了这里。

　　柯桥历史典故也很美，印象深刻的是蔡邕的故事。蔡邕为我国东汉末期大学问家，官至左中郎将，人称"蔡中郎"，因得罪权要，曾避难江南十余年。一天，蔡邕来到柯亭，见屋椽东第16根竹椽可以为笛，取下后一试，果然音响异常，于是就制作笛子。《长笛赋》序云："柯桥之观，以竹为椽，邕取为笛，奇声独绝。"足见蔡邕对音乐的高深造诣，所以古代柯桥又称为"笛里"。清代悔堂老人《越中杂识》云：柯桥为"汉蔡邕取柯亭椽竹为笛处。桥侧面有笛亭，今为土地祠"。可见这座大桥，这个古镇与蔡邕的名字连在一起，身处桥上，不禁又让人想起那1800多年前的风雅韵事。

　　古镇的美千姿百态，看不完，写不完，我写下这小小的文章，将满心的情都寄托于此，愿家乡古镇长青长美！（2022年2月）

绍兴市柯桥区实验小学六（4）班　钟雨浔
指导老师：史海燕

第二篇

少年笔下的柯桥古镇

七年级

柯桥人的乡恋地

经过几年修葺，柯桥古镇终于摘下神秘面纱，向大家开放了。寒假里，我们全家人前往参观。虽是冬日，寒风凛冽，但古镇游人如织，"热度"不减。

许多人都是为了追寻儿时的记忆前往的，我妈妈也是其中之一。

在我眼里，古镇白墙黛瓦的老建筑群像一张复古的画卷，木结构的房屋，雕花的窗户，流淌着江南水乡的古韵。人字形的屋脊重重叠叠，仿佛吴冠中笔下的画。

在妈妈这个"老柯桥人"眼里，这里的一切都是童年的片段。妈妈出生在老柯桥，幼儿园、小学都在这里读。外公外婆当年的工作单位也在这里。啥是"老柯桥"？就是柯桥的"皇城中心"。妈妈给我举了个例子：她小时候，人们互相询问是哪里人，如果说得上自己是"几村"的，那就是老柯桥人；如果说自己是"黄社溇"的，大家就像上海人看乡下人一样不屑了。虽然"黄社溇"现在已经成了柯桥城区的中心地带，但在当时却还是乡野之地。

那么"几村"又是啥意思？妈妈说，以前的"老柯桥"范围很小，也就现在柯桥古镇这么点大，以桥和河为界，总共分成了1至7七个村，于是"你是几村的"就成了问询的普遍方式。

柯桥古镇给我印象特别深刻的是方圆不过百米，便有三四座石桥的布局。尤其是那座融光桥，桥身上爬满了绿色藤萝，犹如一位长须飘飘的仙翁。桥边立着"文保单位"的石碑，介绍此桥名为"融光桥"，系明代所建。走上融光桥，仿佛登上了古镇之巅，河流、街道、商铺……一切尽收眼底。很多人上桥，不是为了过河，而是为了眺望美景。融光桥边的大松树，枝干都垂到了水里，像喝醉了老酒一般。

妈妈告诉我，融光桥就是老柯桥的地标、交通枢纽。柯桥人都把融光桥称为"大桥"。从上市头到下市头要过大桥，从东官塘到西官塘也要经过大桥。大桥的两边，曾是老柯桥的商业中心。小吃铺子、家电商店、音像店、供销社……商户林立，热闹非凡。妈妈最难忘的是桥边的臭豆腐摊。当年，外婆经常派妈妈到这儿来买臭豆腐和萝卜丝饼。一毛钱一块臭豆腐，三毛钱一个萝卜丝饼，辣酱和甜酱自己加。

外公还带妈妈在这里吃过记忆里最美味的小馄饨和水煎包。妈妈说，那次是生病发烧了，外公带她去大桥另一边的卫生院打针，打好出来，就在桥头的小吃摊给她叫了一餐吃的。那一顿煎包下肚，妈妈觉得精神大振，从此觉得生病也未尝是件坏事呢。

大桥脚，还有个音像店。20世纪90年代初，流行音乐都是磁带播放的，VCD刚刚兴起，但不普及。小时候的妈妈，放学回家，路过这里的音像店，总忍不住驻足，听着流行歌曲，看着那个时代很红的明星MV，一站就是很久。

音像店往北，就是老柯桥最繁华的商业区，是个长约百米、宽约20米的区域。那里曾经有柯桥最高的七层楼建筑——华洋大厦。大厦顶端有一个立方体大钟，每个整点敲响报时，整个柯桥都能听见、看见。妈妈和小伙伴们从小就爱在那里"逛街"，尤其是爱逛饰品店，那些五颜六色的发饰，总看得妈妈挪不开步子。

如今的柯桥古镇，早已不见妈妈口中这些繁华，但空气中弥漫过来的臭豆腐香味，又让我们依稀可见当年密集的店肆、喧闹的集市。

走过融光桥，来到"笛里广场"。史传，东汉蔡邕曾经贬官避难至柯桥，用柯桥的竹子，做成"柯笛"，能演奏出特别美妙的音乐。故柯桥亦称"笛里"。广场上的建筑物，大致保持在原有位置。

"这里原来是剧院，那里原来是柯桥镇政府！"妈妈如数家珍。对了，妈妈小时候读过的"六一"幼儿园也曾在这里呢。广场上有座寺庙，叫"融光寺"。这座寺庙可以追溯到宋代。当年，在妈妈这些老柯桥人的眼里，它比杭州的灵隐寺还要恢宏几许。

绕过小广场，来到运河边。沿河长达百米的翻轩长廊整齐壮观。有了这江南水乡特有的廊檐建筑，夏日，行人躲开了烈日；雨天，不湿衣服。

妈妈说，当年的老柯桥建筑，就都是这个风格，随便走进一个台门，都是曲径通幽，而且定有一面靠河，有踏道可以通向水面。建筑都是木结构的两层小楼房，二楼的窗户里，总会伸出横横斜斜的竹竿，那是用来晾衣服的。平常，老人们就坐在河畔，听着百转千回的越剧唱腔，喝着香气四溢的茶，仿佛时间都放慢了脚步。当年的柯桥，以水为路，以船为车。上、下市头的急水弄和管墅直江，东、西官塘的运河水面上，全都成了船只的停靠地。俗话说的"柯桥有千支撑杆"，说的就是这样的景象。撑杆是行船时使用的工具,"千支撑杆"意味着船只多。而如今,悠悠小船成了风景中的点缀。

古镇之行,让妈妈勾起了尘封已久的回忆。那些台门里,虽然已无人居住,但每一处,都在述说着曾经的辉煌。那些建筑群,虽然经过了修葺,已不再破烂,但能工巧匠们"修旧如旧",每一处都透露着深深浅浅的画意,浓浓淡淡的诗情。如今,在古镇靠近104国道的地方,建起了"非遗馆",在里面,可以看到绍兴黄酒、臭豆腐、霉干菜、酱油、腊味、柯桥十碗头等美食;可以看到大禹治水、蔡邕制笛的故事;可以看到越窑陶瓷、制扇工艺、圆木雕刻等作品;可以学到阳明文化、水乡风俗、莲花落和越剧文化……这些非物质文化遗产,有了一个地方得以保存,真好!

妈妈说,柯桥古镇,就是所有柯桥人的一个乡恋地。历史的印记,如古运河的水,从未断流。感谢那些为保护古镇作出努力的人们,为我们留住了记忆。愿我们的柯桥古镇永远美丽!(初稿于2021年6月17日,定稿于2022年2月16日)

绍兴市柯桥区实验中学七(4)班　沈亦馨

指导老师:茅娟美

老台门的记忆

"绍兴城里五万人,十庙百庵八桥亭,台门足有三千零。"一座座白墙黑瓦、飞檐翘角的老台门,深藏在古越水乡,承载着水乡人们最真切深沉的故乡记忆。

——题记

我们家族的微信群名叫"老台门一家亲",我一直挺纳闷的,"老台门"不就是小区门口的早餐连锁店嘛!妈妈说,"老台门"是她儿时生活的地方,那里有许许多多快乐的回忆。

一次回老家,妈妈带着我找到了她记忆深处的"老台门"。可惜那里已杂草丛生,没有成幢的建筑物,只剩下一块块石板平地和高高低低的石板台阶。妈妈经常念叨的"儿时百草园",已经盖起了农村新房。在这里漫步,听妈妈讲着她儿时的趣事,逝去的时光仿佛历历在目。脚下的石板路，如同老人手上的皱纹，沟壑纵横，记录着家族的兴衰、岁月的变迁。

妈妈说："你可别嫌弃这儿斑驳不堪，别鄙视这儿满地的杂物。想当年，这老台门比如今的别墅还要气派呢！""快过来！"妈妈找到了两块石板的高低处，眼里写满了回忆，"那时我才七八岁，帮奶奶去打酱油，跑进院子时就在这儿绊了一跤，满身的酱油，满手的玻璃碴儿，趴在地上大哭……可我奶奶一点都没有责怪我……"妈妈怀念着她逝去的爷爷奶奶，回忆着院子里的小伙伴，感慨着老台门被拆除的遗憾……妈妈又说："台门是最能反映绍兴地方特色的建筑，这些台门世代沿袭，有些还居住着人，有些被保护修缮。周末我带你去寻找老台门！"

就这样，我们驱车来到了柯桥古镇。古镇被列为浙江省首批十八个省级历史文化街区之一，自2014年开始，政府投入资金，历时七年保护、改造，现在展现在我们面前的是焕然一新的古镇风貌。她仿佛是一位从久远年代走来的清丽女子，清新脱俗，却又风姿绰约。贯穿古镇历史的水文化、桥文化、酒文化、街市文化，在柯桥古镇都有原生态的留存。

沿着河边的青石板路一直向里走，素雅的老房民宅，幽静的宅间弄堂，无比宁静。季家台门、沈家台门、冯家台门、单家台门……一座座修缮、保护、移建的老台门一进连着一进。台门斗、天井、弄堂，漆成黑褐色的门窗，以及长满了青苔的老井，处处都彰显着台门建筑的独特韵味，为古镇浓厚的历史底蕴画上了浓墨重彩的一笔。妈妈说自己是台门里长大的孩子，她那活泼的性子就是在台门里养成的。台门里的孩子，每每放学回家，总会不约而同在一起玩耍。男孩玩得最多的是打弹珠、拍洋片。一叠卡片使出吃奶的力气拍下去，谁能拍出正面就归谁。女孩子则会在台门侧跳皮筋，边跳边念童谣，诸如"马兰开花二八二五六，二八二五七……"在台门里跳皮筋，雨淋不着，日头晒不到，还有凉风穿堂而过，别有一番乐趣。妈妈说，那时的台门就像鲁迅先生笔下的百草园一样，是孩子们的乐园，充满了嬉笑声、打闹声。

妈妈带着我穿过一条三米长的弄堂，便看见了整个宅子，走廊连在一起，人可以从两扇边门来回追逐，小天井里，放着石桌和石凳。妈妈仿佛又进入无尽的回忆中，她摸着那已经被岁月磨平表面的石凳，说道："这个石凳子是要抢着坐的。"妈妈说夏天的台门，天井是最热闹的，每到晚饭时间，爷爷咪（抿）黄酒，奶奶摇蒲扇，孩子们一边吃饭，一边挤来挤去抢凳子；"徐文长先生"的故事反复讲，故事和笑话代替现在的电视和手机，是一天中最悠闲的时光。夏天的晚上，即使天色入夜，台门里的妇女总是不停地聊着天，她们从东家的婆媳关系聊到西家的小摊收入……日子仿佛就在她们的嬉笑声中，从东头落到西头。

妈妈说，如今的台门就像耄耋老人，虽在，但没了往日的喧嚣，没了孩子的光顾，连母鸡的叫声也没了。石凳依然在，但已然没了光泽，散落在上面的几片树叶仿佛在诉说着岁月对它的冷落。台门还是那个台门，可一切都成了回忆。

我仿佛从妈妈脸上看到了一闪而过的落寞，直到走到古镇的下市头直街，看着沿街鳞次栉比的商铺，妈妈的表情才又鲜活起来。妈妈说这条街是她小时候上下学走了无数遍的路，尤其是放学的时候，总要在这条街上来回游荡三四遍才肯回家。她带着我游走在下市头直街，指着一间又一间店铺，兴奋地追溯着她的童年趣事。

妈妈说融光桥的北脚边有一个卖臭豆腐、炸年糕、萝卜丝饼的摊贩，老板娘长什么样子她一点都不记得了，但她为人和善，总会在臭豆腐上涂上满满的甜面酱。过了桥再往前走十来步，是一对夫妇开的小文具零食店，搬开一条条竖立的门板，是一个小巧的柜台。文具店"麻雀虽小，五脏俱全"，妈妈说那时候的孩子最爱吃的情人梅、唐僧肉、老鼠屎、无花果……他们家应有尽有，还有印有港台明星的贴花纸、塑料做的竹蜻蜓以及上课要用的卡通橡皮、花香型的圆珠笔。文具店往前再走几步，就是理发店，店主的理发手艺是祖传的，他在这里待的年月最久。沿着石板路走过以前的敬老院和弹棉花店，旁边是依稀还可见原型的两三间低矮的小瓦房。那里原来是一家制面店，里面有一位清瘦的老人和一台噪声很大的制面机。靠近原来柯桥小学西大门处，有个副食品小店，当时专卖调味品和黄酒，老板娘拿酒吊漏斗灌进顾客拿来的空瓶里按斤卖，也可以像鲁迅先生小说里写的那样，一碗碗卖。很多老顾客喜欢叫一碗黄酒，拿一碟茴香豆或豆腐干，品品老酒，讲讲"大头天话"，把日子过得优哉游哉。

眼看着就要走到小街的尽头，但妈妈似乎还沉浸在过往的画面中，久久不能回神。的确，柯桥古镇是所有人心中的梦里水乡，但对妈妈来说，古镇是住在心里的童年。在妈妈的讲述和回忆中，古镇的往昔仿佛一张张泛黄老照片，旧日的繁华渐渐浮现在我眼前：古镇老街两旁的店铺仿佛都伸出棚子来，将街心收缩成一条带子，带子里全是人，你挤我拥；我仿佛看见放学的孩童驻足停留，这个捏一把，那个摸一下，还价声、吵闹声、吆喝声混成一团；我又仿佛听见老式磁带摊里的破旧录音机唱着流行歌曲，那边店铺就又响起莲花落，音乐声此起彼伏，妈妈曾经着迷的"四大天王"轮番登场……

台门和老街是柯桥古镇最幽深的一道风景，里面隐藏着江南最精致的文化、最迷人的风情，是古镇历史的忠实记录者和见证者。柯桥古镇，承载着古今。我们保护着它，我们传承着它，我们更新着它。带着城市发展的活力，柯桥古镇将延续柯桥文脉，留住柯桥记忆。我爱——这永不消失的古镇印记！（2021年12月）

绍兴市柯桥区实验中学七（18）班　童心岑
指导老师：王小玲

小桥流水不夜城

在柯桥古镇，源远流长的运河，游蛇般的古纤道贯穿其中，雄伟的融光桥横跨南北两岸。水、路、桥与古宅融为一体，构成了"小桥流水人家"的一道亮丽风景线。

桥是柯桥古镇的重要角色，百步一桥，却不尽相同，每一座桥都有着不同的风姿和故事。

古镇最有名的地标性建筑要数融光桥了，俗称"大桥"。它造型古朴，气势雄伟，系明代所建的单孔石拱桥。拱券内顶嵌着龙门石三块，其上深雕盘龙图案，栩栩如生。桥拱内设古纤道，两端凿有吸水兽头，怒目圆睁，咧嘴卷舌。桥面两侧有石栏，石栏旁钻出郁郁葱葱的藤蔓，丝丝，缕缕，片片，或深或浅；深者近墨，浅者偏黄。近观，又似老爷爷的长胡子。藤蔓随着四季的变化而变化，仿佛在给古桥换衣裳呢，使古桥有生命一般。桥畔的古松傲然挺立着，风雨无阻地陪伴着大桥。可有时候禁不住水精灵的诱惑，向河面探出半个身子，对着镜子梳妆打扮起来。

漫步古镇，黑瓦白墙的老街，幽深静谧的弄堂，长满青苔的石板路，斑斑驳驳，都是岁月的痕迹。庭院深深的台门几经沧桑，但保存却相对完好，古风尚存。纵横交错的小河，造型迥异的石拱桥串起了依河傍水的老屋。老屋倒映水中，它们随着微风在水中波动，好似一幅幅浓淡相宜的水墨画，使整个古镇充满了诗情画意的气息。站在古老的桥上，看着小桥流水，望着鳞次栉比的建筑，我不禁想起卞之琳的《断章》：

　　你站在桥上看风景，

　　看风景人在楼上看你。

明月装饰了你的窗子，

你装饰了别人的梦。

爸爸是土生土长的柯桥人，对古镇有着特别的情怀，古镇的一切在他眼里是那么亲切和熟悉。每每踏上古镇，爸爸就像一个话痨，喋喋不休地给我讲述着他的童年趣事。

以前的古镇是一个集市，人声鼎沸，热闹非凡。爸爸没事爱游走街头，哪里有新鲜事哪里就有他。那时的河水清澈见底，摸螺蛳、捕虾、钓黄鳝是爸爸的拿手好戏。他经常光着膀子、赤着屁股在水中自由玩耍，还淘气地戏弄商贩船老大，推开他们的船头，偷走他们的船桨，气得船老大暴跳如雷，拿着撑杆追打着……

每年暑假镇上的酱园十分忙碌，那正是做酱瓜的好季节。酱园要招几个临时工，镇上的孩子争先恐后地报名参加，这赚零钱的好机会当然少不了三伯伯和四伯伯，作为哥哥小跟班的爸爸也不甘落后，屁颠屁颠地跟着去做小帮手了。洗、切青瓜是一件很辛苦的事，但因为多劳多得，大家干劲十足，马不停蹄地工作着。一天下来，有的累得腰酸背痛，有的手上起了一个个泡，有的还不小心切到手挂了彩。但他们没有一个退缩，继续努力着。爸爸在酱园可就轻松多了，干着干着就不知去向——原来他在找美食呢。你瞧，他嘴里嘎吱嘎吱嚼着脆甜的青瓜，挺着个鼓起的小肚子，用灵敏的"狗鼻子"嗅来嗅去到处探查着，时不时拿点尝尝。爸爸最钟情于酱园的贡瓜，它色泽红亮，酱香味十足，瓜肉鲜嫩，咸中带甜，清脆可口。爸爸经常感叹现在再也找不到以前的那种味道了。酱园给古镇人们留下了满满的回忆，满满的幸福，也留下了对岁月深深的怀念！

那时永丰桥头小吃店里的馄饨、水煎包特别美味。不过爸爸最喜欢的莫过于大桥边的臭豆腐。那里的臭豆腐初闻臭气扑鼻，细闻浓香诱人，咀嚼时酱汁喷射在唇齿间，口鼻充满着微妙的臭香，让人吃得停不下来。听着听着，我也跟着直咽口水；说着说着，爸爸的脸上洋溢着幸福而满足的笑容。

爸爸的童年生活丰富多彩，有钓鱼的惬意，有捣蛋的顽皮，也有让人心酸的艰辛。在古镇，爷爷经营着一家糖铺，它包揽了镇上所有商铺的糖果供给。爸爸可就遭了殃，被逼练就了一身真功夫。每天爷爷给爸爸算好放学时间，踩着点熬好一锅冒着泡的琥珀色糖浆，无奈的爸爸只能准点回家开工。开始扯白糖啰！爸爸熟练地将糖团挂上木叉，抓住糖团的两端朝胸前一扯，立马被拉长一条又长又粗的糖条。然后用一根光滑的木棍在糖条中间一绕，把糖条再挂回木叉上，这样反复地拉、扯，糖条被扯得越来越长、越来越细，颜色也慢慢变成了乳白色，还出现了均匀的细条纹。然后把细细的长绳状白糖剪成一颗一颗，就大功告成了。扯白糖味鲜，甜而不腻，特别好吃。爸爸看着人们吃糖的那种享受，累并快乐着！美中不足的是爸爸的功课一落千丈，留下了遗憾。但他没有太多抱怨，总是说："我感谢那段艰苦的日子，它们让我变得更坚强，变得更勇敢！"或许童年的回忆是他写给自己最美、最刻骨铭心的故事！

夜幕降临，灯光下的古镇韵味十足，美轮美奂。桥上、桥洞都镶嵌着无数射灯，在夜色下格外明亮，使古桥的倒影清晰地映在河面上，河边水雾缭绕。若你坐在船上慢慢摇晃，恍惚间完全分不出哪个是桥，哪个是影，犹如在人间仙境漫游。

不过夜晚最引人注目的是五颜六色的喷泉。伴随着动听的音乐，喷泉有时如一条白龙直冲云霄，缥缥缈缈的水滴霎时散作层层云雾，仿佛给天空蒙上了一层白纱；有时像一个翩翩起舞的舞者，时而天女散花，时而孔雀开屏，时而水中芭蕾，或忽高忽低，或忽左忽右，姿态万千；有时又紧急刹车，水花"啪"一下摔成千万锭银子，真让人眼花缭乱。

一条条小河，一座座古桥，一条条石板路，一排排依河而建的长廊街，一个个动人的故事，成就了这个美丽的江南古镇。它一颦一笑都显示出独有的曼妙，我深深地爱上了它！（2021年12月）

绍兴市柯桥区实验中学七（18）班　李雨琪

指导老师：王小玲

独　爱

蓦然回首，记忆中的那条乌篷船荡漾在层层涟漪的碧绿水面，被揉碎了的点点月光映在一片粉墙黛瓦和微漾的波纹中。古老的砖瓦，摇曳的柳枝，朦胧在微微润湿的细雨之中。

走进古镇，是古朴，亦是典雅。

撑起一把油纸伞，漫步在古老深幽的小巷子，脚下踏着的，是块块不平的坎石。望着蒙蒙细雨滴入清河微溅起圈圈水纹，听着润雨打在伞上的啪啪声，细看那沿着店铺的一道小野草伸向远方。

青石铺的长巷上飘着烤鸭、腊肠、霉干菜、豆腐干的浓浓香，不时引诱着我。那些店主们笑眯眯地招呼着客人，眼角额上却是岁月沧桑刻下的痕迹。一个个古朴的小店，一座座厚重的砖墙，还有那些扣人心弦的美食与那精美绝伦的手工小玩意儿，桩桩件件都令人流连忘返，好似戏剧一般古色古香，如诗如画。

雨停了，地面些许潮湿，屋檐滴着水，我坐于长亭中。面前一套青花瓷的茶具，雕刻宛若惊鸿，里面悠悠溢出淡淡的茶香，青烟袅袅。我抿着茶，偏过头，道旁柳树抽芽多姿，雨后的气息清新自然。

"爷爷饭好啦，快来吃饭啦！""来咯……"伴随着一声稚嫩可爱的声音，一个扎着丸子头的小女孩出现在了眼前，随之，走来了一位白发苍苍、满脸笑意的老爷爷。

"霉干菜扣肉，你的最爱。"老奶奶端着热气腾腾的菜，迈着小碎步笑吟吟地看着小女孩。

我品着茶，静静看着。女人端上米饭，男人盛上佳肴，一家人围坐在一张不大的圆桌边尽享天伦之乐。

我偏过头，雨后的几位妇女各从家中探出，感受新鲜空气，她们与邻居热情地打着招呼，互相邀请着去哪儿做客。

家庭幸福，邻里和睦，这也是这座古镇的魅力。

眼前人来人往，热闹非凡，却又似宁静无声。轻轻作响的青石板，静静悬挂着的古饰招牌，在人们的笑意中流露着古朴温情，正如记忆深处的家乡那般温暖。

这时我看见了一条小水泥船，摇荡在湖面中。记得曾有心了解过这里的水乡婚礼，扎着大红花、贴着红双喜、载着花轿的水泥船和送亲的乌篷船泊在新娘家门口，打扮停当的新娘在众人簇拥下，身穿大红袄，足蹬平底绣花鞋，头戴凤冠，坐进喜船。

这里的风俗民情，古朴典雅，古色古香是它的魅力。

不知不觉走到了尽头，眼前是繁华的高楼大厦。古镇醒了。路上的行人行色匆匆，耳边又是那震耳欲聋的汽车鸣笛声。

城市高楼林立，喧闹繁华，而我却独爱古镇那一份古朴、悠闲。（2021年12月）

绍兴市柯桥区实验中学七（11）班　孙艺翡

指导老师：章晓燕

最爱这古镇的桥

悠悠古镇，魅力柯桥。对于我这个外来的新柯桥人而言，生于闹市的古镇定然是人们释放压力的好去处。

步入古镇，映入眼帘的便是青瓦白墙的老屋，再往里走，满眼尽是窄街水巷。身在古香古色的老街中，瞬间便觉心旷神怡——运河、老屋、窄街，整个古镇俨然是前朝大家留下的水墨画卷。柯桥是水乡，这一称号当之无愧，光是这古镇中的一条运河就横贯东西，印在那五彩斑斓的地图上犹如古镇的血脉，这运河水给略带些死板气儿的老街增添了无限生机。

古镇最大的特色就是桥啊！

桥真多。运河边，因水生桥，因桥生景，桥在这个古镇传递着时光更迭。最让我流连的就是融光桥，它是明代所建的单孔半圆形石拱桥，由大块条石叠砌成，南北向横跨在浙东大运河上。碧绿的木莲藤，叶儿微动，一簇一簇地笼在古朴的桥墙上，给这座桥披上了神秘的面纱。踏上融光桥顶，整个古镇几乎尽收眼底，远处弯弯的月牙般的石桥，两旁白墙黑瓦的老屋，桥下静静的河水，桥旁的几棵大树倒映在绿水中，渲染成一幅唯美的江南山水画。水面上偶尔划过一两条乌篷船，这可是绍兴独特的水上交通工具，精致小巧，船夫不急不躁缓缓划动，一派悠闲自在。整个柯桥因为有了它，便成了名副其实的"东方威尼斯"。

河水真绿！不知是谁把绿颜料洒在水中，给这条河增添了色彩。偶尔拂过一阵微风，这块绿翡翠便微微起了些波纹，荡漾着，荡漾着……河里的小鱼小虾时隐时现，在绿水中嬉戏追逐，在落叶间来回穿梭，躲躲藏藏，好不自在。

我趴在桥头，看着桥下留有一条较宽的石板通道，那是给背纤的纤夫通行的纤道。我想象着当年这桥上行人、桥下过船、两岸经商的居民生活，耳边似乎回响起桥边茶店、豆腐店、酒铺、小吃店各种吆喝声。

"小心点，离水太近了！"我的漫不经心惊到了在旁边摄影的大叔，他拉着我的手臂责备道。我呆愣了会儿，都来不及道谢，大叔就走远了。但温暖和感动如这桥下的涟

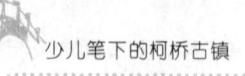

漪，一圈圈荡漾开来。古桥悠悠，连接着两岸的风景，也连接着人与人之间的情谊。

逛了一圈，稍有遗憾的就是古镇中的绿化少了点，小鸟也没见几只。仅有的那只似乎也很关心这个问题，停在桥栏上，转动着小眼睛，时不时东找找、西找找。假如古镇有几棵香樟，松鼠在树上能自在地玩耍；有片青竹，孩子们能在下面躲阴凉；有片片红枫，秋风吹过和蝴蝶一起舞蹈……那该多好！哪怕只是多点绿，就算植株不大，也能增添些活力吧。有桥有水，只缺一些花木。

想象着这样的古镇，古朴的石桥是凝固的语言，水是灵动的诗歌，花木就成了时间的守望者。没有人的时候，整个古镇慢下来，岁月静好。（2021年12月）

绍兴市柯桥区实验中学七（11）班　潘天然
指导老师：王　瑛

一座桥的自述

我是一座桥，伫立在柯桥古镇的一座百年老桥——融光桥。

明正统十二年，我拥有了生命和记忆。和我一同来到古镇的，还有我的兄弟——融光寺。作为一座古桥，我陪伴柯桥古镇历经沧桑，我们一起经历了百年发展，我见证了时光的变迁和古镇的变化。

从我建成之后，我便担起了重任。一双双脚，或大或小，或轻快或沉重地踏过我，从河岸这边到达那边。轻巧的乌篷船从我的身下划过，里面坐着或是日夜赶路、心事怅惘的游子，或是衣锦还乡、身穿红袍的官员……

曾听闻东汉的蔡邕因冒犯了权贵，被贬到这里。当他在亭中听到一阵空灵的旋律，似是被陶醉了。他似是感悟到了什么，取下一节竹子，吹了吹，竟有优美的旋律飞出！从此，"柯亭笛"在此诞生。只是蔡邕并没能久居这里，还是翩然而去，这也让古镇的人遗憾万千。

白日里，船夫的吆喝声、桥边商贩的叫卖声，此起彼伏，一片繁忙喧嚣的景象。夕阳西下，船夫有的累得倒头睡着；有的则是一副"不脱蓑衣卧月明"的架势，眯着眼睛在想着什么；还有的，让那小船无拘束地荡在河面上，吊一斤绍兴老酒，就着一碟茴香豆，自斟自酌，在月亮下，"对影成三人"。

不知不觉间，这个古镇经历了宋、元、明、清、民国，迎来了解放，迈入了新的发展阶段。在这里，精明能干的古镇人民开始建起了轻纺城，经营起了门市部。放眼望去，一座座高楼大厦拔地而起，一条条宽阔平坦的马路和立交桥纵横交错，一辆辆风驰电掣的汽车和大货车络绎不绝——到处呈现着欣欣向荣的景象。

而我这里，却安静了下来。桥头摆摊的商贩少了，桥下的船舶少了。我的老邻居——身边的老房子也被陆陆续续拆迁了。老街上的路面变得更加凹凸不平，原来清澈的河道上，到处漂浮着附近居民随手丢弃的果壳菜渣。

过了几年，政府经过精心规划，开始修缮古镇。"五水共治"使得河水变得清澈起来，同时工人们将我身边的古建筑群进行了修缮，白墙黑瓦，尽显江南风貌。灯饰改造，让古镇焕然一新。

古镇开放当天，游人如织。他们漫步在古镇青石板铺成的街巷里，优哉游哉。粉墙黛瓦、枕河临街的店铺，古朴高大的台门宅院，千姿百态的石桥石坊，纵横交错的水巷小河……在游人眼里都成了绝美的景色，他们还时不时拿出手机，在我旁边拍照。看到这一切，我也被这些幸福的人儿深深地感染了。

到了夜晚，彩色的霓虹交相辉映，婉转的越剧声声入耳，展示着古老悠久的越文化。我也喜悦地跟他们一起，看着这现实与梦境的融合。

我，融光桥，愿永驻于此，看着柯桥的百姓们，融入光明和温暖，世世代代幸福地生活着。（2021年12月）

绍兴市柯桥区实验中学七（17）班　周麟林
指导老师：王小玲

悠悠古镇，醉美柯桥

柯桥好，风景旧曾谙。

柯桥的好，更多地漾在柯桥古镇悠悠的岁月里。

周六饭后，闲暇之余，我和母亲一起漫步在柯桥古镇小路上。悠长的青石板路，仿佛诉说着这千年间的往事如烟。悠悠的古镇满是人群，好不热闹。

沿喷泉而走，五颜六色的光影在水波间构成这夜生动的色调。当白光射来时，水柱变得晶莹剔透，一粒粒水珠像一颗颗钻石闪闪发光；当绿光投来时，喷泉又变成了一片森林；当蓝光照来时，喷泉又是一片海洋；而红光照来时，喷泉是一团燃烧的火焰。伴随着动听的乐曲声，喷泉的最外层开始喷水，形成了一圈圆形的低矮的水柱。紧接着，圆形喷泉中间的几圈又有无数支水柱喷了上来。水柱随着音乐的节拍不断变换着舞姿，忽高忽低，忽左忽右，时而呈柱状，时而呈倒立的喇叭状，不禁让人大开眼界。

不经意中，脑中便浮现了那个耳熟能详的大诗人——陆游。说到陆游与绍兴，大抵最为人知晓的是他和唐婉令人唏嘘的爱情故事。"东风恶，欢情薄，一怀愁绪，几年离索。错，错，错！"道出多少哀愁。却鲜有人知陆放翁也曾在柯桥古镇寄情山水，写过"柯桥道上山如画，早晚归舟听橹声"的曼妙诗句。

说到"听橹声"，不得不提到水上交通工具——"绍兴三乌"之一的乌篷船。用橹摇的乌篷船较大，不常见，常见的是没有乌篷的载货的大船。乌篷船是小而轻巧的，是用脚踏或手划的。地道的船头脑（船夫），常常是用一只脚横踏一把长桨，使船前进，而在腋下夹一柄短桨，插入船尾的水中，掌握方向。柯桥是江南水乡，河多，船自然成了重要的交通工具。乌篷船上有漆成黑色的"小帐篷"，用来遮阳或挡雨。绍兴人称"黑"为"乌"，乌篷船也就因此得名。乌篷船在水面或行或泊，行则轻快，泊则娴雅；或独或群，独则独标高格，群则浩浩荡荡。

"绍兴三乌"的另外两"乌"，便是乌干菜和乌毡帽。乌干菜又叫霉干菜，它的制作过程并不复杂。先将青菜晾晒两三天后，放置在阴凉的地方，堆放至叶子略有发黄，然后下缸腌制。等缸面上的菜卤起泡飘香时，再取出洗净晒干，然后放到瓮内密封保存，可以十几年不坏。母亲的拿手好菜便是这乌干菜扣肉。买来一块五花肉，在一只大号的碗里，先放上一点乌干菜，再放上一些肉片，然后放上一层乌干菜。就这样，一层一层地加上去，直到将整只大碗装满，上锅一蒸便成一道美味下饭的乌干菜扣肉。每当闻到这诱人的香味时，那咸咸甜甜的味道便回味唇间。

乌毡帽，一年四季，刮风下雨，盛夏酷暑，寒冬腊月，都能戴。它，冬天能御寒抗冻，夏天又耐热，刮风能挡风，下雨时能当笠帽，冬暖夏凉，经久耐用。但如今，随着人们生活水平的不断提高，这种土头土脑、黑不溜秋的乌毡帽渐渐退出了历史舞台。要寻找它的足迹，你可以到柯桥的柯岩风景区去，那里有一顶特大特大的乌毡帽。

听，桥下传来鸣琴一般淙淙的水声。放眼望去，石拱桥弓着身子，像是一个人在做俯卧撑。中间的桥洞加上它的倒影，形成一个圆，就像一个圆圆的、十五的月亮。

古街的尽头，水波粼粼，漾驰整片星河。青墙、白瓦、古楼、小桥，诗情画意，萦绕心间……（2021年12月）

绍兴市柯桥区实验中学七（9）班　叶龄遥
指导老师：丁国林

记忆中的那碗霉干菜

暖融融的冬阳之下，我游览了柯桥古镇。

美丽的古镇历经了多少风风雨雨，可她的容颜还如以前一样幽雅古朴。

我沉迷于古镇的典雅之中，走着走着便到了一家杂货店旁。我下意识地停下了脚步，本想随便看几眼这店内的装潢或在卖着什么小玩意儿，但就在这无意间瞥见了摆在店门口的一桶霉干菜。我痴痴地望着这桶霉干菜，脑海中瞬间风起云涌，思绪万千。

我回想起了我的奶奶。她，是一个土生土长的湖北人，年轻时与我的爷爷来到了绍兴，成了一个"操着湖北口音的绍兴人"。她是一位温婉慈祥、勤劳能干的好奶奶。

我记得很清楚，第一次吃到霉干菜，是在一个落叶特别多的秋天。那次叔叔接我放学，用力推开车门——呀，家里家外尽是"落叶"，堆成小山的"落叶"！用脚轻轻踢踢"落叶"堆，"嚓啦——"多奇妙的触感！我放开了自己，尽情奔跑于"落叶"之间。突然，像是被某个人忽地从后面拉住我似的，我感到失去了重心——嘭，我摔倒了。

这一跤摔得不轻。我眼角绑着纱布，一个人老实地坐在床上。奶奶进来了，手里端着碗，雪白的米饭上放着一些黑黢黢的菜。奶奶是来喂我吃饭的。我张开嘴，是不一样的味道，咸咸的，带着点苦涩。我感觉全身的细胞都在抵触，多一秒也不愿意，当即就把这黑黢黢的菜吐了出来，叫着："太苦了！""很苦吗？"奶奶惊讶且不解地问道。"嗯。"我认真地回答。"好吧。"奶奶说着，把碗中剩余的黑黢黢的菜挑了出去。

后来我观察到,在餐宴上,总有那么两盘黑黢黢的菜,并且大人们特别喜爱吃它们,总把它们吃个精光。但我依旧连一小口也不尝。

在奶奶家的第二年,我目睹了这黑黢黢菜的制作全过程。奶奶抱着一大盘绿色"小草",大摇大摆地从我面前走过,我偷偷摸了过去,看见奶奶挽起袖子来,清洗着绿色"小草"。我顿时觉得这应该很好玩,想也没想便跑上前去,要求帮忙。奶奶无奈地笑着说:"别弄脏了衣服,洗得干净点哦。"得到准许的我,激动地把双手伸到水盆里搅来搅去,还一边发出惊叹。看我如此天真,奶奶微笑着说:"哎哟,真能干呀,长大啦……"

洗净后,奶奶将它们摆在大竹筛上,搁太阳底下晒着。我当时并不了解她到底想干吗,就跑去问奶奶。奶奶说:"这些'小草'呢,叫作雪里蕻,我要把它做成霉干菜,很好吃的。"当时的我也并不明白那"很好吃的霉干菜"就是一年前我吐出来的黑黢黢的那个菜。所以我一直期盼着吃到霉干菜,"霉干菜"三字自那之后一直烙在我心底里。

几天后,奶奶将雪里蕻一股脑地倒在了一个盆里,撒上一把盐反复地揉搓。完毕后,奶奶把它们封在了一个大坛子里,神秘兮兮地对我说:"马上就能吃了哦。"

大概半个多月后,餐桌上出现了那道黑黢黢的菜,千万条线索同时浮出水面,十有八九,它,就是霉干菜了。我的内心万分尴尬,盯着霉干菜,小心翼翼地问奶奶:"奶奶,这……是霉干菜吗?""是啊,来,快尝尝。"奶奶迅速夹起一筷子放到我碗中。我沉默了。经过一番短暂的思想斗争之后,我挑起一小根霉干菜放进嘴里,谨慎地品味着。"好像还挺不错的。"我一边想,一边又夹起一大筷子,"嗯……不错不错。"那顿晚餐,我就着霉干菜吃完了一大碗饭。

睡觉之前,我问奶奶:"霉干菜是谁发明的呀?"奶奶想了一会儿,给我讲了一个故事:"很久很久以前,有一个小女孩,小时候被卖给了坏地主当丫鬟。坏地主有多坏呢?他每天只给他家的仆人吃烂了的菜叶。小女孩很聪明,把菜晾干加了盐腌了起来。没想到菜变得非常好吃了。再后来人人都知道了霉干菜的做法。"我忍不住问:"所有的人都喜欢吃吗?"奶奶毫不犹豫地回答:"当然咯,鲁迅先生也很喜欢吃呢。""这样啊……"自那晚起,我忽然对身下的这片土地有了一种依赖,有了一种归属感。

如今,奶奶虽然已经永远离开了我,但是,每当我看到霉干菜,我就会情不自禁

地想起奶奶，想起她做霉干菜时的身影，回味她做的霉干菜，那又咸又香又有嚼劲的味道……（2021年12月）

绍兴市柯桥区实验中学七（3）班　王　晶
指导老师：黄宁昕

臭豆腐：萦绕鼻尖的那一味

"爷爷、爷爷，我要吃臭豆腐！"小时候，爷爷在柯桥古镇上开百货店，许是爸妈没有时间管我，古镇便成了我常去之处。

"臭豆腐——萝卜丝饼——""小朋友，侬要勿要啊？"熟悉的绍兴腔又在耳边响起，我伸出小手，拉拉爷爷的衣角。爷爷自然地给我两枚硬币，我轻车熟路地走向小店。

现在想来，说它是小店，已是夸张了。只有几个平方米的空间里，放着一个破旧的柜子，东西虽满满当当，却也齐整。油锅放在上面正咕咕地滚着，上面架着铁丝，躺着的，正是我至今都难以忘怀的臭豆腐。

最喜在闲暇时看老婆婆做臭豆腐。豆腐向来是她自己磨制的，一大盒豆，加上三分河水，磨上数圈，再浇上五分水，拌上苋菜、生姜、花椒……放于阴暗处一个月，这臭味啊，可就出来了。待去掉水后，便可以制作。看着她一边示范，一边拖着越腔为我讲解着。

将制好的豆腐切成整齐的小块，待油锅滚上一二分，再放豆腐，等豆腐的外表炸至略微金黄后便可捞起。这时，豆腐外酥里嫩，用一个细长的竹签把六块豆腐穿在一起，涂抹上酱料就可以开吃了。我总会一边涂上甜酱，另一边刷上辣酱，酸酸辣辣最美味。臭豆腐在没入锅前总能闻到异臭，当出锅的那一刻，我已被它金黄的外表吸引，用竹签一穿，汁儿就冒出些许，这时我便迫不及待地放上两元硬币，拿起那串臭豆腐咬上一口。各种之前的作料已入骨髓，正如吃货大王王致和所言"扑鼻生奇臭，入口发异香"。

近年随着古镇重新改造，爷爷也把百货店转卖给了政府，成了古镇景点的一部

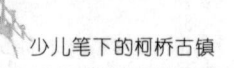

分。而我也由于学业的繁重，两点一线的生活，似乎也淡忘了古镇。

　　古镇修葺开放后，一个周末的晚上，母亲建议我出去散散步，去近在咫尺的古镇逛逛。再到古镇，感觉古镇变得气派、有序。古镇门口的非遗馆已拔地而起，盘古化石馆更是诉说着历史的沧桑，而灯光秀的出现更是把柯桥的水、桥、人融为一体。但我的目的绝不止于此。父亲看我闷闷不乐，就跟我聊起了他小时候的囧事："以前这座大桥不仅是爸爸上学的必经之路，还是我们玩捉迷藏的地方，有时放学回来就会向太太要一块钱，去大桥下买臭豆腐或萝卜丝饼，边吃边玩，尿急了就在桥下尿尿。"我看着璀璨的烟雾对爸爸的丑事嗤之以鼻，但想不到爸爸也对臭豆腐情有独钟。

　　我们继续前行，穿过彩色的灯光和缥缈的雾气，来到了一块印有"百年非遗传承"的牌匾边，里面摆满了年糕、茶叶蛋等各种小吃，最醒目的是已申报过非遗传承项目的臭豆腐。原来父亲也想带我们来尝尝这个网红店的臭豆腐，儿时臭臭的记忆又在脑海中涌现。只见年轻的伙计从铁柜里取出已加工到没有臭味的豆腐，交给年老的员工来油炸。没过两分钟，臭豆腐就被捞了出来，一个不锈钢丝篓里盛着不少外形高度统一的长方体，没有了边边角角，似乎是从工艺流水线下来一般。我还是像往常一样，甜酱、辣酱各刷一边，只觉得这臭豆腐经过了精心的打扮，没有了扑鼻的臭气，放在口里却是松松垮垮，连一点汤汁都没有。只是，现在的臭豆腐虽跟以前没啥两样，但却没有了儿时的味道。

　　只是咬了几口，我就把余下的递给了父亲。父亲尝了几口，淡淡地说了声："这个网红店不过如此。"于是他就想给我去买萝卜丝饼。我摇摇头，望着干净整洁而又大气的店铺，还是拉着父母离开了。街上还响着店主们的叫卖声，只是不再是儿时的越腔；青砖黛瓦仍在，只是没有了缕缕炊烟；小桥流水乌篷船仍如昔，只是已难寻觅那悠扬的越调。

　　柯桥古镇确实比以前规范有序了，整齐的屋舍、干净的小巷、有序的人流，外加璀璨的灯光雾气。但总觉得少了那种自然的味道——那种闻起来臭烘烘，但骨子里却香喷喷的味道。

　　只愿当灯熄雾散之时，柯桥古镇的臭与香，依旧在鼻尖萦绕。（2021年12月）

绍兴市柯桥区实验中学七（20）班　周毅可
指导老师：翁琴英

古镇之美

青石街面，粉墙黛瓦；倒影小桥，枕河人家；河埠乌篷，石级雨廊……这就是修葺一新的柯桥古镇。

古镇之美，美在景致。行走在柯桥古镇的老街上，双脚踏过一块块石板，跨过一道道小桥，双手触碰着那些透着历史意味的白墙灰墙，别有一种怀旧感萦绕心头。清澈的河面上，乌篷船划出涟漪，河上的石桥朴素而静美。河两岸，一边是古朴的老宅，另一边则是大片带着顶棚的长廊，廊下各种不同风格不同特色的商铺作坊纵向排开，虽没有全部开张，但目之所及，皆是一派古朴温婉、诗情画意的江南古镇味道。

到了夜幕降临，柯桥古镇更是流光溢彩。彩色的灯光装点着粉墙、河埠……河面上雾气升腾，灯光与缥缈的雾气缠绕着，恰似一处仙境。孔桥倒映水中，恰似碧玉之环，河水潺潺流逝，犹如穿环而过。人在桥上走，水在桥下流，两岸房子倒映在水中。遥看一叶乌篷船从远处轻轻驶来，犹如让人置身画中，美轮美奂。

古镇之美，美在它那充满岁月积淀的食物。"十碗头"便是其一，坐在古镇的酒楼，品尝一番，更是惬意。

早在清嘉庆年间，绍兴民间宴席以十碗大菜为盛，亦取十全十美的好意头。"十碗头"字面上来讲就是十碗菜，实际上它是指传统的九菜一汤：绍三鲜、东坡肉、糟鸡、醋溜鱼、炒时件、炒肉皮、扣鸡、炒什锦、扣肉。据说"十碗头"只在结婚过年等重要场合才会拿出来招待客人。

外婆对我说，在他们那个年代，多数人生活比较拮据，只有在逢年过节时才能吃到那么多的美味，有时甚至上来的不是十碗整，可能仅有四五碗，但对他们来说，这是山珍海味也不为过。

而到了妈妈这一辈，这"十碗头"成了他们比我们这一代人更喜欢逢年过节的重要原因之一，吃"十碗头"是件特别幸福的事，尤其小孩子会特别兴奋。因为在平时，是吃不到这样的美味佳肴。妈妈说儿时的她若是家里办喜宴，她定会躲在厨房，偷偷拿一块白斩鸡塞进嘴里，那是何等美味，只觉得自己是这世界上最幸福的小孩，现在虽然想吃什么就有什么，却再也尝不出当年的味道。

现在，到了我们这一辈，"十碗头"还是"十碗头"，又不只是"十碗头"了，随便走进一户人家，饭桌上的菜就不止十碗，要是到了办喜宴过大年，桌上的菜都是重重叠叠，起码有二十碗起步。虽然，"十碗头"的数量和菜色变了，但不变的是我们对历史的传承和对岁月的敬仰。正如外婆所说，不论过去还是现在，酒席上的第一碗菜，永远是绍三鲜，还有那霉干菜扣肉更是一代一代的人都无法忘怀的美味，吃上一口，胃里暖暖的，心里也就幸福满满。

古镇之美，更美在勤劳朴实的古镇人民，早在20世纪80年代初，勤劳的柯桥人就划着小船，利用这门前屋后的河道，在河边摆摊设点，一大批兜售布匹的"小船户"操着满口浓重的"绍普"，在柯桥下的"水街"开始了原始交易。从"河边布街"到"丝路柯桥"，无不体现着古镇人民的勤劳与智慧。

柯桥古镇，经过岁月的洗礼，历久弥新，不仅保持着那份旧时光的沉淀，更充满着新时代的朝气。古镇之美，美在景致，美在食物，更美在古镇勤劳智慧的人民。

（2021年12月）

绍兴市柯桥区实验中学七（17）班　张楚涵　王一凡

指导老师：王小玲

古韵柯桥，璀璨纺都

每个人的心中总会有一个古镇情怀，流水江南，烟雨人家。我始终相信，美好会遇见美好，比如江南遇见烟雨，小桥遇见流水，我遇见古镇。

我梦中的柯桥，从石桥下的藤蔓开始。走进柯桥古镇，最吸引人目光的便是一座横跨在萧绍运河上空的单孔石拱桥。在桥乡人眼里，它是一座极为平常的石拱桥，那苍老的身躯，历经数百年，依然挺立于川流不息的古运河上。桥身两侧，终年藤萝缭绕，郁郁青青，几乎掩映了半个桥洞。或许是因为它与诸多古运河上的桥梁相比，足够高大，因此，在老一辈人口中，一直称之为"柯桥大桥"。似乎忘记了它的尊姓大名——融光桥。

融光桥其实是一处极佳的观景台，桥上眺望东首是西官塘下岸，桥西边则是隔河相望建有古色古香的西官塘。远处则是一直通往萧山西兴的古纤道，与明代古桥太平桥和张神庙，由远及近，一泓清澈的运河水乡美景尽收眼底。

与白天相比，夜幕降临的融光桥，在暮色中，孔桥倒映水中，似碧玉之环，河水潺潺流逝，犹如穿环而过。人在桥上走，水在桥下流，遥看一叶乌篷船，从远处轻轻驶来，犹如让人置身于画中，美轮美奂。在静谧夜色中，欣赏水雾灯光秀，水面光影交错、一步一景，恍若仙境……

漫步潺潺流水边，古琴余音飘荡在古镇上空，弄堂里传出悠扬的口琴声。望着苍老的融光桥，在四周拔地而起的现代化高楼的掩映下，似乎不像当年那样伟岸高大，但在我心目中，这座饱经沧桑的古桥，绝不逊色于那钢筋水泥堆砌的万丈高楼。它就是一位永不言输的老者，桥上那密密麻麻垂下的青藤，如同老者飘逸的胡须，仍一如既往，倔强地耸立在原处，而且更加凝重，弥足珍贵。

一桥洞，一倒影，柯水缓缓，摇橹欸乃，把两岸的街道串联到怀里。柯桥古镇就在船只来往间，将这座城市从一块布上托起。当"青出于蓝而胜于蓝"回归本意，染布工艺依托的传统色彩，正在悄然地孕育着享誉世界的"纺织之都"。染布工艺中最传统的便是扎染。扎染在中国民间有着悠久的历史，它是将染色织物部分绞结起来，使之无法统一上色的一种印染技术。结扎的技法千变万化，趣味无穷。人们可采用纱线、绳等对织物进行多种形式的组合后进行染色，然后将绞结的线一一拆除，从而形成深浅不一、层次分明的色晕和皱印。

扎染是传统印染工艺中的一枝独秀，一直以朴实无华、自然成趣的姿态点缀在人们的生活中，不易被人察觉，却能释放出迷人的异彩。扎染后的织物既有深厚的朴实美，又有流动的现代美，既有匀称的纹路美，又有错杂的融合美。

现如今，中国轻纺城市场建立，大批量的纺织品被批发到世界各地，成为全国规模最大、设施齐备，经营品种最多的纺织品集散中心，也是亚洲最大的轻纺专业市场。这一切的一切，都离不开染布工艺的带动与发展。

水市布谷，国色原乡，沉寂许久的千年历史古镇，揭开了神秘的面纱，旧铺变新店，古瓶酿新酒，但青石板小巷里的点点穿堂风，与老台门旁的片片粉墙黛瓦，仍在执着守候。当我们不顾一切地奔向远方，回头张望，那软埋在心头的故乡，永远是归来的避风港。（2021年12月）

绍兴市柯桥区实验中学七（14）班　高嘉雯
指导老师：姜益新

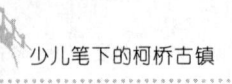

一首最温婉的诗

  它的景色就如诗中所描写的一般。而柯桥古镇便是其中一首最温婉的诗。

——题记

  青石铺成小路，苔藓映着碎花，乌篷穿过小桥，白墙衬着黑瓦，进入柯桥古镇，就好似走进了柔情蜜意的江南，开启了一段浪漫的旅程。

  伴着船夫起桨的咿呀声，乌篷小船离岸而去。木桨轻悠划动，水面上漾起层层涟漪。徐徐清风细细抚过脸庞，水声叮咚间，小船已经过一间间白墙黑瓦的民居，穿过一座座古朴敦厚的古桥，掠过一个个古韵悠长的廊檐，水乡美景如一幅幅淡淡的水墨画，在我的眼前铺陈舒展。

  靠岸离船，我已然置身于古城之中。脚下是纵横交错、斑驳凹凸的青石板，阳光洒上青石，美好又宁静。我忍不住开始想象若在下雨天，晶莹的雨点敲击石板，或飞溅起朵朵水花，或汪起点点水洼；屋边檐角，串串水珠亦悄声坠落，正打在片片青苔之上，滋润那散落的粒粒小花……我的脚步也跟着慢了下来。抬头可见一座座幽静的院落，白墙黑瓦爬满了爬山虎与牵牛花。马头墙畔，鸟鸣婉转柔和，伴着虫吟，和着水声，交织成江南古城独有的乐章。不得不承认，那是水乡古城最深的底蕴，那里藏有很多远古的传说……

  轻叩几下门环，我推门而入，如同穿越了时光，打开了历史的画卷。四方天井，雕花窗棂，古朴的石墩，都在向我诉说着古镇的沧海桑田。恬静安详的老人坐在天井中缓缓摇着蒲扇，脚边蜷缩着打盹的猫狗，盆罐中自然生长着花草，墙角边布满青苔。台门之中，有一个个不一样的世界，这里不紧不慢的生活，无不诉说着岁月静好。

  离开小院，我与爸爸妈妈悠然漫步于古镇中，两边是琳琅满目的商店。妈妈被那些花哨的小画扇、丝绸围巾吸引，久久不愿挪步。而我早已挣脱了爸爸的手，循着那诱人的香味，去探寻藏在小街中的美味小吃。臭豆腐、奶油小攀、萝卜丝饼、木莲冻……每一样都足以惊艳我的味蕾。

  我央求爸爸给我买了一份刚刚出锅的臭豆腐，脆皮伴着柔软的内心，妙不可言。

酱汁四溢的香气掩盖了苋菜梗汁的臭味，取而代之的是红酱醇厚的咸香，辣酱浓郁的辣味，如同这古今结合的古城，恰似这闹中取静的小镇。爸爸轻轻为我擦去嘴角边的酱汁，喃喃地说着："慢点吃，小心烫！"

逛累后，我们走进古色古香的状元楼。古旧的八仙桌，穿着唐装、插着发簪的服务员，搪瓷的碗，雕花的筷，处处可寻这古朴又华美的老城风范。我们坐在一处临街的座位，叫了一份绍三鲜，点了一碗霉干菜扣肉，再来盘白斩鸡，品尝起地地道道的绍兴菜。爸爸抿一口黄酒，咂咂嘴，已然陶醉在醇香的时光里。

夕阳的霞光映照着白墙黑瓦的民居，映照着起橹轻摇的小船，小船渐行渐远……船夫的江南小调伴着船桨的起伏而波动，在微醺的夜色中，为宁静的古城增添了几分灵动之美。

老绍兴，最江南；柯桥古镇，最温婉。（2021年12月）

绍兴市柯桥区实验中学七（14）班　俞一诺
指导老师：姜益新

古镇映像

我自小就对水乡充满幻想。在儿时的夏夜里，爷爷总会给我讲一个又一个的水乡故事。从那时，潺潺的流水、斑驳的石桥，就留在了我的记忆深处。

长大后，我知道了，原来我的家乡柯桥，就是有名的一方水乡。可此时的我，却对这两个字有了疑义。在我生活的周围，房屋越来越密集，繁忙的街道上，汽车和行人川流不息。这和我想象中，幽静、深远的水乡差了太远。我将何处追寻那一方美景，那一片记忆？

当我第一次来到柯桥古镇，我仿佛回到了童年的记忆里。原来在日益喧嚣而快节奏的现在，竟然保留着这一方寂静而古典的地方。它像是曾经蒙着面的美人，如今却来到我面前，它的一颦一笑，在我心里都是那么勾人心弦。

如果把古镇比作一位美人，那各处的古桥古楼古街古巷，就是支撑她的骨骼和经络。当我走到始于明代的融光桥前，蹲下抚摸它那斑驳的桥面，仿佛与久别的老友重逢。那斑驳的痕迹，那垂挂的绿藤，都好像在向我诉说它历经久远的历史。缓缓走下融光桥，我走进了古镇的街巷，可我却感觉仿佛闯入了一幅水墨画。民居的白墙，好像画中大片的留白；民居的青瓦，却像是画中晕开的墨色。走进这里，我几乎不敢言语，因为它就像是已经沉睡，我不忍心将它吵醒，只好做画外一个安静的旁观者。

既然是水乡，最重要的自然是水。水是填充水乡的血肉，也是水乡的灵魂。走出街巷，我来到一座桥前，坐下欣赏着进入深冬后，有些墨黑的水色。一只白鹭飞过，它似乎也不敢惊扰这画中的景色，只稍稍停了一下就又拍起翅膀，飞离了这里。

伸手探进水中，悠悠的水波，像毛笔轻挑着我的手心，起初是一阵冰凉，可当乌篷船驶过激起的水波漫过我的手掌，我感觉仿佛又回到了那个车马很慢、书信很远的年代。仿佛一抬头，水里倒映的就是穿着长衫、手里捧着书卷砚台在河边浸洗的人。

走累了，我随父母来到一家餐馆里，点了几个特色菜，还要了一瓶绍兴黄酒。餐馆里温暖如春，氤氲着饭菜的香气。很快，菜就上来了。几盘菜在朦胧的灯光映衬下显得色泽诱人，摆盘精致，让人不忍动筷。爸爸打破了僵局，率先夹了一块臭豆腐。我也夹了一块，放进嘴里咀嚼，牙齿碰撞着它酥脆的外皮，搅动着它滚烫的内里，它就溢出了许多鲜香的汁液。霉干菜扣肉也十分诱人，色泽红润的猪肉，和蒸得乌黑的霉干菜，以及点缀的几颗翠绿葱花，形成了鲜明的对比。我夹起一块肉，伴着几丝干菜一起入口，干菜的滋味，中和了猪肉的肥润，真是让刚才还不忍动筷的我，变得不忍卒筷。

一顿饭吃完，我们也走出饭店，将要离开柯桥古镇。临走之际，我坐在桥旁，看着古镇的白墙黑瓦，也像看着自己童年的梦想。我想，古镇的魅力，不会因时光的流逝而削减，而会如美酒在岁月的更替中积淀。拥有一方古镇，是我的幸运，更是每一个柯桥人的幸运。（2021年12月）

绍兴市柯桥区实验中学七（13）班　徐艺洋
指导老师：王小玲

绵延江南

"风到这里就是黏，黏住过客的思念……"

耳机里的歌还在我的脑子里荡着，闭眼——那是我曾经想象中的水乡，睁眼——我看见眼前这一片悠悠的柯桥古镇。

"姐姐，为什么要在这种天出来啊，还在这么无聊的地方？"弟弟嘟囔着。我伫立在烟雨朦胧的古镇中，脚下是有年代感的砖石，雨从我的油纸伞下滑下，染下一道痕迹，向下，又滴到地面上。我将手伸出，摊开。"把你的手也伸出来吧。"我轻声跟他讲，怕打扰到了雨，邀请他与我一同欣赏，欣赏这雨，欣赏这雨中的柯桥古镇。我们继续向前走，因为我实在受不了弟弟的抱怨，便叫他一同与我坐船。

那乌篷船别有一番韵味哟！

一条小船，上面加了一顶毡帽，让人好似进到了一个庇护所中，你不用顾及一切，只需看那古镇的美就好。流水缓缓流过，船夫的船桨伸入水中伴着那微微的水声，这细微的声音像那能催人宁静的药丸。弟弟安静下来了，望着路过的商铺，我随之望去，那都是发生在这座神奇古镇里的人间故事。

忽地，有这么一缕若有似无的香气勾住了我。

臭豆腐！我下了船，闻着香味儿而去。我向那跑去，脆成青灰色的臭豆腐在那香油的油炸中逐渐散发出自己的独特魅力，我凑近去闻，那迷人的香味充斥在我的鼻尖，直冲我的灵魂。这是只能在柯桥吃到的正宗臭豆腐。我买了一份，又酥又脆的奇妙口感在我的口腔蔓延，表层的脆皮其实是在欲擒故纵，一口咬下去，它像是放下了戒备，一个软嫩的豆腐又摆在我的面前。

拿着臭豆腐，我走进了对面的一家颇具文艺气息的油纸伞店。老爷爷静静地坐在那里攒着那伞的骨架，老奶奶用线把伞架与油纸缝在一起。这是老祖宗留下的东西，需要一代代人传承，需要年轻人的加入。店内的油纸伞面绘着各式花样，古朴又精致。在老爷爷的指导下，我也草草地做了一个，还得到了他的夸奖呢。

夜幕降临，天色沉了。房屋上的灯都亮了起来，雨小了下来，人越来越多。这时古镇的生命才刚刚开始——白墙被夜色衬得更加鲜明,一切都沉浸在诱人的氤氲夜色之中。

房屋上都挂着灯笼,弟弟问我这里以前就是这样的吗,我并不清楚,但我想:以前的人们出门、买年货都需要来到这里,所以这条街是当时最热闹的街。人们聚集在一起,谈论着庄稼的收成,一幅其乐融融的景象。现在人们依旧在这条街上聚会,一起聊天。这好似是文艺复兴,是历史与现实的再一次交融。

在古街我看到了更加完整的柯桥,我看到了那些一生都只追求自己理想的人,他们为之付出一生。在那里我更看到了传承的力量,作为柯桥人,更加有责任去传承和弘扬那些优秀传统文化。

使命感让我们为之奋斗,我想起了一篇报道"青年、国家、时代,是彼此助推的波涛,形影相随的铁三角"。

"雨到了这里缠成线,缠着我们留恋人世间……"耳机里的歌声还在继续,柯桥的故事也将永恒地绵延下去!(2021年12月)

绍兴市柯桥区实验中学七(9)班　沈雨卿
指导老师:姚泽芳

淡茶,灯笼,河流

就像久不干涸的河流,永久地流动着,千年来的积蓄,源远流长。
——题记

柯桥,光是字面来看,扑面而来的便是温馨和自在之意。谁说不是呢?一看,脑海里便映出"小桥流水人家""桥东桥西好杨柳,人来人去唱歌行"这般景象。当然,也的确如此。

我在这里生活了十余年,却也说不上了如指掌,惭愧。初次步入柯桥古镇,并非晴空万里,一片盎然;也并非人潮汹涌,尽显小镇风姿;也没有那个幸运,可以见到迷离的浓雾和无与伦比的灯光。但,在最夜深人静的时候,在最闲适的时候,点一盏灯,喊一声店小二,他给你斟一杯茶,出神地想些琐事。也许这就是最质朴的江南了。

  几间房子，几盏灯笼。暗灰和亮白形成一个巨大的反差，可又没有人觉得有什么不融洽。这般雅致的色彩，无不映出青砖黛瓦的清丽与古典之态。有些老房子经历了岁月的冲洗，白墙上的漆大块大块地脱落，露出那些凹凸不平的细小颗粒，或者依稀可见那些白漆后的红砖。那些小巷不过一个小孩儿展开手臂那么宽，因为狭窄，所以一眼望不到边，阴暗，可又能看得见尽头的明亮。

  门楣上的匾牌，是墨色与金黄的交织。那些长长扁扁的灯笼，一派是火红的色彩。眯着眼，依稀可见夜色中的桥：虽然只能窥见一个大致的轮廓，可是也能发现那一片墨绿，那是青苔。窗外的河静静流淌，也看不清颜色。虽然一片漆黑，但无瑕的月光给它穿上新衣——它仍然在流动，披着从天而降的雪白月色，水波粼粼，清晰地映着岸上的世界，房子、烟火、人。

  天色已经晚了，神明将墨黑的油彩肆无忌惮地洒向天宇，光暗了，人散了。稀稀疏疏的，只有三两家小店还亮着微弱的灯光，我随意找了家店铺，门前挂着三两对火红的灯笼。那一对夫妇连忙站起来，笑脸盈盈。那位妇人本来眼睛就眯得跟一条缝似的，站起来朝我笑笑，就更瞧不见她的眼睛了。她问我：小姑娘，要吃啥子呀？我答：一份臭豆腐。那位黝黑的男人大喝一声：好嘞——逗得我和那妇人直乐，他也乐。妇人笑道：姑娘别见怪，他就这样儿。我乐道：没事儿没事儿。那男人就不高兴了，挑挑眉：嘿，我怎么就"这样儿"了，你给我解释清楚。他装作一副凶神恶煞的模样。两口子吵着吵着，将臭豆腐递给我：姑娘，臭豆腐做好啦！快，趁热吃。

  我笑道：好。拿着竹签，急不可待地把臭豆腐塞入嘴中。男人笑道：姑娘别急，别烫着了啊。妇人也开始笑着应和：别急，这么一碗东西都是你的。俩人就这般微笑瞧我，一个眼睛眯成了缝，一个张嘴大笑。莫名地，心中有一股暖流在轻轻流淌。

  看着漆黑夜里为数不多的小店，看着这样热情的店家，这样火红的灯笼，这便是所谓的烟火气了吧。

  我扭头看了看那条河，水声淙淙，它还在持续不断地流淌。

  有人评价生活在柯桥的人们热心开朗，不拘小节；又有人觉得居住在这儿的人们委婉细腻，多愁善感。依我而言，柯桥这样的城市，本就不是像"仙境"一样高高在上，它充盈日常生活的烟火气息。青砖黛瓦，清雅闲适，浅酌一杯淡茶，便已满足。

  这毕竟是沉淀了千百年的传统文化。像河流，源远流长，久不干涸。（2021年11月）

绍兴市柯桥区实验中学七（12）班　彭诗桐
指导老师：章晓燕

古镇，不老

烟雨。流水。墨香。江南。

古镇是老，它见证了一代代人的辉煌；古镇亦新，商业的发展让它不被世人遗忘。

古镇的图标远看像一艘悠然独行的乌篷船，象征古镇不忘初心的坚守；近看似无数根自由穿行的纺线，象征古镇锐意求新的勇气。可以说，从图标的设计中就可以感受到古镇亦古亦新的灵动与自由。它不是乌镇却胜似乌镇，它不是西塘却胜似西塘；它是属于柯桥记忆的古镇，也是奔向柯桥未来的古镇。

走进白天的古镇，百步一桥，最为著名的是那明代就建造的融光桥。看着那一条条深浅不一的沟壑，我亦能想到那几十年前，柯水两畔住着许多人家，建着许多商铺，我还能依稀听见那船夫们强有力的号子声、那邻里之间亲切的交谈声，而现在，柯水两畔是绍兴的特色商铺。石板路上有着络绎不绝的人流，耳边响起的是五湖四海人们真诚的赞美。桥上的青藤，随着季节的更替而变化着颜色，它们见证了历史的沧桑。

再走上几百步，映入眼帘的是"季家台门"，轻轻叩响门前的门环，想象着有人来开门。这是一座粉墙黛瓦的清末民初时期的典型江南庭院。走进台门，我的眼前仿佛浮现出这样的画画：院里书声琅琅，家长握着孩子们的手，一笔一画写下他们的名字。家门口就是小桥流水，念书念累了可以和家人一起摇着乌篷船在小河中游玩。

乘着乌篷船，行至"王星记"扇子纪念馆，一个个古典质朴的扇面陈列在纪念馆门上，既有现代潮流的元素，也有古时的人情世故。画扇师描绘的，不单单是美丽的图腾，更加是刻在一代人记忆深处的时代篇章。

如果说白天的古镇是古朴悠然的，而晚上的古镇则是时尚魅力的。皓月当空，人们成群结队地过来欣赏灯光秀。走着走着，河面上瞬间出现喷雾，河两岸彩灯闪烁，发现眼前已不是河水了，像是《西游记》里神仙住的地方一样，仙气飘飘。随着灯光变换，河面上的雾色也随之变换，有时白色，有时红色，有时绿色……

年轻人手中提起花灯，在那布满沟壑的古桥上俯下身子，将寄寓希望和祝愿的花灯放置在河水之上，任其飘荡。河对岸还有一位大叔在吹笛子，悠扬的笛声伴着古镇的灯光秀让人们流连忘返。让我不由得感叹科技的进步给古镇增添了神奇之美！

在灯光的照映下，古镇上的游客更多了，商铺里的生意也更好了。瞧，融光桥头的臭豆腐店竟排起了长队。绍兴臭豆腐不像长沙臭豆腐，长沙臭豆腐只有辣味，没有臭味。绍兴臭豆腐外表呈焦黄色，外酥里嫩，闻着臭，吃着香，搭配上秘制酱汁，风味十足。我想，这一定是只属于绍兴的独特味道。

一眼越千年、一脉蕴柯桥、一水醉江南、一坊兴百工、一曲流越韵、一河承古今、一心缀未来……古镇啊！你，是文化的传承，是多少人记忆深处的故乡，又是多少人都向往的地方。你终会走进每个柯桥人的记忆，在新的时代里焕发新的光彩！（2021年12月）

绍兴市柯桥区实验中学七（13）班　陈泽源　李相年
指导老师：王小玲

迟来的相约

我似乎来晚了，我的柯桥古镇。经历过疫情，我们终于相约。

"桐叶疏疏苔壁青，乌篷船向古津停。"初见你，你给我印象最深的便是那青瓦白墙。漫步于青石小巷，两旁是朴素淡雅的白墙、古朴的木门；脚下，是一片片奋力生长的青苔。

白昼中的你，似乎是躺在那柔软的水床上睡去了。然而，你那迷人的身躯仍然不失风雅。你仍是那么简朴，只袭了一身朴素的布衣。那件布衣，也许是一位水墨画家为你绘的吧，简直可以堪比一幅优雅又不失风趣的水墨画。底色是墨色的，淡淡的墨色。穿在你的身上，更是显出了你的洁净和质朴。

夜幕降下来了，你似乎醒了，变成一个时尚的都市女郎。你的身上布满了七彩的霓虹，绿的、红的、紫的，花样百出，五彩缤纷，把你的脸庞照射得绚丽多彩。你似乎舞动了起来，穿着水做的绸子，在这片人迹罕至的大地上翩翩起舞。绸带上弥漫着一层薄雾，似乎还带了点清香，让你的身躯更加明媚，舞姿如此梦幻。人们似乎被你的英姿迷住了心窍，纷至沓来，只为目睹你美丽的身影。

你没有为嘈杂的人群所干扰，仍然舞动着。你是那么的迷人、梦幻啊！当你陶醉在曼舞中时，世界似乎都安静了，人们静了下来，专心致志地观赏着你。他们愤怒的心被你安抚，争执的心被你调和。大家在你的怀里深深地陶醉。

当你乘着微风，伴着晨雾，在晨曦中再次睡下时，人们才醒过神来，渐渐散去。凌晨，寂静无声，没有了那犬吠，连平日里嘈杂的麻雀也安安静静地睡去。有时，水里会有一叶扁舟，荡开绿纱独自闲游。但也是那么地安然、宁静。大家都不愿打扰到你的安眠啊！

等到下雨天，则又是一番景象。雨中的你依旧是那么委婉又细腻，细雨颗颗洒落在石桥板上，屋檐也连绵拉着雨丝。你被一层白薄纱笼罩，若隐若现，心情也随着如诗如画的雨景清爽起来。

等到雨骤然停下后，几片阴云如絮衔挂天上，可惜阻挡了阳光的去路。阳光偷偷地从缝隙钻出，长了水绵的水变得波光粼粼，射出几束金光延续到排列整齐的乌篷船上。

坐在乌篷船上，船身不大也不算小，坐上两三个人足矣。经验丰富的船夫坐在船头，一挥手上的木桨，船便动了，水面泛起圈圈涟漪。这时的水声即是美妙绝伦的伴奏，待船桨成"出水芙蓉"，水声伴着水花"昙花一现"。望着眼前一座石拱桥，脑海中渐渐浮现出陆游的容貌。

这位在柯桥待了不少时间的宋朝诗人，无时无刻不流露着对柯桥的赞美与留恋。《柯桥客亭》中的"小市初晴已过春，朱樱青杏一番新。"正是陆游突发诗兴描绘的景色，他笔下的柯桥总是恬静美好的。

那色香味俱全的臭豆腐是你做给我的吗？您向来是友善的，每每有客人拜访，你总会拿出美味，热情地招待。最是拿手的，也最是美味的，当数这臭豆腐了。坐在古镇浸染了岁月痕迹的乌篷船中，尝着香脆可口的臭豆腐，品着古镇的美姿，是多少人的向往。"闻起来臭，吃起来香"的臭豆腐，被菜籽油炸得外焦里嫩。隔着外面酥脆金黄的皮，似乎还能看到里面白嫩嫩的豆腐，这是古镇的瑰宝！一口下去，满嘴鲜香，在口水中慢慢淹没。瞬间，身体的每个细胞都在颤抖，都在细细品味这珍贵的滋味。不知不觉间，那贪婪的嘴巴，就将手上的臭豆腐都吞下。你就这样温柔地看着，欣慰地笑着。

在乌篷船中，戴着古镇赠予的乌毡帽，抿一口橙黄的会稽山，再嚼几颗咸香的茴香豆，古镇的滋味就全了。到了离别时刻，恍惚间却有了那乐不思蜀的感觉。

古镇，你终将是我梦中的真，真中的梦。下次我们再不见不散！（2021年12月）

绍兴市柯桥区实验中学七（17）班　金天宇　谢欣沄

指导老师：王小玲

你好，古镇

在哪里？在哪里见过你？白墙黑瓦的你，色彩纷呈的你？哦，古镇，与你在此地相逢。你用柔情似水，暖意扶风，微笑着迎接我的到来。

金秋渐入寒冬，而欣赏你的人络绎不绝。是你的美打动了人，还是人打动了你？换上一件崭新的红金旗袍，只是手中的那把黑扇依旧。我能看到，那绝美的外表下有一颗热情的心。柯桥啊，那份最初的矜持可否还在？雨水洗涤了世间铅华，唯独你成为千百年来雨中的一道风景，我走着，觅着，寻找着你最初的模样。

俄而，我看到了那座依旧沧桑的融光桥，上面布满了爬山虎那青青的叶儿。融光桥弯着腰，悠悠地靠在两岸。据说在明清时代这座桥就已经修建，有着数百年的历史。远处，手艺人的叫卖声随着风远远地传过来。隐隐约约，与清风流水应和着。

走着，寻着，一股浓郁的香气在空气中酝酿着，这是酒香啊，"古瓶酿新酒"。柯桥的味道，一半泡在这黄酒里了。宋代诗人苏轼云："应倾半熟鹅黄酒，照见新晴水碧天。"黄酒是柯桥的代言词。"会稽山"远销全国。绍兴人宴席上用来宴请贵宾时喝的酒一定是黄酒。黄酒有后劲足的特点。第一口不会醉，第二口，第三口……你还没意识到自己醉了，就已经被它醉倒了。"一方水土养一方人"，黄酒就像绍兴人一样，开始或许并不突出，但到后来就"芝麻开花——节节高"了。

"开水路啊，清河道……"我回过头去，一艘小小的乌篷船从融光桥底下逆光而来，划船的老人操着一口软糯的绍兴话吆喝着，头上一顶旧旧的乌毡帽，泛着柔和的光，我不禁想起吴冠中笔下的水墨江南。古老的青瓦房上那白白的墙，在清新之中渲染着独有的意境。

只记得小时候不知听谁说过，乌篷船是古镇的代表，就好似小船是灯塔的守望一般。"众里寻他千百度，蓦然回首，那人却在灯火阑珊处。"乌篷船在水中缓缓向前走，耳听潺潺流水和悦耳的划桨声，有着数不尽的江南风情，也就这样，柔的，也好。

此时我似乎也盼着乘一只小船，漫过小桥，仿佛横跨天穹，有了"山阴道上行，她在画中游"之感。再往前，穿过桥洞，嚯，太阳已经斑驳大地。走过长廊，脚下的青石板上迷离着穿过树枝缝隙的碎阳。山河远阔，人间烟火，只想贩卖太阳，于你，古镇！

置身于古街上，身旁都是新建的房子。白墙黑瓦，带着淡淡的冬意，还有一些亭子，燕尾如剪，剪出了西楼的清净岁月，也剪去了我心头的些许落泥坐意。

我继续漫步于此。树梢上淡淡涂上了一层金黄色，一群群的暮鸦驮着日色飞回来，湛蓝的天空中泛起火烧云，落日余晖下，好像置身于梦境，连呼吸都带着天空的余味。

不久灯火亮了起来。河面上波光粼粼，在火树银花的映衬下，仿佛满天的星辰。我好像听见你在说，你喜欢，你愿意，你接受这个新时代。你用美到极致的绚烂回答了我最初的疑问：那份矜持还在，只是更多了一份宽容。心之所动，且随缘去吧！

古镇，我把你追寻！若有人给你一盏灯，我给你月亮。因为，这一生，除了故乡，我只为你一个人写过月亮，你啊，是浪漫，也是温柔。

与往日相比，今日的你少了一份沧桑，少了一份古老的记忆，更加地迷人了。我回头望你——你就是从云朵里缓缓落下来的光呀！（2021年12月）

绍兴市柯桥区实验中学七（18）班　赖禹诺　杨雯玺
指导老师：王小玲

有一种美叫柯桥

天空中下起淅淅沥沥的小雨，如泼墨般洒了一片。屋顶上的瓦片被染得漆黑。树叶子绿得发亮，在阳光的照耀下熠熠发光。一旁的石桥端庄地盘坐于小河之上，仿佛立刻便要得道成仙。石路上的井盖也韵味十足：精美地画着乌篷与拱桥，行人稀拉，却构成了一幅美丽的小水墨画。

幽深的小巷里传出诱人的浓郁香气——臭豆腐。顺着石路往里走是窄小的摊，里边儿摆满了琳琅的美食。

雨还在下。豆腐下了锅，发出一阵清脆的"滋滋"声。嗯，幸福敲门的声音。转眼，软软的豆腐便金黄澄澈，穿上了新衣。十个一份装入碗中，淋上特制酱料便是满满一碗的幸福。

小心翼翼又满怀期待地夹一块小豆腐放入嘴中，"啊，好烫。"但是幸福是炽热的啊！太"急功近利"地想要得到它是会被烫破嘴皮，然后哇哇大哭的。一口咬下酥脆的外皮，便为柔软而滚烫的豆腐心所"蒙蔽"。豆腐香与酱料的咸甜混在一起，在嘴中擦碰出奇妙的火花，刺激着味蕾。手持臭气熏天的臭豆腐漫步于小巷之中，只觉一切都是刚好。不论是这丝丝细雨，还是那朦胧苍景。

臭豆腐是真的香！不仅是酥脆外皮，更是沾了小巷古韵。

古镇小巷的昼日静谧而端庄，处处柔情。夜晚则全然成了永无停息的"不夜城"，到处是绚丽刺目的灯光。早晨端庄的石桥亦花枝招展，水雾从平静的湖面猛然喷出，颜色由红蓝再到橙绿，无数根缤纷的水柱看得人眼花缭乱，目不暇接。又一水柱喷出，在桥前形成了一堵令人叹为观止的"雾墙"。反复，循环。

水的礼物悄然而至，水的精灵空中跳舞蹈。

一段急促的音乐响起，水精灵跟着变换"队形"，紫色被无数的金簇拥其中，前方的绿色紧跟着喷出王冠的样子。"咚咚咚"沉闷有力的鼓声敲击，水柱随同地放慢了脚步，缓缓下垂，再散成星空似的细雨。寂静。悠扬的笛声似雨后彩虹，缓慢地放出歌喉，给人"暴风雨后的宁静"。慢，慢，慢。声音逐渐从耳边消失……突然，又是一连串的击鼓，一曲悠扬尖细的小提琴悄然舞蹈。蓝色喷涌而出，直冲云霄。"哗——"水柱全如耗尽力气的小人全部松懈落下。谢幕。"哇"声四起，掌声雷动。

激动的心依旧难以平静，心中是不可言喻的震撼与欢愉。目瞪口呆地漫步穿过石桥，直到在"浙江风月"前驻足。

黑白照片混杂。有灯火通明屋，更有忙碌乡水景。彩色照片里，斜屋顶尽是黄色的炫目灯光；黑色照片中，无数兴高采烈的百姓"争夺"着各样的新奇物品。即使是几十年以后，也依然能听见他们"声嘶力竭"的叫喊，看见人声鼎沸的繁华街市；水道中挤满了衣服单薄的船夫，他们手持船桨，悠闲地坐在船头，等待着前来交换布匹的商人。

石桥的旁边便是姻缘堂，无数条绫带随风飘扬，无数颗真诚的心勇敢发声。鲜红的颜色为古城增添了一份少女的羞涩。

触摸着凹凸不平的墙面，望着青瓦白墙心中不禁感叹："啊——这就是柯桥古镇风光！"

生活中处处是美，只不过缺少了发现美的眼睛。（2021年12月）

绍兴市柯桥区实验中学七（11）班　施　佳
指导老师：章晓燕

烟火人间，一眼百年

曾记得，朝歌微露，乌篷小舟，石桥下游，古琴声声缥缈了烟火。兰苑未空，行人渐老，风起自石桥东，香过纤道西，子规声歌，有人携酒长醉。

不知听谁说过，柯桥是座古镇，古镇中有老市，老市含老街。踏上石板路，听闻青石摇晃之声，微露出青苔斑点，卷得漫天云舒。寻一个人的世界，晴天，天气不错，迈开脚步，探一方幽寂。

古镇已经安静了许久了，它静静地躺在水的怀抱里。水是古镇的血与肉，水轮转过层层波浪，周围还是静静的，让你感觉整颗心都是静静的，像是一位穿着青衣的女子，戴着白纱，慢慢地回头看着你，眼里是空灵与安然。

远处有笛声，混着箫的和鸣。蔡邕柯亭一笛，使无数文人绝倒。蔡邕忘不了柯亭和古镇啊，他的梦里都是雨打芭蕉叶。古镇知道，古镇认识这个沧桑而执拗的老人，古镇记得所有踏上青石板的过客，古镇不说，但古镇都知道。

再往前，是几户人家。市井长巷，摊开来是烟火，聚拢来是人间。在密麻的青瓦白石间，伴着低低的雨丝，走出来的是湘西吊脚楼里的阿宁，还是徐渭怀念着的那位姑娘？我不知道，我只知道江南的人家，都有水一般的柔肠。

有水必有桥。桥伴着的是无数的爱意。一念桥逢魔遇仙，西子湖心的白蛇，常常都是爱意的象征。撑一把油纸红伞，伫立桥头；穿一身白袍，感受桥身杂草的私语。我们是否又会听到一个凄凉的爱情故事？不得而知，但这是属于柯桥独有的一份传说了，也许比江南传说更加动人。

再往前就是酒庄。卖的是绍兴黄酒,温醇却有悲壮的意味。试问千古豪杰,哪个不是酒的信徒?黄酒里沉淀的是老柯桥人的豪情与快意,是每个人心里最壮观的念想。千樽酒,万卷书,难洗一身狂傲气。绍兴黄酒是百态的人生,酒里倒映的是平凡与伟大,是凄凉与激奋。

醉倒狂歌中,无须问功名。

悠长水乡,漫漫石桥,涓涓流水,亭亭瓦楼,又一点歌声漫漫。月影疏疏,鸟雀叽叽,人声寥寥,何过如此?我是想不到了。

无数人在此成长而又老去,自此生生不息。

古镇啊,愿在尘世间等一场相遇,人不必多,一人,一伞,一白袍,足以伴一蓑烟雨任平生。这样,刚刚好,是的,刚刚就好。

花木扶疏,树影相识,月照栀花雪。

突然明白了作家王剑冰的情结。古镇的夜,守的是一树,一花,一船与一人。一船是古镇的帆布帽,一树是古镇腕上的红绳,一花是古镇额边的碎发,一人是尘世一客。

我与古镇静静对望,中间似乎是几百年光华。掬一捧光芒万丈,皎皎万岁春秋,寒来暑往,枯荣明灭,我发现了自己的渺小,更惊叹于古镇的沧桑和宏大。

我突然很想知道古镇的未来。是依然风骨呢?还是在漫长岁月中丢失了模样?我不敢,也不愿说。它像一个记录者,将几百年历史摊开与我遥遥对望,宁静随和,这让我不在乎未来了,保持现在,便是最美的模样。

不论过去,不问将来。

旧日时光渐渐走远,而我们总有未来可以期待。

少年温柔的梦里,是无尽的江南水乡。

岁月甜蜜,时光漫长。

(后记:于时光中见柯桥古镇。惊鸿一瞥,乱我心曲。写下这篇文章,以表心中所感。柯桥古镇,值得一去!2021年12月)

绍兴市柯桥区实验中学七(18)班　叶文妍
指导老师:王小玲

醉美古镇

凝重，沉静，醇厚，悠远。

在冬天即将来临之际，被冷意蜷缩的脚不禁想去寻觅美景，被寒气冻僵的手也不禁想去轻拂绿意。于是，我见到了你——柯桥古镇。此时，薄凉的秋风拥袭袭杨柳，曼舞在湖岸边；一两滴秋雨携朵朵细浪，跳跃在湖面上。

我未想过你是如此迷人，在淅淅沥沥的秋雨中你渐渐变得清瘦婉约，柔柔地带着浓厚的禅意，犹如皈依佛门般的清亮明净，不染一丝红尘。我想凑近每一朵凌寒盛放的花蕊，感受你蕴藏的温情软意，倾听你的气息。

漫步于街巷，沉浸于古朴的青堂瓦舍，重重院落，砖雕门庭，民居古风犹存。我不禁感叹：庭院深深，积厚流光，为这般。映入眼帘的砖瓦泥墙，年代久远斑驳的陈旧民居，上面满是时光的烙印，多想回到过去看看啊！看看千年前年少的你，那时的你不知会有多少人见着后便一见倾心，再顾倾城！不施粉黛，自然又脱俗。如果可以，我愿来生是村头石桥上的一块青石板，吻着你来时的气息，看着你的倩影芳容。你在桥上看风景，而我看着你，明月照进了你的窗子，而你却装饰我的梦。

转一个弯，走过一道桥，就到了"王星记扇厂"。太外公年轻时，就与你熟识了。他老人家是扇厂的老画师。在他老人家的画笔之下，你一直是扇子的主角，或清雅，或端庄，或古朴，或灵秀——他爱用柿漆在桑皮纸上勾勒你的美颜，用金玉丝线攒成坠，青色玉纱绷扇面，再用上好的檀香芊芊骨，放在烈日下晒，沸水中煮，各经10多个小时，取出晾干，不折不裂，平整如初，最终做成一把精巧的扇子。将扇子拿起来轻轻扇动，便似那蝶仙自空而来，摇开千树万花香，别有飘飘然之感。

一晃，"王星记扇厂"已开一百二十年了，扇工坊也有了新的传承者，扇中花样也加入了许多现代元素。

一切好像都变了。老巷里已没有付爷爷拉琴；湖旁的面馆早已改卖陶罐；儿时熟悉得不能再熟悉的青砖白墙，却被时光磨平了棱角，看不清它斑驳印记后的绿意；留下的，只有一丝回忆。

但一切好像都没变。在古镇，有雨，就听竹叶吻雨滴；有风，就听秋叶落满地；有夕阳，就看流光浸润你发梢。我可以同从前那样，不用管时光如何散去，不用想明天远远的距离；可以有铁观音的香气，也可以是咖啡浓烈的气息。独倚幽窗，看转角处的青石小巷，一把久违的油纸扇，扇动了记忆，遮住了低过屋檐的光阴。伴着淡淡的轻松，看着倒映着慵懒的惬意。而窗外喧嚣的世纪大道，依旧执着于固有的足迹。

街巷又安静了下来，你看那浸没在时光尘埃里的纺车、蓑衣、草帽和竹耙，旧时光的清闲在你我间弥漫开来。

时代在不断变化，信息网络在飞速运转，那古民居上突兀闯入的花花绿绿的现代衣衫，却是惊醒了浮着的幻想。

古镇走着走着，就已是现代时光。走啊，走啊，走得华灯初上，走得夜色渐浓，才把古镇时光走去了大半，才觉得古镇烟火如此动人。古镇，你永不停歇，在历史的长河里坚定地走着，走过昨天，走过今天，走向明天，走出一路沉厚，走出一路繁荣，更走出一路淡然；古镇，你从未改变，你在繁华喧嚣中，安定着一颗纷杂的心，在浮华中，掸去灰尘。

唯愿你在时光隧道里既保留一份古朴，又活出一片自在。这是属于你的模样，也是属于你的姿态！（2021年12月）

绍兴市柯桥区实验中学七（18）班　张洵睿
指导老师：王小玲

一屋永古今，一桥缀未来

一桥洞，一道影，柯水缓缓，摇橹声声；把两岸的街道串联到怀里，也将这文化底蕴深厚的小城——柯桥从一片水上托起……

——题记

这古镇莽莽撞撞地闯入我的眼帘，却又结结实实地扎根在我的心田……看到她的第一眼，我就被深深地震撼了。南宋的陆游曾这样说："柯桥道上山如画，早晚归舟听橹声。"

那澄澈如玻璃般晶莹剔透的河水,是她那深邃、水灵的眼眸;那在风中飘荡的柳枝,是她那一头柔顺的青丝;那青瓦白墙,是她那飘逸的长裙;那火红的枫叶,是她那如花蕾般的红唇。金丝般的阳光为她梳头,清风流水为她化妆……

走在石桥上,那坑坑洼洼、布满青苔的石桥仿佛一位老人,饱经沧桑。岁月偏生出一把锋利的剑,无情地削去它的青春。多少年过去了,它每日接受着风吹、日晒、雨淋的洗礼,仍顽强地屹立在河上,同时也屹立在我的心中。它默默守护着这古镇。它的伟大、坚韧不拔,令我刻骨铭心……桥下,一条条小巧精致的乌篷船,宛若天上的新月,在水中漂荡,伴随着桨声,漾起丝丝涟漪。

顺着古桥往前走,随处是依水而建的老屋,它们随岸取势,又与水、桥互相融合,成为江南"小桥流水人家"的绝妙写照。四处张望,几座台门安静地立在那里,抬头看,几个斑驳的字迹无不透出台门背后久远的历史。

看啊,每一座台门都烙着不同的故事;每一块石板,都留下了先人的足迹。我流连忘返,沉浸在了这深厚的文化风貌中,脑海中幻想出了明清时期老百姓们的生活场景。乌瓦、白墙……触摸着这些沧桑的物件,我心中思绪万千。

曾经在这里居住生活的人也许是书生,商人,抑或是官员。太多太多,但我知道,在这些历史名人中,陆游是绝对值得一提的。这位南宋大诗人一生郁郁不得志,大多诗篇都是有关爱国的,但住在柯桥期间,留下了不少与这小镇有关的诗作。如今,每当夜幕降临,这些诗作就被投影到了古镇的白墙上,诗与古镇交相辉映,美不胜收!

当年,陆游伫立在河边观赏市井百态时,随口吟出"兰亭之北是茶市,柯桥以西多橹声";当他发觉"小市初晴已过春"时,又随兴而发,赞赏那"朱樱青杏一番新";就算是在送别之际也不忘一句"柯桥送汝泪频挥";在享受闲适生活时,也被"柯桥道上山如画"折服……这些文化瑰宝在古镇的墙上,也在人们的心中闪闪发光!

夜晚,曼妙的灯光秀让古镇如梦如幻,沿河两旁的蒙蒙水雾和飘在空气中的古音更是让古镇增添了一种氤氲浪漫的氛围。微风吹过,游人如织,他们与传统的古建筑相互遥望又互相融合,构成了一幅"灯亮人聚"的美景。

为何古镇中的建筑能够吸引如此之多的人驻足观赏?我想,这是因为为了重现历史记忆,工作人员在修复时不仅恢复了建筑的原貌,也将原来的结构、材料和工艺技术保留了下来,重现了过去江南水乡的精髓,与街边的现代小店一起交织,让一屋永古今,一桥缀未来……

古镇是一首诗,一首悠扬婉转的诗;古镇是一支曲,一支动听悦耳的曲;古镇是一幅画，一幅自然朴实的画……如今的它，仍然在不断地改造与建设，让我们一起期待不久的将来，它会变得更加多姿多彩！（2021年12月）

绍兴市柯桥区实验中学七（13）班　周已湛　张琪涵

指导老师：王小玲

八年级

扇落花去今犹在

帮爸妈整理房间时，偶尔，从书柜里掉出一把破旧的折扇。

暗淡的丝绸扇面，残断的细木扇骨，分不清扇面上画的是花鸟鱼虫还是小桥流水，总之，它写满了几十年的沧桑。

刚把它当作垃圾扔掉，却被爸爸给捡了回来。

"这是我小时候亲手帮你奶奶做的扇子，那时候我就在王星记扇厂帮忙……"

爸爸抚摸着扇子喃喃自语，语气里满是怀恋。

我请求爸爸把这段故事讲给我听。

"从小学到高中，我的假期都在王星记扇厂里熬过。帮你奶奶打打下手，做做零工，每一把完工的扇子里都有我辛勤的汗水。"

在我的脑海中，似乎出现了一群奔跑的少年，其中那一个跑着去扇厂的男孩，应该就是我的爸爸吧！

我莫名地有些羡慕，可再一想，那时候他的心情，应该和连日补课的我是一个样。

"那时候还是靠手工呀，做扇子可不容易了，光是刮净扇骨就很费力气。每做完一批，我就可以得到一点奖励。跑去买东西，像是贴纸、发条青蛙、泡泡胶、悬浮球……很多东西现在已经消失了，你甚至从未听说，可在当初，这些现在看来再普通不过的东西都是我难得的'宝贝'啊！偶尔也偷偷买瓶可乐，溜出去和小伙伴们玩洋卡、弹皮筋……和店老板都熟悉了，一个眼神就能领会我们的想法，可回家还是免不了挨一顿骂。"

原来，这就是爸爸和扇子在一起的童年。或许，说不上无忧无虑，更别提放纵不羁，但也在苦涩中暗藏快乐。

"不过我最好的宝贝，就是这些扇子，别人花十元钱买的，说不定就经过我的手呢！"

像爸爸这样，在那个时代苦中有乐的人，现在应该很稀奇了吧？

"周末难得有空时，就会去街上走走。那时候可没有现在这繁华的步行街，只有崎岖的青石板路和泥坑，一到下雨的时候，踩在石板上，溅起一脚泥，听雨打着伞，心情特别舒畅，就像诗里唱的：'莫听穿林打叶声，何妨吟啸且徐行'……"

当初的柯桥，原来如此简单纯粹，宛如尘封已久的古画，不染尘世烟火气。

"后来？后来我去读大学了，等我回来，扇厂不见了，留下的就是现在你知道的，那一堆断壁残垣。"

唉，不见了！

如今，我记忆中的柯桥，不是繁华大街，就是灯光旖旎，一片欣欣向荣。

我出生在繁华的柯桥，自打我能记事起，那绚丽的大街，那琳琅满目的商品，就是柯桥华丽的象征，也深深印在了我的脑海里。

我的童年，无忧无虑，不羁放纵爱自由，正因为如此，我无法体会爸爸童年的快乐和辛酸。

消失的青石板，无迹的泥水坑，柯桥不再如过去那般宁静祥和，取而代之的是高楼大厦，是绚丽大道；柯桥的夜空不再满天繁星，取而代之的是月明星稀……

柯桥，也许永远不会回到从前那个模样。

我遥望那逝去的日子，心里总是在想，或许退一步，柯桥依然海阔天空，可是柯桥依然发展得那么迅速，一切都变得太快了：就像那源源不断的布匹，光滑得抓不住料角；就像四通八达的步行街，一路走着却不知道要去往何方……

正如王星记扇厂一样，它是美丽扇子的发源地，它曾经是那般繁荣，最后却默默地在古镇销声匿迹。如今，这样的折扇依然遍地可见，可花钱买来，放在手心，总觉得空落落的，少了点什么……

重新，轻轻打开那破旧中蕴藏着无数回忆的折扇，残留下来的扇面，或许是花鸟鱼虫，或许是小桥流水，或许是日月星辰……每一幕都刻画着当年的柯桥，和谐、宁静，深藏着名为"历史"的宝藏。（2021年12月）

绍兴市柯桥区实验中学八（17）班　李崟雪
指导老师：陆战琴

柯桥景，柯桥事，柯桥人

喧闹的街市，幽深的台门，颀长的檐廊，古朴的民宅……这就是江南风貌集中、地域风情浓厚的柯桥古镇。在冬日的暖阳下，我走进了古镇，走进了白墙黑瓦，走近了那个古老而美丽的她。

脚步在斑驳的石墙间穿行，我的目光投向那"三桥四水"之处。这里是柯水与运河交汇之处，柯桥、融光桥与永丰桥三桥鼎立着。融光桥雄伟挺拔，藤萝缠绕；永丰桥俊秀典雅，古朴端庄；而老柯桥虽不起眼，却隐藏着柯桥人代代相传的动人故事。一个名叫柯长工的人靠着自己的双手，织网捕鱼勤劳致富后修造此桥，以方便黎民百姓通行。桥成那天，柯老在子孙搀扶下走上桥头，然后含笑西归。后人为纪念他的劳苦功高，遂将此桥取名为"柯桥"，既传承了一个感人的故事，又给"柯桥"这个名字染上了历史古韵。立于桥头，眼前就是西官塘下岸的米市一条街。这里长廊绵延，弄堂幽深，童年的妈妈就在这古桥边奔跑，在弄堂里穿梭。这一方小小的土地洒满了她成长的足迹。

水乡柯桥另一大著名的水景就是船。三四十年前，这里是船的世界：乌篷船、埠船、小划船、袒畈船……未至黎明，河道里便挤满了待发的商船，到天空露出鱼肚白时，船只就满载着欢乐出发了。近至县内，远到市外，一路都留下了柯桥人的脚印。上、下市头，东、西官塘的水面上，各种各样的船来来往往，但只要细心观察，你总会发现几条乌篷船滑行在古镇清澈的水面上，船身摇晃，桨声欸乃，令人不禁沉醉在水乡昔日的氛围中。

而柯桥最为奇特的风景，还要数老街上鳞次栉比的店肆、喧闹的集市了。七十多年前，老柯桥还呈现出一片"推背走"的繁华——上市之时，挤在人流中的行人只能推前人的背脊才能移步。岸上的人们摩肩接踵,河里的船只舳舻相接,街道纵横,房屋林立。大大小小的茶坊、酒楼、脚店、肉铺分布在桥头。河埠、街角、弄口,以及融光桥两侧的店肆甚至二层三层都有。我的外婆出生在融光桥下的下市头直街上一家名叫"福太仓"的酒楼,她的童年便在这热闹的街市、鼎沸的人声中流淌而过。更重要的是,中国轻纺城就在三十年前的古镇诞生,一步步发展为今天的世界轻纺巨头。从简简单单的水乡小镇,成长到店肆遍布街头巷尾的繁华小城,再成长到大名鼎鼎、世界瞩目的轻纺城,是顺应柯桥产业发展规律的,老柯桥昔日的繁荣与昌盛化为了今日柯桥所有人的幸福与安康。区区一平方公里的柯桥古镇,孕育出如此发达的经济,真是一个平凡而又伟大的古镇。

其实,柯桥之所以有今天的富饶、美丽,是因为有老柯桥人平和的心态。"富不上十万,贵不过二榜",他们没有追求大富大贵的名利之心,一旦有了钱,就出力去造桥、铺路、修官塘、办学堂,出资去济苦、扶贫、做善事,走上共同富裕之路。一代代柯桥儿女,捧出真诚奉献之心,埋头苦干,建设家乡,造就了一个美丽、富饶的柯桥。也许,这就是流传在柯桥人骨子里的"柯桥精神"。

柯桥古镇,真是一方神秘而神奇的水土。她有着看不完的风景、道不完的风情。如果有机会,我希望有更多的人能来古镇看看,感受那昔日古镇的繁华、今日柯桥的魅力。(2021年12月)

绍兴市柯桥区实验中学八(5)班 蒋子辰
指导老师:张飞飞

悠悠古镇,悠悠我心

柯桥古镇,我是看着它变迁的。家住五楼,从阳台眺望,正好就是那条运河。角度正巧妙,连路旁几棵并肩的大树都挡不了视线。马路上常常是很喧闹的,没有一刻的空闲,到了晚上更是络绎不绝,一直如此。在古镇没修缮完成之前,目光总是只是停留在人来人往的马路上。流动的风景总比一成不变的老房子来得有趣。

约莫是小学三、四年级时,学校旁的老房子之间突然闯进了几台硕大无比的机器，打破了几千年的宁静。从此，琅琅读书声中掺杂了持续不断的怪声，好像永无休止地挠得人的心痒痒的。当时便预感到将有什么"大工程"进行，只是不甚在意，也勾不起兴趣，可能是不相信在这有限的有些破败的区域内，不能翻出什么新花样来。听到古镇建成的消息仿佛就在昨日，一晃已经快一年了。又一次踏出阳台，把目光洒向那曾无数次看向的风景时，莫名一阵悸动。冰冷的寒风刮着面庞，似乎隔着厚重的衣服直戳心灵。呼啸的北风吹跑，翻滚着，悄无声息地蔓延开去。柯桥古镇，承载了太多太多。

"走，去古镇逛逛？"

"好。"

古镇的晴天、雨天、白天、黑夜，都留下我的足迹。我喜欢踏着凹凸不平的石板路，在平静的河水边慢悠悠地走。什么也不用想，什么也不用顾虑，放空灵魂，此刻，我即是我，一个完整的个体。要是有微风相伴那是再好不过的了。它可是个可爱的跟屁虫！要是下点小雨，坑坑洼洼的路面便会积点儿水，让人走在岸上也觉微波荡漾，仿佛与水波融为了一体。

可我情有独钟的，是古镇的夜晚。心情不好时，常常会趴在阳台的栏杆上发呆。这看不厌的风景，便从路变成了古镇。古镇的存在，使这片天空染上新的颜色。桥身、屋檐上，闪烁着淡黄的光，连成线，使整个画面配上明暗交接的色块。光线给周遭的空气也点上了晕，融入无际的黑夜之中，渐渐由深入浅，勾住了那一抹扩散开去的光亮。饭店门前挂着的红灯笼给明亮的淡黄增添了火红的生机，色块相互碰撞，迸发出新的元素，与黑夜进行着无声的抗衡。那路旁的路灯也加入了这场抗衡，柔和的白光抚摸着路上的行人和路边的树木，与古镇的主体连成一片，往别处延展着，似乎是生生不息的生命。虽然明知灯光不是生命，古镇也只是那灯光的载体，但它带给我的心灵的抚慰，却像是熊熊燃起的希望之火，照亮了前进的道路与方向。

那座桥，横跨河的两岸，不大，却叫人很舒心。桥拱不是纯粹的半圆，而是几条折线所连成的，古朴之中又添几分新意。过桥的人不会留意脚下的桥是什么样子，但从另一个角度看，却是别有一番风味。从高处俯视桥上来往的行人，琢磨着他们的生活，不知不觉间便会投入其中。忽而恍惚，好像想起什么又怅然若失。这，也许是古镇的独特魅力吧！我想。

偶尔也会品尝一下特色美食。绍兴的臭豆腐名气挺大，虽然不是本地人，但也独爱这道味道独特的美食。毫无征兆地在几十米开外便能嗅到"又香又臭"的气味。也许吃不惯的人会厌恶这种气味,因为它闻起来的确有些像馊了的食物,或者说是臭水沟中散发的气息。可是,钟爱它的人会毫不在意这一点,蘸上酱一口咬下半块,香甜的酱与咸香的臭豆腐相混合,在口中交杂,调动着味蕾,神经兴奋起来了,身子热起来了,胃颤抖起来了,一口接一口,根本停不下来。好的美食值得一试。不试一试怎么知道结果如何呢?

柯桥古镇,实在教会了我太多了,近一年的陪伴,造就了我和它独特有的默契。它见证了我这一年的喜怒哀乐,我的大起大落它都了解,夜深人静时,是谁在向它倾诉?它是会呼吸的生命,我的每一次目光,都有它的回应。它的路还很长,我的路也还在继续。但愿未来,与它同在。

悠悠古镇,悠悠我心。(2021年12月)

绍兴市柯桥区实验中学八(19)班　金纯伊
指导老师:钱爱萍

乡　情

那一份乡情是镌刻在骨子里,铭记在心尖儿上的。

当望见那标志,乡情便涌上来了,蓝白交织,绕成三个大小不一的,像水一样,心里柔柔的,上面漆黑的字,"柯桥古镇",一横一竖间,是风情,是多姿。

脚下是坑坑洼洼的石板,灰中夹杂着各种色彩,便是充当花纹了。路有四五米宽,一侧是小河,河上有两棵树,高高大大的,向河面生长,枝条扭曲,却也使劲地向河发展,梢端零零落落地挂着几片枯黄的大叶片,顺着风摇摇摆摆,悄悄地遮住了黄澄澄的果实。旁边还有棵小叶树,枝繁叶茂,扫尽了冬日的凄寒。

那光在树荫下不停地跳动,发丝上痒痒的。

小桥边有艳红的牵牛花,鼓着喇叭吹啊吹啊。岸上又有滴溜圆儿的铜钱草,在小小的花盆里,显得很可爱。而另一边,青瓦白墙,屋舍参差不齐,有一块匾牌上有着"风清墨香",有竹,有梅,该是极其清闲吧。路上看到"董希文""李平野"等画家的名字,想着这确实人才济济。

沿着大街小巷悠悠地走。那棵树冲出院落的银杏，勾引了我的脚步，灿烂的黄，在蓝天下毫不造作，层层叠叠的黄也不是堆积上去的，而是融为了一体，映着光，似是陡峭的大山。旁边有座融光寺，屋脊两端各有条龙，倒立着，背上直立着一根根长刺，憨态可掬。

停在了寺桥旁边，父亲说这一条就是饭架街，街道纵横交错，就如同往年家家户户常用的蒸饭架，因此得名。路边树上挂着神色各异的鱼灯笼，倒是热闹。

与寺桥平行的是柯桥，差不多高，桥洞下隐隐流动着清澈的波光。

尽头左拐，这儿是青砖黛瓦，那儿是石阶木栏。色彩缤纷的店铺坐落其中，与河之间只有一条小径。幸好人不多，才不至于拥挤。

我一直嘟囔着要吃臭豆腐，父亲带我走进了尽头的一家"香酥鸡烧饼·麺"，两位中年妇人，一个小伙子在柜台后忙忙碌碌。父亲点了小份的臭豆腐，便开始闲谈。

那个脸圆的一直在说。兴许是店里闷了，她拉下口罩，笑意随之倾泻下来。另一个偏瘦，面色红润，脸小手大。她们的手上都皱纹遍布，皮是干枯的，骨节粗大，略肿。她们就用这双大手握着棒，炸着臭豆腐，还在芝麻油里滚了一遭，装在塑料盒里。她们热情地邀请我们尝尝自己做的料菜，但我实在是不能吃辣，因此无福消受。

旁边一女子坐着，不住地称赞，说是鲜、香，比其他街上的都好吃。我拿了一块，一口吞了下去，竟道不清是什么滋味，只觉得很烫。

待到柳荫下，我又用竹签挑了一块，轻轻地咬了一口，只觉得其外脆里嫩，外面是金黄，里面是雪白，含着满满的芝麻香，泛着油光，稀稀拉拉地撒一点薄酱，口中甜丝丝的。

我不禁回忆以前，想着蹒跚的外婆去买臭豆腐，硬是排了好久的队，但她自己没吃，全给我和妹妹了。那也是个冬天呢。

场中有个老者倚着扫帚立着，眺望着远方。她头顶粉色鸭舌帽，身着浅灰蓝布衣，在寥寥无几的行人中，并不突出。

几个过路人问着她们工资，父亲插话，就算不扫落叶，她这样站一天也累的。那几个人很友好地冲他笑笑。我问父亲，是不是绍兴人都这么自来熟？父亲不解其意，只是说："这里的人都是这样的喽。"但当下的年轻人就不会啊，我暗暗地念叨。

旁边有几个小孩，调皮地路过，边打边闹，为这冬天增添了一分生机。

父亲无法奈我如何，又跟着我走到融光桥。那石板上遍布苔藓，板面被岁月销蚀，十分斑驳，甚至有些已经耐不住高温高压，裂开了。白灰、花青、暗红、紫灰、赭石……各种各样的矿物嵌在其中，各种杂草穿插其中，倒是有了萧条之感。

踏过了49级台阶，深深地感受到了坡度大而走路不稳，直感慨现在建桥技术的精湛。走到桥下，仰望着木莲藤蔓从桥的那一头，蔓延到这一头，无拘无束，极其潇洒。椭圆形的小叶片是深浅相间的绿，快快乐乐地面向阳光舒展。而它坚韧的茎上又伸出细根，钻入石缝中。那肾蕨，也不畏光芒，向阳生长。

陆游诗曰："挟柁柯桥北，维舟草市西。月添霜气峭，天带斗杓低。浦冻无鱼跃，林深有鹤栖。不嫌村酒恶，也复醉如泥。"古时的柯桥也是别有一番风味。

桥头有棵古松，大概需两个我环抱。枝向外散开，悠然形成了大片的树荫，映到河里。针叶修长，树也修长。

一侧的河水是黄绿色的，反射出了七种色光，还漂浮着几片柳叶，荡漾出一轮一轮的波浪，不时有鱼探出头来吐泡。

过了永丰桥，到了下市头直街。过了柯城寺，到了柯东桥。桥身通红，古色古香，沿着石阶向前，那块"义虎"碑猛然闯入视野。依稀分辨出碑文："越中多义士，不以凡俗，广为传诵。相传该地水陆交汇，前滩后山有兄弟二人，捕鱼为生，赡养老母。一日劳作，忽遇吊睛大虫，兄弟竟争相以身而饲虎。临此景大愕，瞬间止步，继而颔首示敬而去。虎之大义感召后人。兽能举义，况人乎？乡人遂立义虎碑。惜于上世纪七十年代被毁。现有碑牌头地名佐证，今届古镇保护修葺落成之际，举众欲爰立碑于原址，以告后人。"好一个义虎！

朝着来时的方向，看到了一个船夫。一身黑装，举着一支竹竿，打捞河面上的树叶。船悠悠地荡啊荡啊，晃啊晃啊，我心中漾起一缕宁静。

桥边有个手艺人在做糖人，袅袅金光，穿过飞扬的柳条，笼罩住了这小小的一方桌椅。那糖显得透明而闪着金光，真的像只活灵活现的公鸡，就要打鸣。手艺人话说得很快，对我来说很难听懂。但她常常弯起眼角，露出和蔼的鱼尾纹。她对小孩子轻声细语，非常关照。

我要了朵荷花，她一直絮絮叨叨："荷花很简单的！……"父亲说，她是想给我做个复杂点的，反正也是闲嘛。但我只是默默地注视她娴熟的手势，手也快，毫不迟疑，画出的线条流畅自然，荷花和谐动人。她很耐心地等着糖画干燥，然后又笑语盈盈地夸赞我。我聆听着糯糯的方言，观望着小桥流水人家，恬静而美好。

我握着柄，尝了一口，入口即化的甜，从舌尖到心底，仿佛还有水的清香。

那一抹夕阳，那一份乡情。（2021年12月）

绍兴市柯桥区实验中学八（15）班　马雨曦

指导老师：吴月琴

相见欢

　　一轮冬日的暖阳落在瓦墙的肩头，微波荡漾的河水融在日光中，在这个恍若梦境的下午，我与你相遇。

——题记

　　阳光透过树梢斑斑驳驳地打在青石板上，我一步一步踏在凹凸不平的小路上。眼前出现了一条巷，仿佛有人指引似的，没有犹豫，我走了进去。

　　巷中淌着一条小河，这里鲜少有风，那条河像是个在古屋襁褓中熟睡的婴儿，恬静安适。两旁的建筑全是用木头建成的，细细嗅着仿佛还能捕捉到一丝木香。

　　"臭豆腐——卖臭豆腐了——"一段明亮的声音从一个极具现代特色的喇叭中传出，划破了天空中的一份沉寂。

　　按捺不住心中欢喜，穿过布满藤蔓的融光桥，来到了永丰桥脚边的那家臭豆腐店。

　　店主是一个中年妇女，没什么特别的，只是眼角布着丝丝缕缕的皱纹。小店的装修很简单，没有过多奢丽的装饰，柜台上整齐地摆放着几瓶饮料，柜台后是那店主忙活的身影。

　　我趴在柜台上对她说："一份臭豆腐！"她手上的动作没有停下，只抬头朝我这个方向看了看："好。"

　　不一会儿，一份热乎乎的臭豆腐就出炉了，她将一块块炸得金黄的臭豆腐挑出锅中，朝我说了一句："小姑娘，你的臭豆腐好了。"她将那一份热气腾腾的臭豆腐递到我手里，热气有些蒙住了我的眼睛，朦朦胧胧间，她在笑，是和蔼地笑，发自内心的温柔。

　　"小心烫。"说着又递给我了好几张纸巾，帮我垫在了那盒臭豆腐下，抬眼间，又是那慈祥的微笑。

此情此景，不禁使我想到了现代商场里趾高气扬又阿谀奉承的店员，对比眼前，两幅画面顿时在脑海中形成了鲜明的对比。

我也笑了。

在那下午三时的暖阳下，我与那位店主的身影仿佛被日光定格在了青黛瓦墙上，美好也被定格……

我坐在岸边，用竹签品尝着金黄酥脆的臭豆腐，搭配着她自制的辣椒酱和甜面酱，外酥里嫩，丝毫感受不到"臭豆腐"的"臭"，留在嘴角的只有香甜与心里无限的美好。

没走几步，看到了一条富有特色的小巷——下市头直街。那是一条现代风格与古风相碰撞的一条巷子。

在二楼的外壁上，每走几步便可以看到醒目的灯牌，一条巷子中色调统一，富有现代的美感。

而两边都是江南水乡传统的古建筑，一楼是白粉墙，二楼是木头建造的，屋檐下有几根用木头雕刻的装饰物，更增添了一份精致。

我来到一家咖啡厅前，透过窗户看到了一幅幽美的景象，不由自主地走了进去。我点了一杯果汁，选了一个心仪的座位。

是什么样的景色使我着迷呢？

在一栋古式建筑中间，有一方天井，阳光并没有透进来多少。在那天井中央，一座造型别致的假山前立着一株浓绿的松树，而那松树有一部分针叶恰好就浸润在阳光里，好像那神明下凡的模样。松树前淌着一条看似自然天成的人造小溪，叮咚叮咚，水声清越。整个景致都被木制镂空的圆形屏风框住了，正如《苏州园林》里所说的那样："隔而未隔，界而未界"一般。

离开柯桥古镇时已临近傍晚，夕阳毫不吝啬地洒满大地。我目送着夕阳离我远去、远去，消失在那黄昏的尽头……

在我十四岁的冬日里，与你相遇，道一声："相见欢。"（2021年12月）

绍兴市柯桥区实验中学八（10）班　叶禹彤

指导老师：沈卫君

古镇印记，几多乡愁

我还记得柯桥古镇未翻新的样子。

在那懵懂岁月，拉着母亲的手，缠着要一饱口福。漫步在烟雨朦胧的江南，古镇里传出带着老柯桥印记的声音："甲鱼背——纸板——蜡烛油——"随着清脆的车铃，回响在残泥带苔的青石板上，夹杂着欢笑与吴侬软语，淡化了久阴不晴的天。

再大些时，站在桥上，望着喧嚣。微倚栏杆，轻轻呢喃着戴望舒的《雨巷》。穿梭在石巷里，偶然掉落了几丝雨滴，那个结着丁香般忧愁的女子，轻踏在平平仄仄的诗行里，春风化雨又怎能细诉此时缱绻。粉墙青瓦，摇曳着梦一般的灯盏，和着云烟似的春雨，想象着雨滴打在油纸伞上的吧嗒吧嗒。回眸，望见那千百岁月，或是繁荣，或是沉沦，终被历史的尘埃湮没。眼前，昔日的繁华已被淡化，寥寥几户人家带不起生意，那褪色的衣物挂在风中，只带起风声猎猎。

张元忭《三江考》上说："今山阴三十里有柯桥，其下为柯水。"《越绝书》上又有越王勾践在独山"自治以为冢"，后"徙琅琊，冢不成"的记载。东汉时，蔡邕在此创制名闻天下的"柯亭笛"。清乾隆南巡时曾慕名来柯桥览胜，在镇东柯亭旁的放生庵内立有"放生御碑"。2000多年的历史，浓厚的文化底蕴，丰富的人文景观，沉淀在柯桥古镇里……

记起父亲曾讲过的儿时记忆——

那个瘦小的男孩，在修完一辆又一辆自行车后，满足地随着哥哥，来到笛扬楼，叫两碗馄饨，透过氤氲的雾气，看着来往的人群，笑着；那个在酷夏玩疯了的孩子，缠在从镇上赶集回来的母亲身边，讨要着小吃；那个少年，划起桨，离岸，努力不看见划过的泪水，起航……

旧柯桥，饱含着父亲的记忆。

近几年，柯桥古镇翻新重修，那日，我们随着父亲故地重游见到了那融光桥。自此，父亲又与我们扯出一大段往事。

融光桥，其初建年代，约在元明之交。此桥复建于明代成化年间，并经历朝整修。

那苍老的身躯，历经数百年，依然挺立于川流不息的古运河上。桥身垂下的木莲藤蔓，几乎掩映了半个桥洞。中书"融光桥"三字，风逸秀雅。光滑的石级，不知有多少人踏过。南首桥下的古纤道，既可用于船夫背纤，使船加速，也能行人，堪称古代的立交桥。

融光桥亲历见证了件件往事。风雨如磐的70多年前，在日本侵略军的铁蹄下，手无寸铁的中国人饱受"三光"政策的奴役之苦。日本军马在过此桥时，为防马失前蹄，竟从百姓家中抢来御寒棉被，逐一垫在石级上铺路；日军亦曾从桥附近抓来数十名百姓，刺刀捅死后，用麻绳捆住，像螃蟹似的，从这座古桥上扔入运河。一时间，柯水顿时染成了血河。顿时，血海深仇，永世不忘……

但如今的柯桥古镇，繁华非凡。

桥上，人群来来往往；乌篷船荡开波浪，悠然前行。两岸，店铺热闹非凡，艳红的灯笼在雾气中化成晕。臭豆腐、馄饨、黄酒棒冰、十碗头等美食香飘四溢，每个人脸上都洋溢着欢笑。远处，越剧咿咿呀呀唱开了，那是柯桥人熟悉得不能再熟悉的调子，是千年文化的流露。

柯桥古镇，是用水做成的。一条古运河横亘镇的东西，从东官塘到西官塘，伴着蜿蜒的古纤道，过融光桥，经汉柯亭，滔滔不绝，向前奔流。一条古柯水穿越镇南北，从上市头到下市头，入龙舌嘴，泻急水弄，湍湍潺潺，融进喧嚷的街市。数十座大小不同、造型各异的石桥把全镇连成一片。沿河商店多盖有雨廊翻轩，可避风雨。传统民居既被河道分隔，又有古桥相连。每有游客上乌篷船，船老大便用绍兴人所独有的手脚并用的划船方式，带着客人游览，桨声欸乃，水声哗哗。

这里是柯桥老底片，有旧古镇印记；这里是城市新客厅，有现代化的新气象。这里有一代代人的生活记忆，这里有一方水土的独特美好。

一个镇，承载了几代人的乡愁。（2021年12月）

绍兴市柯桥区实验中学八（17）班　钟依楠
指导老师：陆战琴

有一种永恒叫桥

　　一道残阳铺在水中，绚烂开来，波纹将它撕成碎影荡漾着。徐徐间划过一条条乌篷船，在摇橹声中沉醉于一圈圈涟漪，衬着绿影斑驳的石板墙，藤蔓在岸边婆娑着。爷爷牵着小女孩的手，立在桥头。"车到山前必有路，船到桥头自然直"，爷爷这样念着，小女孩似懂非懂听着拍手。不觉间语意飞扬，升空，阳光洒下，激起尘土蹦跶，身影渐渐模糊。

　　小女孩一直向往着爷爷那时的生活，黑的是瓦，白的是墙，屋顶都用茅草盖着。几个小孩蹦蹦跳跳，笑声回荡。最小的也不过两三岁，走路还走不稳，也无法抵挡这种快乐，欣然加入其中。那时，桥是一地和另一地的联系，更是搭起了孩子们的欢乐。爷爷回想起，最喜欢在桥上玩，正好他们的老家正对门有一座小石桥，没有名字，更是默默无闻，但却见其饱经风霜。桥上的石板，被岁月雕刻得坎坷不平，这正是小孩子们喜爱的——脚踏在上面，身体一扭一扭，跟跷跷板似的。整座桥发出咚咚的声音，似踩着鼓点那般有韵律。此时的笑声也跳跃着，织成一股股丝线，盘旋在爷爷的记忆里。每谈到这里，爷爷眼中似泛着灿烂的光，就仿佛他眼前真的绘成了这么一幅画，神情激动，嘴里不停地念叨着："永恒啊，永恒，是永恒的。"

　　星月疏朗的晚上，小女孩再次立足桥头，端详这一幅历史名画。时光被拉回当下，拉回这眼前焕然一新的柯桥古镇。灯火通明，仙气缭绕，虾青色的苍穹下，笼罩着这个新旧并存的柯桥古镇。迎面扑来清新的空气，夹杂着半湿的水汽混着泥土的清香，涌入鼻腔：嗯，确实有那古朴的味道！运河两岸，是灯红酒绿的店铺，代替了以前的水乡人家。多了繁华，却失了生活的质朴。而唯独那桥似乎永恒不变，坐卧在河道上。现在，桥是连通旅人游玩的纽带。在翻新的古镇里，小女孩尝试着追寻那掩盖在尘土下的欢乐。有坑坑洼洼的小路和石板，还有绿藤交织装饰的桥身。桥头还聚集了自然与美食混合的香气，让人心驰神往。

　　这桥，便是融光桥。它最早建于宋朝，后复建于明代成化年间，已不知跨越了多少春秋，也不知有多少像谢灵运、陆游、王羲之、王阳明、周恩来、鲁迅、秋瑾、蔡元培等这样的名士踏过这座桥，或者从它的桥洞经过。它曾在日本的铁蹄下坚强不屈，在自然灾害的肆虐中傲然挺立，它已深深地爱上这片水域，镶嵌在"金柯桥"这片土地上。古镇上有多少座桥也正如此书写着它们的价值。

如今，也许我们会赞美它们，歌颂它们；也许有人会觉得它们无用，只是一种装饰。但我们谁也体会不到，那种在新旧文化并存下，在夹缝中生长的它们的感受。桥，承托这一代又一代人，它们面对时代潮流，顶住在它们身后新架起的一座座高大的立交桥的压力，仍选择在这梦开始的地方驻足，凝望历史，奔向未来。

卞之琳说："你在桥上看风景，看风景的人在楼上看你。明月装饰了你的窗子，你装饰了别人的梦。"桥，正是这样影响了一代代人，装饰了一个个水乡孩子的梦。桥不再只是地方间的简单连接，而是串起了往日与当下的美好回忆，更促进了传统文化与现代艺术的结合。

思绪拉回往日——桥头，那个小女孩拉着老人的手问："爷爷，这里的桥是永恒不变的吗？"老人慈祥地笑笑。只要人们心中都有那份文化自信与骄傲，历史自然会记住这一切，那这桥，便永远存活于世间。（2021年12月）

绍兴市柯桥区实验中学八（1）班　马璐媛

指导老师：施维楠

流连于那一片烟火人间

明朝张元忭的《三江考》曾有云："今山阴三十里有柯桥，其下为柯水。"柯水流经镇内街河，镇得名于桥，桥又得名于水。柯桥，摇橹欸乃，画鹢推清澜。

撑着油纸伞，漫步于柯桥老街，踩着古朴的青石板路，听着淅淅沥沥的雨滴声，曾经的沸腾不息慢慢浮现。

老街，位于柯桥老城区的核心区域，东始柯东桥，西至三眼桥，南到得胜桥，北至下市头。主街濒河，建筑物随岸取势，依河傍水，砖木的、老旧的、泛黄的、烟熏的……窄窄的小径、曲曲折折的小弄堂，路面铺着块块大青石，上面布满青苔，都透露着独属柯桥老街的古朴、典雅之气。柯水清澈明净，水中映照着建筑的倒影，白墙黛瓦，雨廊翻轩，大桥小桥林立，永福桥、立新桥、永丰桥、公济桥……当然，最著名的当数融光桥，它置身繁盛街市，藤萝垂挂，见证着历史的沧桑，听爷爷说，融光桥是柯桥人心中的"大桥"，在老街最繁华的区域，担负着繁荣经济、方便百姓行旅的使命。

老街桥多人多，人们依水而居，炊烟袅袅，河埠头上人头攒动，淘米、洗菜、洗衣服，乡亲邻里聊着家常，嬉闹声不绝于耳，俨然一幅浓郁的"小桥流水人家"之景。沿街茶馆酒肆、米行肉铺、布庄染坊，南来北往的商贾小贩络绎不绝，熙熙攘攘，一派祥和之气。在老一辈人的记忆中，最热闹的是老街夏季的"谷市"，全柯桥人摇着船载着谷从四面八方赶来，把晒干扬净的稻谷运到老街收购站，卖谷换钱，一年的辛劳在那一刻得到回报，再买一杯冷饮给家里的孩子们，你一口我一口，那也是孩子们小时候最期盼的幸福。

一条老街，便是一处烟火人间。一切的一切，都书写着老街的动人故事。

而今，老街已然发生了翻天覆地之变化。随着对古镇历史文化保护的考虑，柯桥老街进行了翻新改造，老街居民全部搬迁，沿街建筑物已经修缮。河道边、建筑上，霓虹彩灯，灯光火舞，在宁静的夜色中显得尤其绚烂。河道边还时不时地喷洒着水雾，如梦如幻，仿若仙境一般。河对岸，一道白色光束投射在白墙之上，一幅幅柯桥现代化都市的绚丽影像轮番播放，游客们驻足观看，那是柯桥历史变迁的动态演示，更是游客们必到的打卡胜地。

沿街而行，两边挂满了"吃饭哉""十碗头""落胃"等以绍兴话命名的商铺招牌，不失老街特色，又富有时尚气息，一派欣欣向荣、焕然一新之景。商铺内商品种类繁多，摆放着黄酒、茴香豆、臭豆腐等地道特产，又有文创饰品、国风汉服等特色物件，应有尽有，一应俱全。游客们走累了，会坐下来点一壶绍兴老酒小酌，来一碗茴香豆细嚼，赴一场"一碗茴香豆，再温一壶酒"的舌尖之约，也会挑一些绍兴特色文创产品留作纪念，领略老街历史文化带来的独特感受。

如今的老街，街还是那条街，桥还是那座桥，水还是那湾水。只是乌篷船内，载的已不是忙碌的商人与货物，而是惬意观光的游客，沿街而行的人们也不是劳作的工人，而是手持相机，看水看景的游人……林林总总，都显示出了时代的变迁，人们安居乐业、其乐融融。如今的老街，厚重的历史痕迹与现代化元素并重，在延续古朴沧桑的同时，又增添了新的气象，已然成为宣传柯桥金名片的最好窗口。

撑着油纸伞，漫步于柯桥老街，踩着古朴的青石板路，听着淅淅沥沥的雨滴声，

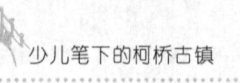

流连于那一片独特的烟火人间。（2021年12月）

绍兴市柯桥区实验中学八（8）班　姚昕颐
指导老师：冯燕萍

水墨江南，五彩魅力

　　柯桥地处富庶的宁绍平原，有"金柯桥"的美称。柯桥文化底蕴厚重，古街、纤道、雨廊，勾勒出浓郁的水乡风情。柯水流经街河，镇得名于桥，桥又得名于水，水是它的兴盛之源。沿河漫行于古镇，欣赏水墨的江南……

　　从广场走进古镇，人并不似想象中的多，河边的扩音器中放着越剧，再往前走几步，是几家手工店和花店。忽地，眼前开朗起来，古桥、树和人群映入眼帘。最吸引我的，是树下无人的糖画小摊。妈妈、弟弟和我在摊前驻足片刻，一位奶奶从一旁走了出来，热情地招揽我们。可选的样式很多，有传统的十二生肖，也有孩子们喜爱的经典动漫人物。因时间还早，奶奶笑着问我们想不想自己试试，早就跃跃欲试的弟弟立马选定奥特曼开心地上手了。奶奶握着他的手画，我则在一旁暗暗观察。糖汁是奶奶在家里熬好的，带到古镇后，也放在锅里由火时时热着。奶奶用一把勺舀起糖汁在塑料板上作画。每完成一笔，总是要摆正微倾的勺子，然后快速地在上方平移着甩两下。客人不多，奶奶也乐于和我们闲谈。我了解到，奶奶的客人大都是老主顾，生意火爆时，甚至没时间吃午饭，客人们都说她的糖画好吃又好看。紧接着，我也上手了，自己体验了才知道：勺子不能离板太远，要近些线条才均匀；要快，否则糖易凉要经常去锅里换。最后，我屡屡失败，只好请奶奶帮忙。这时，奶奶的一位老主顾——隔壁饭店的小东家在一旁为我们解说，准确地描绘着奶奶的动作。慢慢地，周围围观的人越来越多，还有两个小姑娘手里拿着其他店里买的机器糖画，奶奶又笑着为我们解释区别。我发现，机器糖画都有厚厚的底，而手工糖画只用糖汁画了图形的轮廓。我愈加了解了糖画这一非遗文化。

　　手中捏着糖画，我们往前走着，经过一座座桥，目光所及，人越来越多，一派繁荣的场面。突然，眼前一座古桥又吸引了我的注意，桥侧长着妈妈也叫不出名字的藤蔓植物，桥洞大概有四个人高，这是融光桥。融光桥是明代单孔石拱桥，南侧孔圈下有较宽的石板通道，是供背纤的纤夫通行的纤道，因此融光桥可以算作是古代立交桥。过了融光桥，是融光寺，再往前，我们便走在了一片人家宅院之中。高高低低，大大小小相间，黑白灰的建筑透着庄严的气息。再回到街上，我仿佛已经得以窥见几百年前此地的烟火景象：满是乌篷船的河道，满是人的街道，此起彼伏的叫卖声。而现在的屋檐下都装了灯串，为古镇又添柔情。在现代高科技的加持下，陆游的诗被投影在空白的院墙上。"小市初晴已过春，朱樱青杏一番新。""柯桥梅市花俱好，且典春衣醉放颠。"在诗句中我已然到了春日的古镇。

不知怎么蹿进了一条小巷，走在巷子里，茶馆酒肆、饭店火锅、名优特产、音乐酒吧、风味小食等等一应俱全，新旧并呈，热闹极了。五光十色的灯牌上呈现着绍兴方言，头顶上倒挂着油纸伞，还路过一家以"九斤姑娘"命名的汉服工坊。

如此这般，兴致勃勃地游完迷宫般的古镇，宛如在淳朴的水墨画中感受了现代商业的五彩魅力。

柯桥古镇，未来可期！（2021年12月）

绍兴市柯桥区实验中学八（13）班　王心榆
指导老师：严列翔

烟雨入江南，山水随墨染

柯桥老街我是百去不厌的——毕竟是"回家"。

水乡·江南风情

江南的水乡小镇，桥和水自然少不了。对了，还有水边的小店。

涓涓流淌的柯水上氤氲着雾气，融光桥长长垂下的藤蔓与水雾嬉戏着。"柯山苍苍，柯水泱泱。"这泱泱的柯水上泛着乌篷船，载着游客，吱吱呀呀地摇着，摇出了船夫质朴的吴侬软语，摇出了古镇潺潺延绵的文化，摇出了老柯桥遗留下的岁月印痕。夜晚的月照着柳树，照着船儿，照着小河水淙淙。

融光桥的棱角早已被流水冲得平滑，石级上的凹凸是多年前雨水倾注的证明。它还保持着明朝初建时的样子,斑驳的石砖深沉又缓慢地讲述它的过往。

装修古朴的小店里悬挂着油纸伞,放着舒缓轻松的古风乐。一套套精致的汉服、唐装陈列在落地窗前,曙红的华贵,花青的成熟,赭石的稳重,三青的水灵……衬得那流水更加动人了。

水,是温婉的象征。轻念"水乡"二字,江南独有的清纯便会从唇齿间蔓延开来。恰如这婉约的小桥流水,江南烟雨。

古镇·文脉流长

汉代蔡邕慧心听笛制琴就是在此地。笛声悠扬,千百年间围绕这展开的文化之旅,造就"笛扬"之名,更使文化的溪流源远流长。

宋朝年间,绍兴著名大诗人陆游为此多次挥毫泼墨。"残年岂料犹强健,却向柯桥接汝归",是柯桥淳朴热情的民风;"小市初晴已过春,朱樱青杏一番新",是陆游对柯桥早春秀美景色的喜爱与赞叹……

及清朝,光绪年间1902年,高迁学堂成立了,后改名柯桥小学,又分出柯桥高中、柯桥实验中学。如今,百年老校的莘莘学子依旧奋发向上,不失当年的勤奋刻苦,为柯桥的文化传承尽一份力。

而今的古镇,白墙上投影了无数的佳句,傍着青柳,倚着黑瓦。在飞檐翘壁、雕梁画栋下,熠熠生辉。

愿这老柯桥永远飘着书卷的墨香。风清墨香,会永远是柯桥的写照。

新镇·人间烟火

古镇成了新镇,熙熙攘攘,热闹非凡。

红灯笼高高地挂了满街,隔着一层薄薄的红纸,微微透出些顽皮的光芒,辉映在素雅的油纸伞中,年味儿十足。沿街酒馆飘出阵阵饭菜香,裹挟着欢声笑语,让人直想拐进哪家酒馆,约出几个多年未见的朋友,一同喝着小酒,道一道别后的生活,好好叙叙旧情。

故意支起的电线杆是20世纪80年代的气息,其间挂着显眼的招牌,用火红大字写着柯桥方言:"老友情深,陈酒味醇。""闲事勿管,饭吃三碗。"多么淳朴的话语!

新镇处处透着与以往不同的景象,这种人间烟火气息让我沉醉。

老街·我的乡情

老街改成新镇前,我在这儿生活了七年。我生在这里,长在这里,对所有事物都很熟悉,连每一家店铺的来去搬迁我都会注意到。我自小在老街的青石板上奔跑,那种留恋、那种自由，一切的一切都有熟悉的感觉。

七年前说是拆迁。老街的孩子们曾许下的诺言还没完成，还依依地想数完这片天空的繁星。只是众人四散，繁星寂寥。拆了，迁了，本以为再也回不去，却没想到有一天我可以再回到那里。新镇的建设与开放，是圆了我的梦啊！

新镇建好后，我和家人是第一批去看的。同去的也多是老街人，大家指着这个店，说这是某某的房子，又指着那座桥，说这桥以前是什么做的……我们直奔从前的房子。石板还在，红木柱子还在，楼梯却变了，自己造的小平房拆了……一件件往事涌上心头，抚着柱子，摸着墙壁，似乎过往云烟正从墙里渗出来。我竟红了眼眶，然后笑着说，挺好的。

虽然家离新镇不远，但分开七年，小小的乡情还是有的。现在不仅它好好地回来了，而且老街变成新镇后有更多人喜欢了，我自然是高兴的。

不管多久之后，这儿都是我的家，都有我满满的欢乐与回忆。（2021年12月）

绍兴市柯桥区实验中学八（16）班　孙雨叶
指导老师：吴月琴

漫游古镇

冬月夜，怀着一颗期待的心，我走进柯桥古镇，来揭开这"只闻其声，不见其人"的神秘面纱。

迎面而立的是一条蜿蜒洁白形似丝绸的雕塑——"航"，上有用墨痕作四字"柯桥古镇"。大概是因其临近轻纺市场，且透露柯桥柔和典雅之美的意蕴，才如此修砌的吧。继续向前迈进，传来阵阵地道的越剧，酥软又沁人心腑，融化了这寒冰时节，温暖了游人的脸庞。戏台上，演员装束鲜艳，涂脂抹粉，滨水之边唱《梁祝》。整个戏台搭建在水面之上，水中倒映着戏台，整个水面染上了侧旁的绿意和灯光，水中央荡着一条乌篷船，飘飘悠悠，俨然一幅绝美的江南水乡画。

绕过戏台，拐过一座石桥，沿着斑驳的青石板路继续往前走，周围的景物在不断更迭，但一直伴随游客步伐的是一旁不断流淌的河水。水在古镇里处处贯通，积攒着柯桥深厚的历史文化底蕴,无问东西,源源不绝,默默守候千百年!

  驾于水之上,是一座座的桥,各式各样,纵横交错。有一幢楼还在修造,它紧挨着融光寺西南侧。听母亲讲这里在20世纪八九十年代是供销社办公楼,旁边是物资批发处,那时买东西可不像现在方便,很多东西都需凭票兑换,二姑爷还做过店铺会计……我边听边挪动着前行的步伐,脑海里构想出了那个时代的热闹场面——来来往往的行人摩肩接踵,孩子们在老街里东奔西跑,手里攥着冰糖葫芦,嬉戏追赶,互抢着手上的小玩具……哦,想必当年此地就是老柯桥的经济中心和文化中心。

  又往南走了几步,左拐就是一座融光桥,与北面的融光寺南北呼应。桥身垂下的木莲藤蔓几乎掩映了半个桥洞,石阶凹凸不平,扶手被从古至今走过的数以万计的老绍兴人、外地游客、商人……磨得光滑。民间有言"枫桥百支扁担,柯桥千支撑杆",足以佐证当年古桥边舟楫与集市的盛况。古桥的东北侧立一棵挺拔的雪松,一桥一树,年迈且苍劲,一起驻守见证着千百年来柯桥的繁荣进步。

  融光桥往北过去,是一条木廊道。沿河隔数米便栽一盆铜钱草,寓意财源滚滚,团团圆圆。其底座皆为石臼,叶脉之翠映衬白墙黑瓦,柯桥风情浓浓,与古朴廊街很是相配。沿路的井盖也别具匠心,不同的街设计不同的花纹,有"融光晓月""船游柳桥"……

  接近饭点,老街上饭菜飘香,来客必点闻名遐迩的"绍三鲜",此菜传承了八百多年历史,被喻为"绍兴菜头牌"。相传,南宋年间,首富张员外府上的一名家厨将放养的土猪肉做成肉圆,将越鸡炖汤,还把一早在鉴湖钓到的鱼做成鱼圆,并加入田野里新鲜采集的各类蔬菜,以及山笋、河虾、火腿等食材用汽锅蒸制。宋高宗赵构品尝后大呼"鲜哉,妙也",因得知这道菜的食材汇聚了越州稽山、鉴水及田野之精华,故得名"绍三鲜"。

  晚饭后,我起身散步,注意到不远处月光下有一塑像,走近端详——陆游。只见他左手持剑,右手扶须,抬头凝望着天空,蹙眉。宽大的衣袖迎风飘扬,嘴巴微微张开,似乎正吐露出声声报效国家、铿锵有力的话语。我低吟他于水乡作的《柯桥客亭》:"小市初晴已过春,朱樱青杏一番新。灞陵老子无人识,暂借邮亭整角巾。"不禁联想到这位爱国诗人慷慨悲壮的家国情怀。

  赏完雕像,我便与古镇告别了。柯桥古镇用多元的方式展现了她的小家碧玉、端庄优雅。不断融入的现代元素,为柯桥深厚的文化底蕴注入了新的活力。我相信,定有越来越多的人来拜访古镇，定有越来越多的人驻足于此，参与建设更美的柯桥！

（2021年12月）

绍兴市柯桥区实验中学八（4）班　蒋璐澄
指导老师：周晓春

岁月在这里沉淀

悠悠的时光沉淀处，被一方阳光叫醒。

翻开泛黄的书页，一行行古韵文字映入眼帘，上书：今山阴三十里有柯桥，其下为柯水。柯桥也因此得名。

我着急看注解：柯桥古镇距今已有2000多年的历史，文化积淀深厚。柯水流经镇内街河，镇得名于桥，桥又得名于水。东汉时，蔡邕在此制作闻名天下的"柯亭笛"，故柯桥又名"笛里"。柯桥历经唐宋，至明"开市"，成为繁华集市。境内名胜古迹星罗棋布。1991年，柯桥古镇被命名为全省首批18个省级历史文化街区之一。

脑海中浮现出"小桥流水人家"一句，我决定探访这祥和的人间仙境。

缓步走在青石板上，石缝中冒出湿滑的青苔，让人心生绿意，生机盎然。河岸边的石头缝中，只要有丁点泥土，便会奇迹般挺立着一棵大树，又有谁去照料它们呢？它们自是蓬勃生长！古镇的一草一木，不正象征着柯桥人顽强不屈、笑看生活、迎着阳光生长的姿态吗？

漾着水光，船桨荡开了历史的惊鸿。有水就有桥，"垂虹玉带门前来，万古名桥出越州"。桥与水相映，构成了"花好月圆"之美景。我一边惊叹，一边登上了桥顶，远望融光桥畔人头攒动，大家争相拍照留念。

说起融光桥，还是大有来历。融光桥被柯桥人称之为"大桥"，这是因为它巍峨挺拔，是屹立在运河上的一大鲜亮风景。它始建于宋代，重修于明朝，横跨萧绍运河之上，与柯桥、永丰桥三桥鼎立，形成三桥分四水的奇景。

"这融光桥，世世代代都是柯桥老街最繁华的区域啊！"一旁的长者叹道。

沿桥而下，顺水而行，古镇的白墙黑瓦深深地吸引着我。河岸边有木制的柱子，再里面一点，便是木制的门。从前家家户户的人们就这么紧挨在一起生活，质朴又温暖。小楼上木窗微掩，那一砖一瓦静静地呼吸着，慢慢地诉说着。只要有一个听众，它们便会道出古镇的古往今来，那些已逝的美好年华。

　　走着走着，不觉有些倦意，找一个小饭馆，选择二楼靠窗的位置坐下。放眼望去，长者坐在门前的藤椅上晒太阳，孩童们在弄堂里捉迷藏，谁家的拖鞋摆在石椅上，一双红、一双蓝，很有生活的味道。重新修葺的古镇还注入了新的活力。桥头播放着柯桥纪录片，向游客们讲述着柯桥的历史；河边有小小的音响，轻声演奏着古韵歌曲；西餐厅里人头攒动，热闹非凡。在保留传统元素的前提下，柯桥古镇不忘融入现代元素，给人以不一样的视觉体验。

　　不一会儿，菜上来了，有我的最爱——臭豆腐。外酥里嫩，"臭名"远扬，咬一口，油汁轻轻溅出，满嘴生香。

　　时光在小镇的呼吸中慢下了脚步。相信未来的古镇一定会融入更多的现代元素，和谐发展，组成一张新的柯桥水乡名片。

　　时光悠悠，岁月漫漫，在这里沉淀。（2021年12月）

绍兴市柯桥区实验中学八（18）班　傅梓甜
指导老师：陆战琴

悠悠古镇，魅力柯桥

　　毡帽乌篷，灰墙窄道，长街旧桥，偶听到似是马蹄一二声，执伞轻望雨滴滴点点三三两两，淋淋漓漓地湿了白瓦，不见故人公子，不见温婉闺秀，只留这柯水静淌，十里间的古镇默默诉说着江南的故事。

　　江南自有江南的独特景象，而柯桥亦有自己独特的底色，旧镇现已翻新，喧嚣代替沉寂，它静候着新的历史，由你我所创的史诗。

雨初望楼

　　曾见过雨后的柯镇，依稀好似坠水的姑娘拂发起身，打着疏松的发簪，零零落落，却又不失温柔，拂手头发一勾，只是轻轻羞涩一笑，却胜千言，百世沦陷。雾气微微地散着，空气中弥漫着水汽的厚湿感，教人几乎看不见楼阁。角落间苔茸生得茂盛，一派生机的水色。雨顺着棕灰的墙檐轻淌至灰砖地瓦，温柔而又缠绵。连原来喧闹的雨点都悄然轻下声响，微转油纸伞。便沿伞骨甩出，坠落。

若是此时于桥畔眺望，望着白墙黑瓦、楼楼相依的古镇，瞬间会有种时光交错的感觉。棕灰的画卷在忆中展开"滴答、滴答"模糊了岁月，似是步入了那个很慢的地方，从前马车，信纸都很慢，一生只够爱一个人。

那虚掩的木窗，又不知，是哪家暗许又错付的悲欢离合呢？

飘"香"十里

当你走过两岸，跨过石桥，深入古镇的深处，便会闻到一阵臭味，只见一家商店，在卖绍兴臭豆腐。阿婆阿公便会笑语焉焉地操着一口地道的绍兴话问你："要勿要来一份？"这往往教人无法拒绝。

若你是初次品尝，定会难以下口，毕竟这味儿的确有些特殊、连臭带香的。看外观，却是十分可口：金黄的脆皮，刚刚出锅的油渍，奶白鲜嫩的豆腐块，仿佛可以流出油来。边上的棱角不显，皱巴巴的，像个老顽童般。

可当你下嘴后，便会惊异于它的可口，往往会忍不住再来一份。不光是味觉带给舌尖最美味的冲击，又臭又香的特殊气味更是它的迷人之处。许多淑女不在乎它的臭，放下自己的小姐架子，在小店边狼吞虎咽，混合着身上的香水味，无异又是另一番"又臭又香"的独特风味了。

灯明回廊

过了店家，过了两三座桥，便有了分支路。一侧是大道，另一侧则是有店铺的小道，上面挂着各色的油纸伞，伞柄朝下、款式古朴，颇有"十里长灯"的意味。若行大道，则有灯笼挂着的翻轩雨廊，灯光温和似古时；步于廊下，教人颇欲吟诗作对。

我便想说的就是这翻轩雨廊。廊下挂着一盏盏精致的红色灯笼，衬着棕木红墙，映着往来行人。夜间，它便是一道独特的景致。

若逢节庆，许愿灯下，期许来年有人为你"明灯三千"或"金榜题名"，这一长廊的灯应都会倾听你的愿景，为你灯明满夜的吧。

当你走过这街巷、寺院、长廊……它便有了你和我的故事。

这故事不会停，它等待你亲自去感受。

柯水泱泱，柯桥古镇依旧静候着，你来书写。（2021年12月）

绍兴市柯桥区实验中学八（3）班　金丰恩

指导老师：周晓春

江南风骨，柯水成诗

今山阴三十里有柯桥，其下为柯水。柯水流经镇内街河，镇得名于桥，桥又得名于水。白墙黑瓦，水清流深，柯桥古镇，是多少诗人墨客心中的梦里水乡。我愿化身为蝶，去看看柯水深处的古镇。

随着潺潺流水，我将身飞到深雕龙盘上。那是一座单孔石拱桥，当地人叫它"大桥"。它顶上嵌龙门石三块，其上深雕龙形，张牙舞爪，栩栩如生。桥面护以素面实体栏板，桥栏外藤萝四季葱绿，垂向水面，宛似桥帘。桥墩边水中吐出一个吸水兽头，看那姿态，怒目圆睁，咧嘴卷舌，煞有兴趣。

往前飞一下下，就到了融光桥。踏上台阶，举目远望，整个柯桥老城区便尽收眼底。把目光收回来，凝视古镇，可见纤纤小道，向桥的两端延伸，曲曲折折，偶尔能望见一两处商家的招旌，便全然是碧如凝脂的流水了。文人雅士到此，无不目迷神飞，提笔挥毫。"掭柁柯桥北，维舟草市西"，佳句天成，从桥洞穿过，流过凉凉秋月，流过剪剪春风，流成李白的万里向往，陆游的焦急归途。

当年孙中山、秋瑾等辛亥志士出绍城也曾在桥畔下路过，不知他们当时可曾驻足停留，看一看这里的细水静流，品一品这里的丽日和风。又曾记，那一段风雨如磐的日子，日本侵略军过桥时，惮桥滑，为了防止马失前蹄，便从老百姓家中拖来御寒棉被，垫在上面。日军还用刀刺死无辜老百姓，用麻绳一绑，往桥下一扔。一瞬间，血水交融，宛如一条血河。墙上的血迹，妇孺的凄叫，老人的悲号，是古镇史上最黑暗的记忆。再后来，人民军队来了，下雪结冰，桥甚滑。军队就派人凿冰，并撒以砻糠稻草之类。冬日暖阳一出，这里就成了欢乐的海洋，桥下是温婉细腻的流水，桥上是满脸堆笑的行人，军爱民，民拥军，爱的光芒融进桥里。

小桥流水人家，我轻点流水，略一振翅，立在一位船夫的黑帽子上，那是乌毡帽啊！乌黑马黑的，宛似一艘小船停泊在船夫头顶，周围卷起，戴在头上增添几分质朴。粗糙的布料却干净整洁，没有一丝线头。我望向船夫，他正吃力地把控小船。乌篷船和他的乌毡帽差不多黑，只是船头小小的篷，没有轮船那般华丽。一道道水痕被船夫用木桨划开，水中的青萍也划开了。霎时露出一抹青绿，船夫一划一推，渐渐驶向远处。我多想问问他，问他的日子，问他的那份孤独，可我觉得他的乌篷船就是他，他与船融为一体。

离开船夫，我朝岸边一路低飞，嗅着一股臭味。臭中带香这大概是臭豆腐的真实写照吧，一位老人，手拿一个大漏勺，将好几块豆腐放入油中，顿时滋滋声四起，香臭味一个劲儿蹿，萦绕在老人身边。老人咽了咽口水，舔了舔嘴，油锅里又多出一堆臭豆腐。一转眼，臭豆腐出锅，一身金黄，外酥里嫩，一咬准会酥酥的。若是蘸点辣酱，那可是天下独绝啊！

暮色四起，油画般浓郁，橘色夕阳仿佛被浸在一个糖水罐头里，古镇安逸恬静，融光桥静默生辉。（2021年12月）

绍兴市柯桥区实验中学八（1）班　沈雨橙
指导老师：陈天明

桥水　光夜

水也，亦桥也

桥，水梁也。许慎《说文解字》如是说。

在北方，有句长者谈笑后生的话：我吃的盐，比你咽的粮多；而到了南方，这句话便换成了：我走过的桥，比你走过的路多。

南方水盛桥密，以桥来佐证一个人的生涯和阅历，确不虚妄。由此便可说说绍兴，再者便是柯桥——柯桥古镇，那个绍兴人眼里的老柯桥。

古镇沿河而建，两边的巷子随水盘曲着。那纵横于清波之上的青灰，便是桥与纤道。古誉"三山万户巷盘曲，百桥千街水纵横"是最适合不过了。

这桥，这水，甚是可爱。

它们活着，几百年了。

初到古镇，我印象最深的还是镇西2公里处的太平桥，建于明万历四十八年（1620），由一孔净跨8.4米的石拱桥与8孔梁式石桥相结合而成，整体的造型矫健端庄,雕刻艺术精致逼真,可谓是水乡石桥中的瑰宝。

桥,与水相依偎几百年,却一直在这儿,完好。虽不如初,但不得不感谢时间的留情。

是啊,当水与桥随时间蒸发时,而它未曾被时间的橡皮擦去。在此,它似乎有定式:水生桥,桥生水,无桥之水或无水之桥皆为残疾。两者天然融合,即厮磨关系。仿佛姊妹,仿佛唇齿,仿佛伴侣。可以说,水是桥的魂曲,桥是水的情书。

柯桥古镇为什么引人入胜?原因就在于此,它有水亦有桥,这是天造地设的"姻缘",也是几千年的风物常态,有着原始的组合。

许慎在《说文解字》中简短几个字奠定了水与桥的关系。先人搭桥最早以木,故落"乔"音,也是柯桥之来由。后来渐渐用石砌桥,"广池巨浸,须用文石为桥……小溪曲涧,用石子,砌者佳。"

古镇的桥虽"古",却不是"碑",暴晒于滩壁。

就这点,古镇是健全的。

光也,亦夜也

当人们在历史中睁眼,开发古镇,保留历史的同时,也不忘加点现代化元素,例如——灯光。

我游览古镇时,多在晚上,那时人是最多的。都冲着它的夜景而来,第一眼,我也被灯光迷花了眼,定住了神。水面上一片炫彩,加以飘摇的水雾,可谓是如梦如幻。

灯光的美,是现代美的象征。设计者也许没有想到,他已然破坏一件原始的大文物——黑夜。

生活在城市的人,你见过真正的黑夜吗?深沉的,浓烈的,黑魆魆的夜。

说起这种黑,是在多年以前。在山区老家过夜时,村头路灯投下黄晕的光,家门口挂着吉祥的黄纸灯笼,一晃一晃,明亮的,温暖的,却没有划破黑夜的气势。因为在那原生态的黑夜,夜的底色是纯黑的。

而在古镇,虽"古",却失了夜之"古"。

看看那音乐喷泉,随着五彩的灯光扶摇直上,又如一朵灿烂坠下。绚烂中让黑夜失去了黑的边界,让黑夜成了浅薄的夜,没了厚度与深意。

原来,夜与黑夜,是两样事物。

夜仅是个时段,在光阴运间;而黑夜是一种境,一种没有被稀释的"黑境",这便是天经地义的黑,黑了亿万年。而在古镇,因古而变得迷离了。

"夜如何其？夜未央，庭燎之光。"《诗经·庭燎》开头就讲，夜是深的。

我再次夜游柯桥古镇，这次晚了点儿，人差不多散尽了，彩光也消失了，只留下墙边地上亮着的黄光小灯。

在石道上走着，看到边的大杂院，那里无灯，异常地黑。对，就是这种黑！能把人吸引过去的黑！这应该就是《诗经》中庭燎的大概景象吧，诱着我想去碰碰、摸摸。

水在，桥在，有光，却不能没有夜。（2021年12月）

绍兴市柯桥区实验中学八（5）班　陶星羽
指导老师：张飞飞

镇里新旧

春山含笑，眉黛低垂。那座一半烟火，一半诗意的古镇，在记忆中随灯火闪烁。

去时，尚是暮春。但我仍清晰记得，入眼的流光溢彩是何等令人惊叹——临水的青瓦白墙屋，横于水上的一座座石板桥，甚至是缥缈的水雾，都在浓浓夜色里亮着炫目辉煌的灯火，尽显繁华。朦胧中，欸乃摇橹声透光雾而来，"古镇"之韵也随之浓郁了，将游人的目光，引至灯火阑珊处，感受那份怡静与安然。

望河面光随波动，雾同风舞，我信步登上一座座青色石桥。这些桥，散布古镇各处，**横跨**柯水运河。镇内河网密布，这些桥也因此繁多似星辰。古桥的阶，极陡，因那时淅淅沥沥的小雨，又有些湿滑。我轻踏在一块又一块镌刻着沧桑的石板上，是怕跌倒，也是怕伤了水乡的新颜，更是怕惊扰了这古老的安宁。凭栏远眺，我看到一支支弯曲的木橹拨开彩雾。两岸光影映在水中，又被乌篷船夫轻轻搅碎，碎成斑斓的流年，里面皆是过往——恍惚间，我看到融光桥上，一伞独开，乔木依稀间，壁上枝叶藏葳蕤。一叶扁舟自桥孔而过，水与心，皆是悠悠。

伴着雨落击石的脆响，与身旁吴侬软语的人声，我从一桥上踱步而下，脚步落在暖橙色的光圈里。发觉熟悉的臭豆腐味越发浓厚，我抬目四顾，心下了然——这是河旁的一个小广场，臭豆腐的味儿正是从一边街道的店铺传来的。说不上有多么喜欢味道较浓的绍兴美食，但每到一个景点，遇到熟悉的它们，却总让我不禁顿步，细细闻去。那些气息因臭而浓，又因浓，才融了古往今来的历史与文化，才能让人在这股味道中看到江南画舫，窄街水巷，才让人时刻不忘——这儿是家乡。

　　雨声渐大。开了伞，我们继续前行。不多时，一座古老台门赫然立于面前，是季家台门。枕水人家的庭院，粉墙黛瓦，台门内的檐廊牛腿、梁枋雕饰精致灵巧，翻新时粉刷过的院墙凝白如霜。古老与新颜，古铜的色泽漆了时光，并诠释了何为"新生"。雨水顺着伞面滴落在砖，又湿了一团青苔。晚风从耳畔拂过，身旁树叶轻翻，一如当年的盎然。季家早已湮没于历史长河的滚滚波澜中，但往昔的繁华却随波流淌至今，诉说着过往，亦带来了过往。回身往外走，仿佛有几个长衫束发的孩子，从我面前跑过，嬉戏玩耍，凝神一看，却是几个穿裙子的小姑娘，追逐打闹。当年的孩子大约已成了一抔黄土，可她们仍朝气蓬勃。

　　雨不断变大，拍打在伞上、石上，声音渐大。河面上的雾气，伞遮不住的丝丝雨滴将游人笼罩，让略闷热的夜晚染上了令人舒畅的清凉，也催促着行人离去的步伐。繁重的脚步杂沓，奏着临行的乐章。我们一行却只是不紧不慢地往出口走着。抚石壁凉如水，看水色明如月，渐渐与匆匆归客有了距离。几近出口，却看见本应离去的人群围成了圈。望不见圈内，但冲破人群传来的音乐声，清晰地告诉我们，有人在唱歌——流行歌。几声赞美从人群中溢出，我们却被喧嚣的音乐催快了步伐。多么希望人群中间的，不是吉他和架子鼓，而是丝纹细密的柯亭笛，淡黄而带有黑斑的它，吹出的笛音舒卷绵长，没有流行音乐的嘈杂，却亦可留下行人，感染听众，惹得流云止，风倾桥头。只是这笛与它的主人早已离去，涟漪妙音，几成绝响，随云消散。

　　回忆戛然而止，笼在烟火与云雾中的它，已有些模糊，刺耳的音乐却越发难忘而惊心。行程匆忙，短浅的笔墨能记下多少。可那些改变的与不改变的，该变的与不该变的，却被一笔一画刻在记忆的石碑上。我们在岁月长河上扬帆向前，却错将灯火认作北辰。一次次抛下重物，捞起异奇，却常失了弥足珍贵的初心。时光的航行并不需雄伟的大船，只需一队小舟，悠悠泛过。不需贵重的珍宝，只需心中的远方。我们不一定能到达那里，但我们能赏沿途的风景，有缅怀与追忆，亦有憧憬。

　　时光荏苒，世已沧海。唯愿水乡不改，星河依旧，心未桑田。（2021年12月）

绍兴市柯桥区实验中学八（16）班　裘馨怡
指导老师：吴月琴

错落人间

放眼望去，便是江南水乡特有的白墙黑瓦，是那么清新和谐，又像一张年代久远的照片，在柔柔的水边渐次展开。

每次提到过去，母亲总说那时候的柯桥到处是田，柏油马路是稀奇玩意儿，巍然挺立的楼房少得可怜，就像凤凰身上的毛。

我站在一座石拱桥上，只那么一会儿，便愣住了神。这抹浓郁的古色古香与柯桥周围鳞次栉比的楼宇多少有点格格不入了。像村里总是驼着背、拄着杖的老人，你永远也不知道他们知道多少。也许是柯桥的春水泱泱，抑或是残枝败叶。又不乏是热闹街市，便少不了人老花黄……

老翁乘船划过，那微动涟漪将我惊醒。朵朵水纹在河中绽放，触碰、轻抚两岸的石砖，还有那座被藤蔓覆盖了半边的石拱桥——我喜欢那座石拱桥。翻过旧柯桥照片的是知道那座桥早就在那儿了。那时藤蔓还未在桥的石壁上出现过，人也很多。

贯穿其中的玉带子，其中也是流淌了数不尽的年华。听老一辈儿的人说起过20世纪30年代，是柯桥古镇最兴盛的时期。那时可以说是水泄不通，岸边上都是船只，渔夫或是小贩穿着白褂，戴着草帽。店肆集市也是数不胜数，柯桥最具特色的应当是"推背走"也由此产生。江南的美，莫过于小桥流水人家，我想这必定是江南柯桥古镇的灵魂。

"柯桥僧阁凌空起，梅市渔歌带月闻。"转角处，循着酒香的指引来到了一家酒坊的门口。醇厚的黄酒味在空气中弥漫，很好闻，易让人倾倒，想让人"浊酒一杯家万里"。店里做的不是黄酒奶茶，也不是黄酒咖啡，就是纯纯的黄酒。店里还可以免费尝酒，轻抿一小口，顿觉齿颊留芳。还买了一碗甜酒酿，一只蜜蜂禁不住诱惑，飞了进来。轻扶木窗，想将蜜蜂送出去，怎知这蜜蜂赖在这儿不走了，我便将仅存的几丝香甜赠予它……

一桥洞，一倒影，河水缓缓，摇橹欸乃。一帘帘染布在风中流荡，柯桥古镇在船只往来之间将这个城市从一块布上托起。当"青出于蓝胜于蓝"回归本意，染布工艺依托的传统色彩正悄然无息地孕育着，这享誉世界的"纺织之都"，水市布谷，国色天香，与老台门旁的爿爿粉墙黛瓦在这闹市中编织了一个柔软的回忆。

撑着油纸伞缓缓踱步，缝隙间的天空蓝得透彻，青石巷的深处，新开了一家非遗体验馆。店内商品琳琅满目，花纹繁复，每个"浮雕酒"的花纹寄意吉祥，或是出自文化典故，韵味悠长。

走在街上，身旁走过几个老人，戴着乌毡帽，圆顶、卷边，有趣！指尖边就是河流，木梁上挂着灯笼。夜晚，会闪烁着暖暖的橙黄的光。仰首的刹那，就见玻璃内的琉璃华裳，件件羽裳。"彩袖殷勤捧玉钟，当年拚却醉颜红。"层层叠叠，叠叠层层。总是让人好像看见那古时倾国倾城的少女，举手投足之间尽显优雅与大方，不疾不徐，面容沉静，宛如一朵荷花悠悠地划过湖面，有一种遗世独立、不让惊扰的文化美——那间汉服店总是拨动我不大不小的心弦。

这柯桥古镇不大，却也不小。它，珍藏着千千万万人的回忆。我路过一处地方，原以为里面的原居民都搬出去了，不承想，在那开了一条缝隙的木门内有人，应当是原来就住着的人，也可能不是。只是门前的银杏树很吸引人，那金黄的片片小扇，被一阵风吹落了，伴着"窸窸窣窣"的声音，勾起"错落朱提数百枚，洞庭秋色满盘堆"的小景致。这里的生活悠悠长长，长长悠悠，让人不知从哪一步想起才好……

流光一瞬，华表千年。

"囡囡，你知道你是哪里人吗？"

"当然知道，我是柯桥人。古镇啊，是个极好的地方呢……"（2021年12月）

绍兴市柯桥区实验中学八（1）班　阮艺珍
指导老师：陈天明

好一个水墨古镇

江南之美，古来共谈。潺潺流水似银纱，座座青山直插云霄，晨曦初露，笼罩着一层轻轻的薄雾，是大自然之绝美画作。柯桥古镇更是如诗如画，风景秀丽。河水绵绵流过，水面上流淌着淡淡的碧光。

轻轻地踏上青石铺成的古道，仿佛踏上千年时光流转之路，看到了千年前踏在这青石铺成的幽幽小路上的人，他们回眸对我微笑，时光不再将我们相隔千百年，我与他们跨越时间的隔阂，擦肩而过。时光从指尖轻轻划过，未留下任何东西，却在青石路上留下了时间年轮。青石上粗糙不平，石缝间不知在何时也冒出了一抹绿。沿着小路将目光投向小巷深处。小巷两边茂密的植被绿油油的，丛丛绿影暗香之间闪着光辉。阳光泻在绿叶上，反射出一圈一圈的似波纹状的银圈。淡淡的清香，将小巷污浊的空气洗涤。

　　向小巷深处走去，我不知道有多远，只觉得我在慢慢走进这个古老岁月里的故事，我用心倾听巷子诉说着千百年来的孤寂。不禁问昨日是谁拾走了那朵娇嫩的刚刚盛开的花朵却留下了花的香气？也许千年前的某一天，一位与我相隔千年的，无法存在交集的文人墨客抑或是普通百姓以同样的心态、同样的姿势，感受巷子的一呼一息，观赏庄重墨绿的叶子，不时感叹大自然的妙笔之作。

　　青石路旁还有一条浙东大运河，柯桥古镇便是坐落在这条古运河旁边的一颗闪亮的明珠。运河之水滔滔不绝，已奔流千年，优雅宏伟，虽无海的浩瀚，但已有气宇轩昂的气势，给柯桥古镇添了几分古典韵味。现在水仍然奔流着，苍绿的水、舒缓的节奏、浑厚的声音，扣人心弦。一水已醉万千古人。

　　古镇之美，美在桥。水连桥，桥连水。最为独特的是融光桥，桥身上的绿色植被簇拥在一起，占满大半个桥，一直延伸到桥墩上面，茂密的藤和叶交错纵横，一半爬在桥身上，紧贴着桥身。下面垂下去，遮住桥下面拱形部分的一半，深邃古老。绿不由得漫上心头。

　　我踏上这座被岁月打磨过的融光桥，轻轻敲响它千百年来的沉寂。它似乎每一寸都在颤动，开启尘封的记忆，把每一次光辉，每一次煎熬，都一一向我诉说。那一刻，我似乎与文人墨客相见，与历史并肩，似有似无，沉醉于此。斑斑驳驳的金光洒在流水上，动人心弦。

　　偶有老者戴着黑色毡帽，身穿着老式的大马褂。岁月在他的脸上留下一道道沟壑，却掩不住他满心、满面的笑容，遮不住他的欣喜。他划着乌篷船，满是裂痕的手一刻不停地转动着桨，喜悦跳动其间。桨划破倒映在水中的融光桥，又快速地愈合。船四周的水向外排开，绿色植被的倒影散落各处。老者站在船的一头，摇曳着江南流水。船伴随着荡漾的碧波，穿过长有浓密的、绿色的、快要堆起来了的胡须的融光桥。船桨不停地摆动，摇曳起风雅的水墨柯桥。可谓一船蕴古镇。古今多少文人墨客赞叹这泱泱流水上的此情此景。如此美景，让谁都会心旷神怡，以为自己已经超凡脱俗，到达了蓬莱仙境。

"桃花院落，小桥流水柳依依。正是清明天气，茅草池塘鲜丽，何处不相宜。"古镇的柳，恰似长发飘飘的居士，有着如五柳先生陶渊明般的气节。

桥边不远处，顺着运河之处望去。就可以看到向河道微倾的柳树了。柳树的样子极为应景。"柳色溪头相照深，诗翁收拾寄清吟。"形容的便是柯桥古镇的柳。以前见到别处的柳，看着冰冷单调的枝干，让人感到冷漠，少了大自然的灵气，稀疏的枝条直直地垂下，硬邦邦的。甚至觉得有些硌，像极了苍老年迈、坑坑洼洼的干树皮。柯桥古镇的柳却截然不同，枝干向运河倾斜，多而不乱的柳絮垂在水面上，与碧波辉映，几分梦幻，几分神秘。柳絮的枝条软软的，若是能吃，定是一软到心。嫩绿的叶子簇拥在一起，绿漫上心头。大自然的灵气，大自然的一呼一吸，都能被真切地感受到。这些柳已伫立在这无数个日夜。一个月夜，一曲悠悠的笛声，他们伴随着历史至今。给予古镇以灵魂，给予古镇以生命。

古镇之美，美在建筑。从老街进入，黛色的房瓦，紫檀色的窗雕刻上印证中国文化的标志，古灰色的屋檐，白色的墙壁，朴质的小院。有些房屋全是用石头砌成的，这时便会感叹古人的技术高超，一块块沉重而巨大的石头纵横交错，且做工平整，耸立在此。至于古人是如何将这些石头搬运到此，再砌在一起，至今无从得知。有些白墙的房子，笔直地站着，像岁月摧不倒的老者。如陈子昂极目望向远方，挺胸而立；似文天祥山河破碎、风雨飘摇之时，仍然赤胆忠心，不转投元朝，挺胸而立；如李白仰天长笑，大醉不羁，挺胸而立；似朱自清，不为五斗米而折腰，挺胸而立；以豪放，坚韧，朴素，雅致，挺立千年。每一寸都是精华，每一寸都是灵魂，每一寸都是古人的艺术结晶，每一寸都融在这诗情画意的水墨画之中。

柯桥古镇，浙东运河上一颗璀璨的明珠，经历过沧桑岁月的洗礼，蕴含着古典文化的熏染。

好一个水墨古镇！（2021年12月）

绍兴市柯桥区实验中学八（2）班　张梓诺

指导老师：陈天明

编　后

　　《少儿笔下的柯桥古镇》终于付梓了。这也是我所主持的浙江省教育科学规划2021年度一般规划课题《"柯桥古镇研学行"课程的开发与实施研究》（立项编号2021SC292）的阶段性成果之一。

　　编辑此书，也是临时起意。2021年10月中旬的一天晚上，我和朋友俞和军老师陪着金华的杨铁金老师游柯桥古镇。在古镇内逛，我自然而然地提起了柯桥古镇的研学课题，我想出一本学生的研学习作集，但犹豫不决。杨老师结合自己的出书经历，鼓励我出版。过了一些日子，我向恩师周一贯先生汇报我的出书计划，他觉得很不错，还给我拟了一个书名——《儿童笔下的柯桥古镇》。后来因为收入了初中生的作文，我便改成了《少儿笔下的柯桥古镇》。

　　2021年3月下旬，在修缮后的柯桥古镇开放后的两个多月后，我就在自己的学校——绍兴市柯桥区柯桥小学组织了"悠悠老街，魅力柯桥"为主题的书画摄影习作比赛，并陆续通过学校公众号推送学生的习作、书画和摄影作品。在我决心出此书的时候，已有了一部分习作，但要汇集成一本书，还远远不够，于是我便向兄弟学校征集。原本我只想以体现柯桥古镇地域文化为主的"研学作文"——即一篇习作只写一个点（一个人或一个事物或一处景物等），通过这一个个"点"，将古镇的人物、建筑、器物、美食、景物等多方面架构成一个整体，从而立体式地展现柯桥古镇的历史文化、传统手艺、美食美景，呈现少年儿童眼中的这座千年古镇的新风貌。但我征集到的习作中还有许多是游记，为了使内容更加充实，我也选择了一部分优秀习作将它们收入此书中。

　　非常感谢柯桥区柯桥小学、柯桥区实验中学、柯桥区华舍小学、柯桥区实验小学、中国轻纺城小学、柯桥区鉴湖小学、柯桥区浙光小学的领导和老师们对我工作的支持，在较短的时间内发给我不少学生的优秀习作。特别要感谢我的同事周俊友老师，他不仅为我题写了书名，还联系了几位书法家为本书题词。

　　同时，我也要感谢陈家檐老师，他是位"老柯桥"，对柯桥古镇非常有研究。在我带领学生开展古镇研学的过程中，遇到问题经常向他请教，他总是热情而耐心地回答我的疑问，并且将他多年来撰写的关于柯桥古镇的文章和收集到的照片分享给我，令我非常感动。

　　我的多年好友、浙江教学月刊社的冯杰老师，在繁忙的工作之余利用休息时间帮我校对整册书稿，令人动容。

　　因为编写时间仓促，书中难免存在疏漏甚至错误之处，恳请各位多多包涵并提出宝贵意见，在此一并致谢！

陈建新
2023年1月

© 民主与建设出版社，2023

图书在版编目（CIP）数据

少儿笔下的柯桥古镇 / 陈建新编. -- 北京 : 民主与建设出版社, 2023.6
ISBN 978-7-5139-4205-8

Ⅰ. ①少… Ⅱ. ①陈… Ⅲ. ①乡镇－概况－柯桥区－少儿读物 Ⅳ. ①K295.55-49

中国国家版本馆 CIP 数据核字（2023）第 088655 号

少儿笔下的柯桥古镇
SHAO'ER BIXIA DE KEQIAO GUZHEN

编　　者	陈建新
责任编辑	吴优优　金　弦
装帧设计	杭州真凯文化艺术有限公司
出版发行	民主与建设出版社有限责任公司
电　　话	（010）59417747　59419778
社　　址	北京市海淀区西三环中路10号望海楼E座7层
邮　　编	100142
印　　刷	长沙市精宏印务有限公司
版　　次	2023年6月第1版
印　　次	2023年6月第1次印刷
开　　本	710毫米×1000毫米　1/16
印　　张	16.25
字　　数	285千
书　　号	ISBN 978-7-5139-4205-8
定　　价	98.00元

注：如有印、装质量问题，请与出版社联系。